Aktuelle Probleme der Strafrechtspflege

# Aktuelle Probleme der Strafrechtspflege

herausgegeben von Udo Ebert

mit Beiträgen von

Alexander Böhm, Reinhard Böttcher,
Hans Dahs, Udo Ebert, Gerhard Fezer,
Jürgen von Gerlach, Karl-Heinz Groß,
Gerhard Hammerstein, Burkhard Jähnke,
Gerhard Jungfer, Egon Müller,
Peter Rieß, Gunter Widmaier

Walter de Gruyter · Berlin · New York 1991

Prof. Dr. *Alexander Böhm*, Universität Mainz
Prof. Dr. *Reinhard Böttcher*, Ministerialdirigent, München
Prof. Dr. *Hans Dahs*, Rechtsanwalt, Bonn
Prof. Dr. *Udo Ebert*, Universität Mainz
Prof. Dr. *Gerhard Fezer*, Universität Hamburg
Dr. *Jürgen von Gerlach*, Richter am BGH, Karlsruhe
Dr. *Karl-Heinz Groß*, Ministerialdirigent, Wiesbaden
Prof. Dr. *Gerhard Hammerstein*, Rechtsanwalt, Freiburg i. Br.
Dr. *Burkhard Jähnke*, Richter am BGH, Karlsruhe
*Gerhard Jungfer*, Rechtsanwalt, Berlin
Prof. Dr. *Egon Müller*, Rechtsanwalt, Saarbrücken
Prof. Dr. *Peter Rieß*, Ministerialdirektor, Bonn
Dr. *Gunter Widmaier*, Rechtsanwalt, Karlsruhe

*CIP-Titelaufnahme der Deutschen Bibliothek*

**Aktuelle Probleme der Strafrechtspflege** / hrsg. von Udo Ebert. Mit Beitr. von Alexander Böhm ... – Berlin ; New York : de Gruyter, 1991
ISBN 3-11-012269-3
NE: Ebert, Udo [Hrsg.]; Böhm, Alexander



Satz und Druck: Buch- und Offsetdruckerei Wagner GmbH, Nördlingen
Bindearbeiten: Lüderitz & Bauer-GmbH, Berlin

# Vorwort

Die Beiträge dieses Bandes sind im Zusammenhang mit einem Symposion entstanden, das im November 1989 in Mainz aus Anlaß des 60. Geburtstages von Professor Dr. Ernst-Walter Hanack stattgefunden hat. Vielfältige Beziehungen persönlicher und fachlicher Art verbinden den Strafrechtswissenschaftler Hanack nicht nur mit der Theorie, sondern auch mit der Praxis des Strafrechts. Dementsprechend waren zu dem Symposion neben Fachkollegen von Juristischen Fakultäten auch Vertreter aus Justizministerien, Gerichten und der Rechtsanwaltschaft eingeladen. Teilgenommen haben die Universitätsprofessoren Dr. Dr. Michael Bock, Dr. Alexander Böhm, Dr. Udo Ebert, Dr. Gerhard Fezer, Dr. Gerald Grünwald, Dr. Ernst-Walter Hanack, Dr. Justus Krümpelmann und Dr. Dr. h. c. Karl Peters; Ministerialdirektor Professor Dr. Peter Rieß sowie die Ministerialdirigenten Professor Dr. Reinhard Böttcher und Dr. Karl-Heinz Groß; die Richter am Bundesgerichtshof Dr. Jürgen von Gerlach und Dr. Burkhard Jähnke; die Rechtsanwälte Professor Dr. Hans Dahs, Professor Dr. Gerhard Hammerstein, Gerhard Jungfer, Professor Dr. Egon Müller, Dr. Eberhard Wahle und Dr. Gunter Widmaier.
In ihrer Thematik spiegeln die hier versammelten Beiträge das Spektrum der Arbeitsgebiete Hanacks wider: Neben dem – schwerpunktmäßig berücksichtigten – Strafverfahrensrecht wird das materielle Strafrecht, neben rechtsdogmatischen werden rechtspolitische Fragen behandelt. Zur Sprache kommen auch Probleme aus dem Bereich der strafrechtlichen Sanktionierung. Ebenso werden Grenz- und Nachbargebiete des Rechts und der Rechtswissenschaft, wie Medizinrecht und Rechtstatsachenforschung, berührt. Was die thematisch so verschiedenen Abhandlungen eint, ist neben ihrer Aktualität der enge Bezug zur Praxis der Strafrechtspflege. Und eben dadurch reflektieren die Beiträge einen Grundzug, der das Werk des Rechtswissenschaftlers Hanack selbst in besonderer Weise auszeichnet.

Mainz, im Oktober 1990 *Udo Ebert*

# Inhalt

*Udo Ebert*

# Ernst-Walter Hanack – Wissenschaftler mit Leidenschaft für die Praxis*

## I.

Über dem bisherigen beruflichen Leben Ernst-Walter Hanacks scheint mir ein Begriff, den unser Mainzer Fakultätskollege Krümpelmann einmal in Anspielung auf die reiche und bewegte Tätigkeit Hanacks gebraucht hat, wie ein Motto zu stehen: „vita activa".

„Vita activa", das heißt nach der antiken und scholastischen Bedeutungstradition: tätige Weltgestaltung, schöpferische Veränderung, Selbstverwirklichung im Handeln. Es hat Hanack nie im Elfenbeinturm der Wissenschaft gehalten. Die „vita contemplativa" der Stubengelehrsamkeit, wirklichkeitsentrückte Rechtsbetrachtung, „Theorie" in diesem Sinne, war und ist nicht seine Sache. Es hat ihn immer hingezogen zu den Schauplätzen tätiger Veränderung, hat ihn getrieben, dort aktiv mitzuwirken, wo Juristisches gestaltet, wo etwas bewegt wurde: sei es beim „Alternativentwurf", sei es im Strafrechtsausschuß der Bundesrechtsanwaltskammer, dem Hanack seit 1964 als Ständiger Gast angehört, sei es in verschiedenen medizinisch-juristischen Kommissionen, in denen er Mitglied oder juristischer Berater war, sei es beim Deutschen Juristentag.

„Vita activa", das heißt auch: Anstrengung und Risiko, im Gegensatz zur „vita passiva", dem Leben in zufriedener Ruhe und Sicherheit. Ruhe hat Ernst-Walter Hanack sich bisher wenig gegönnt, Anstrengung nicht gescheut. Die Mühen, die er mit langfristigen anspruchsvollen Arbeitsprojekten auf sich genommen hat, hat man ihm

* Der folgende Text gibt in gekürzter und leicht veränderter Fassung die Laudatio wieder, die der Verf. am 11. November 1989 in Mainz beim Symposion anläßlich des 60. Geburtstages von Ernst-Walter Hanack gehalten hat.

oft angemerkt. Großartige Ergebnisse und hohe Anerkennung haben die Mühe jeweils gelohnt. Als Beispiel aus der letzten Zeit erwähne ich nur die meisterliche und als meisterhaft anerkannte Kommentierung des Revisionsrechts im Löwe/Rosenberg. Hanacks veröffentlichtes wissenschaftliches Werk ist, schon soweit es bisher vorliegt, nach Umfang und Gehalt imponierend. Und doch stellt es von den Ergebnissen seiner Mühen, von dem, was er an wissenschaftlicher Arbeit geleistet hat, nur einen Teil dar. Denn von den Aktivitäten Hanacks in Ausschüssen und Kommissionen, erst recht von seinen Beratungstätigkeiten außerhalb solcher Gremien, dürfte nur das Wenigste sich in Veröffentlichungen niedergeschlagen haben. Die vom Strafrechtsausschuß der Bundesrechtsanwaltskammer 1971 veröffentlichte „Denkschrift zur Reform des Rechtsmittelrechts und der Wiederaufnahme des Verfahrens im Strafprozeß", deren Vorwort Hanack als denjenigen ausweist, der, zusammen mit v. Gerlach und Wahle, „die entscheidende Arbeitsleistung" erbracht hat – diese Denkschrift ist wohl gleichsam nur eine öffentlich gewordene Spitze eines im übrigen weitgehend nichtöffentlichen Eisberges.

„Vita activa", „vita passiva". Letztere heißt nicht nur: zufriedene Ruhe und Sicherheit, sondern auch: Streben nach Glück, Genuß und Wohlleben. Und in diesem Sinne wird man dem Leben Hanacks Züge einer „vita passiva" nicht absprechen können. Hanack ist ein Genießer der Künste: ein Kenner und Liebhaber der Musik und ein Leser schöner Literatur. Wie er diese zeitaufwendigen Liebhabereien zusammen mit seinem Arbeitsprogramm in einem 24-Stunden-Tag unterbringt, bleibt freilich sein Geheimnis.

## II.

Bei aller Betrachtung von Hanacks „vita activa" und „vita passiva" soll seine „vita" selbst, sein äußerer Lebensweg, nicht vergessen werden. Ernst-Walter Hanack wurde am 30. August 1929 in Kassel als Sohn eines Facharztes geboren. Nach dem Studium der Rechtswissenschaft und der Referendarzeit wurde er Assistent bei Erich Schwinge in Marburg. 1959 promovierte er mit einer Dissertation über „Die strafrechtliche Zulässigkeit künstlicher Unfruchtbarmachungen". Mit einer 1962 erschienenen Schrift über den „Ausgleich divergierender Entscheidungen in der oberen Gerichtsbarkeit" habilitierte er sich für die Fächer Strafrecht, Prozeßrecht und Kriminologie. Einer Lehrstuhlvertretung in Heidelberg schloß sich im April 1963 die Ernennung zum Ordinarius an der dortigen Juristischen Fakultät an. Bis 1970 hat Hanack in Heidelberg gelehrt. Zum Sommersemester 1970 folgte er einem Ruf an die Johannes Gutenberg-Universität in Mainz, an der er bis heute das Strafrecht und Strafprozeßrecht in Forschung und Lehre vertritt. Ehrenvolle Rufe an die Universitäten Kiel, Göttingen und Hamburg hat Hanack abgelehnt.

## III.

Jede „vita", um so mehr eine „vita activa", ist geprägt von Haltungen und Einstellungen. Ernst-Walter Hanacks Leben als Rechtswissenschaftler ist durch eine Haltung zum Recht bestimmt, die es wegen ihres exemplarischen Charakters verdient, hier skizziert zu werden. Ich gehe auf fünf charakteristische Züge dieser Haltung ein.

Recht ist – erstens – nicht etwas Statisches. Es muß sich verändernden gesellschaftlichen Zuständen und Bedürfnissen angepaßt werden. Und es ist Aufgabe der Rechtswissenschaft, an diesem Anpassungs- und Erneuerungsprozeß mitzuwirken. – Ernst-Walter Hanack hat sich dieser Aufgabe wie nur wenige andere Strafrechtswissenschaftler gestellt. Durch seine Kontakte zu Ministerien und zahlreichen Organisationen hatte und hat er, was die Rechtspolitik angeht, seine Hand immer am Puls der Zeit. Er hat in vorderster Linie an der Reform des Strafrechts und Strafprozeßrechts mitgewirkt. Ich erwähnte schon seine Mitarbeit am Alternativentwurf und im Strafrechtsausschuß der Bundesrechtsanwaltskammer; ich erwähne weiter sein Gutachten zur Reform des Sexualstrafrechts für den 47. Deutschen Juristentag 1968 und seine zwölfjährige Mitgliedschaft in der Ständigen Deputation des Juristentages. Wenn es in den letzten zwei Jahrzehnten gelungen ist, ohne Verlust an Rechtsstaatlichkeit zu einem sozialeren, ohne Schaden für die öffentliche Sicherheit zu einem liberaleren und humaneren Strafrecht zu gelangen, so hat an diesem Reformwerk Hanack einen beträchtlichen Anteil.

Das Recht, zumal das Strafrecht, ist – zweitens – nicht ein von der Realität abgehobenes gedankliches Konstrukt, sondern ein Mittel zur

Gestaltung der sozialen Wirklichkeit. In der praktischen Anwendung findet das Recht erst sein Ziel und seine Bewährung. – In diesem Sinne ist Ernst-Walter Hanack ein Realist und ein Praktiker. Dogmatische Esoterik ist ihm ebenso wie philosophische Spekulation suspekt. Mit seiner praxisorientierten Haltung hängt es wohl zusammen, daß Hanacks wissenschaftliches Interesse mehr dem Strafprozeßrecht als dem materiellen Strafrecht, innerhalb des materiellen Strafrechts mehr dem Besonderen als dem Allgemeinen Teil, innerhalb des Allgemeinen Teils mehr den Rechtsfolgen als den Strafbarkeitsvoraussetzungen gilt. Hanack sucht seit je den Kontakt zu denen, die das Recht in die Praxis umsetzen. Und er selbst profitiert von diesem Kontakt. Bereichert, voll von Anregungen für seine eigene wissenschaftliche Arbeit kehrt er oftmals von Begegnungen gerade mit Anwälten zurück. Aber auch in umgekehrter Richtung ist Hanack Mittler des Austausches zwischen Wissenschaft und Praxis. Einfluß und Achtung, die er sich bei der Anwaltschaft durch seine Mitwirkung als Wissenschaftler in deren Selbstverwaltungsgremien, aber etwa auch durch seine Mitwirkung an Fortbildungsveranstaltungen für Strafverteidiger, erworben hat, werden allein schon durch die Anwesenheit so prominenter Rechtsanwälte bei dem in diesem Band dokumentierten Symposion bezeugt. Einfluß und Achtung genießt Hanack auch bei den Gerichten, namentlich beim Bundesgerichtshof, bei dem er mit seinen kritischen Entscheidungsanmerkungen und mit seinen Kommentierungen nicht nur „rechtliches Gehör“, sondern stärkste Beachtung findet.

Das Recht ist – drittens – nicht etwas Feststehendes, sondern etwas Festzustellendes, und zwar von Menschen Festzustellendes. Alle Objektivität, Rationalität und Nüchternheit, zu der wissenschaftliches Ethos verpflichtet und zu der gerade der Jurist erzogen wird, verhindert nicht, daß Menschliches, Subjektives, daß Skrupel, Gefühle und Emotionen bei der Suche nach dem rechtlich Richtigen sich einmischen. Das ist es unter anderem, wodurch sich menschliche Rechtsfindung von Rechtsfindung durch Computer unterscheidet. Eben diese menschliche Dimension der Arbeit am Recht ist Ernst-Walter Hanack in ganz besonderer Weise eigen. Sie äußert sich in seiner unverwechselbaren Diktion, in seiner stark persönlich gefärbten Art, auch über fachliche Dinge zu sprechen und zu schreiben.

Das Recht hat – viertens – mit dem Menschen nicht nur auf Seiten des Rechtsfinders, sondern auch und vor allem auf Seiten des vom Recht Betroffenen zu tun. Ein Zyniker, wer dies mißachtet und das Recht, gleich ob in Wissenschaft oder Praxis, als Selbstzweck handhabt. Ernst-Walter Hanack jedenfalls hat bei seiner Befassung mit dem Straf- und Strafprozeßrecht vor allem den Menschen im Blick. Das hat sich in der Wahl seiner Arbeitsschwerpunkte niedergeschlagen, zu denen die Gebiete der Strafverteidigung und der Maßregeln der Besserung und Sicherung gehören. Besonders der gefährdete Mensch, der Mensch in Bedrängnis und Not, ist es, der Hanack interessiert. Von hier aus liegt die Grenzüberschreitung zu einem Nachbargebiet des Rechts, zur Medizin, nahe. Damit komme ich zum letzten Punkt:

Das Recht, zumal das Strafrecht, steht – fünftens – nicht isoliert für sich. Es hat Bezüge zu anderen Disziplinen. Der daraus resultierenden Forderung nach Interdisziplinarität ist Ernst-Walter Hanack schon zu einer Zeit gefolgt, als diese Forderung hochschulpolitisch noch nicht in Mode gekommen war. Der medizinrechtliche Schwerpunkt in Hanacks wissenschaftlichem Werk ist sicher in seiner Herkunft begründet; ebenso sicher aber auch darin, daß die Medizin wie das Strafrecht, und in besonderer Weise auch die Verbindung beider, mit dem leidenden und hilfsbedürftigen Menschen zu tun hat. Dem Jubilar ist im Jahre 1974 von der deutschen Ärzteschaft in Würdigung seiner Verdienste auf medizinisch-juristischem Gebiet die Ernst-v.-Bergmann-Plakette verliehen worden. Hanack hat dies selbst als eine der schönsten Auszeichnungen in seinem Leben empfunden.

## IV.

Seine Freunde und Kollegen wünschen Ernst-Walter Hanack weiterhin Freude an der Arbeit und an allem Schönen sowie fruchtbares Schaffen im Sinne der „vita activa“. Sie wünschen ihm Gesundheit und, damit diese ihm auch erhalten bleibt, Ruhe und Erholung in der „vita passiva“.

*Karl-Heinz Groß*

# Leges inseriae

## Das Problem

„Es ist kaum vorstellbar, wie ein Strafverfahren in angemessener Zeit und ohne unerträgliche Belastung für Menschenwürde und Persönlichkeit des Betroffenen ablaufen sollte, wenn das ‚volle Explorationsprogramm‘ (von Hippel), das die moderne Wissenschaft ... heute zur Erforschung der Täterpersönlichkeit kennt, wirklich ausgenutzt würde, wie das bei Anwendung der klassischen Grundsätze über die Aufklärungspflicht (§ 244 Abs. 2 StPO) wohl erforderlich wäre.“ Dieser nicht resignative, sondern tiefsinnige und weise Satz *Hanacks* im Leipziger Kommentar[1] soll in das Thema des vorliegenden Beitrages einführen. Es geht um das Verhältnis zwischen Norm und Normrealisierung im staatlichen Bereich, ein Problem, auf das ein kluger Gesetzgeber achtet, wenn er nicht Gesetze in Kraft setzen will, die die Bezeichnung „leges inseriae“ verdienen.

Wer Normen schafft – sei es in der Form von Verträgen, im Beschließen von Gesetzen oder wie auch immer –, wird normalerweise berücksichtigen, daß diese Normen mit der Wirklichkeit übereinstimmen können und übereinstimmen werden. Diese Übereinstimmung mag im ganz strengen Sinne einer mathematischen Kongruenz gemeint sein oder lediglich im tendenziellen Sinne eines Annäherungswertes.[2] Auf jeden Fall sollte sich der Normgeber darüber im klaren sein, welche Stringenz einer Norm zukommen soll, und er muß dann die Norm entsprechend formulieren.

Ensteht eine Spannung zwischen Norm und ihrer Befolgbarkeit, so gibt es Techniken, um dies Spannung zu beseitigen oder möglichst

---

1 10. Aufl., Rdn. 19 vor § 61.

2 Es geht vorliegend nur um zwingende Normen, nicht um dispositive.

erträglich zu machen: Hierzu zählen insbesondere die Auslegung sowie Anpassungen der verschiedensten Art, die sich im Zivilrecht z. B. auf die Generalklauseln der §§ 138, 242 BGB stützen können. Im materiellen Strafrecht erlaubt es die offene[3] Skala der Rechtfertigungsgründe, im Einzelfall unter dem Gesichtspunkt der Gerechtigkeit unerträglich erscheinende Widersprüche zwischen Norm und Wirklichkeit aufzulösen – man denke an die „Erfindung" des (damals) übergesetzlichen Notstandes durch das Reichsgericht[4]. Grundsätzliche Regeln, auch wenn sie in Gesetzesform gegossen sind, sind ihrer Natur nach flexibel genug, um eine situationsgerechte Handhabung zu erlauben – hierzu zählt das im Eingangszitat genannte Postulat der Aufklärungspflicht bezüglich der Täterpersönlichkeit. Spezialregeln sind allerdings manchmal so zwingend, daß sie nur gleichsam mit einem Griff in den „Giftschrank" bei besonderen Situationen bestehen können: Man denke daran, wie während der Schleyer-Entführung im Jahre 1977 § 148 StPO, der ganz eindeutig den unbewachten Verteidigerverkehr des Untersuchungsgefangenen gewährleistet, zeitweise über die Hilfsbrücke des Notstandes nach § 34 StGB nicht befolgt wurde, was allerdings den Gesetzgeber in einem bemerkenswerten Tempo alsbald zur Schaffung entsprechender gesetzlicher Ausnahmevorschriften (§§ 31 ff. EGGVG) veranlaßte.[5] Zu Recht. Denn daß im Rechtsstaat gerade die Staatsorgane Rechtsnormen zu befolgen haben, ist eigentlich eine nicht erwähnenswerte Banalität.

Die nachfolgenden Beispiele geben jedoch Anlaß zur Frage, ob der Gesetzgeber dieser Banalität immer genügend Gewicht beimißt. Es handelt sich um Fälle, wo Gesetze geschaffen wurden, die so, wie sie formuliert sind, für den Staatsapparat nicht praktizierbar erscheinen und wo die Kapitulation der gesetzesgebundenen Exekutive vor der faktischen Nichterfüllbarkeit des Gesetzes nicht mehr mittels der klassischen juristischen Normanwendungsregeln, sondern nur mittels verbiegender Interpretationen begründet wird.

3 Vgl. *Schönke-Schröder-Lenckner,* StGB, 23. Aufl., Rdn. 28 vor §§ 32 ff.

4 RGSt 61, 242 und 62, 137.

5 Vgl. Gesetz vom 30. 9. 1977, BGBl. I, 1877, das sog. Kontaktsperregesetz. Zu dessen Entstehung *Kleinknecht-Meyer,* StGB, 39. Aufl., Vorbem. 2 zu §§ 31 ff. EGGVG.

## Erstes Beispiel: § 406 h StPO

Nach § 406 h StPO ist der durch eine Straftat Verletzte auf gewisse strafprozessuale Befugnisse, die ihm zukommen, hinzuweisen. Die Vorschrift wurde eingefügt durch das sog. Opferschutzgesetz vom 18. 12. 1986.[6] Der Sinn dieser „opferfreundlichen“ Regelung liegt klar zutage, und die Vorschrift wurde auch von der Praxis ohne Zögern angenommen. Die Landesjustizverwaltungen haben gemeinsam ein Merkblatt entwickelt[7], das Polizei oder Staatsanwaltschaft an die betroffenen Personen aushändigen.

Schwierigkeiten stellen sich in Verfahren ein, wo die Zahl der Opfer sehr groß ist. Bei der Staatsanwaltschaft Frankfurt am Main war 1988 z. B. ein Ermittlungsverfahren anhängig, bei dem 56 600 Personen als Geschädigte einer Wirtschaftsstraftat in Betracht kamen. Mußte die Staatsanwaltschaft also 56 600 Adressen aus den Akten zusammenstellen und ebenso viele Briefe mit dem Merkblatt versenden? Der Wortlaut des § 406 h StPO lautet ganz eindeutig: „Der Verletzte ist . . . hinzuweisen.“ Aber angesichts einer ohnehin permanenten Überlastung der Strafverfolgungsorgane und auch ihrer Kanzleien würde in den nicht seltenen Fällen, wo die Zahl der Geschädigten zwei- oder dreistellig ist, mit § 406 h StPO der Staatsanwaltschaft eine im Wortsinn horrende zusätzliche Aufgabe zuwachsen, deren Bewältigung zwangsläufig auf Kosten der allgemeinen Strafverfolgung gehen müßte, was gewiß niemand will. Norm und Realisierbarkeit befinden sich also in einem nicht auflösbaren Widerspruch.

Die Genealogie des § 406 h StPO weist aus, wie wenig durchdacht sein zwingender Charakter ist. Der Entwurf der Bundesregierung zum Opferschutzgesetz sah keine Belehrung vor; der Bundesrat gab in seiner Stellungnahme gemäß § 76 Abs. 2 GG eine entsprechende Prüfungsempfehlung.[8] Anschließend entstand im Rahmen einer schriftlichen Erörterung zwischen Bundesjustizministerium und den Landesjustizverwaltungen ein Fassungsvorschlag für einen § 406 h StPO in Form einer Sollvorschrift, und dieser Vorschlag wurde in die

---

6 Erstes Gesetz zur Verbesserung zur Stellung des Verletzten im Strafverfahren, BGBl. I, S. 2496.

7 Vgl. *Böttcher* JR 1987, 134.

8 Vgl. BT-Drucks. 10/5305.

Beratungen des Gesetzentwurfes im Rechtsausschuß des Bundestages eingespeist. Dort stellte ein Abgeordneter den Antrag, aus der Soll- eine Mußvorschrift zu machen. Obwohl der Vertreter der Bundesregierung darauf hinwies, daß mit der elastischen Soll-Fassung mögliche praktische Schwierigkeiten – der Fall der großen Zahl wurde allerdings nicht genannt – besser aufzufangen wären, gab es hierzu keine weitere Diskussion; vielmehr entschieden sich der Rechtsausschuß und später das Plenum des Bundestages übereinstimmend für die jetzt nach dem Wortlauf des § 406 h StPO eindeutig zwingende Belehrungspflicht.

In seinem Bericht gegenüber dem Plenum des Bundestages ging der Rechtsausschuß auf die Frage des Soll oder Muß in § 406 h StPO ein.[9] Die Berichterstatter konzedieren, daß auch eine Soll-Vorschrift für die Strafverfolgungsbehörden verbindlich sei, jedoch bei Vorliegen besonderer sachlicher Gründe Ausnahmen ermögliche, um den folgenden Satz anzuschließen: „Der Ausschuß hat sich nicht davon überzeugen können, daß solche besonderen sachlichen Gründe, die nicht schon durch eine sachgerechte Auslegung der von ihm vorgeschlagenen Regelungen erfaßbar wäre, ersichtlich sind." Will man diesem monströsen und partiell offensichtlich falschen[10] Satz einen Sinn unterlegen, dann heißt das: Der Rechtsausschuß will nicht behaupten, daß es keine Ausnahmegründe für die Belehrungspflicht gäbe, aber diese Ausnahmegründe sind durch eine „sachgerechte Auslegung" der Muß-Vorschrift „erfaßbar".[11] Da die Begriffe „Verletzter", „Befugnisse nach ..." und „hinweisen" eindeutig und deshalb einer „sachgerechten Auslegung", d. h. in diesem Zusammenhang einer einschränkenden Interpretation nicht zugänglich sind und weitere Begriffe in § 406 h StPO nicht vorkommen, bleibt als Ansatz für die Auslegung nur noch das Wort „ist" (i. V. m. „hinzuweisen"), so daß der Rechtsausschuß also offenbar suggeriert, er habe zwar „Muß" gesagt, das ganze aber nicht so ernst gemeint – was nicht nur jeder Logik Hohn spricht, sondern auch unseriös ist.

---

9 BT-Drucks. 10/6124, S. 16.

10 „Regelungen", obwohl der aus einem Satz bestehende § 406 nur eine „Regelung" ist.

11 Eine schon bemerkenswerte Formulierung: „Besondere sachliche Gründe sind durch sachgerechte Auslegung erfaßbar"!

Im Kommentar von Löwe-Rosenberg[12] sieht *Hilger* das Problem der großen Opferzahl und schreibt: „Die Hinweispflicht darf auch nicht zu untragbaren Belastungen für die Strafverfolgungsbehörden führen. So kann es, wenn in einem Verfahren z. B. über 1000 Verletzte in Betracht kommen, ... zulässig sein, die Hinweise ... auf bestimmte Verletztengruppen zu begrenzen, etwa auf Verletzte mit erkennber hohen Schäden, oder bestimmten Verletzten keinen Hinweis zu geben, etwa solchen, die erkennbar kein Strafverfolgungsinteresse haben." *Hilger* ist klug genug, sich hierzu nicht auf den Bericht des Bundestags-Rechtsausschusses zu berufen. Da auch der Gesetzestext nichts für diese – zweifellos vernünftige – Auffassung hergeben kann, sucht man vergeblich nach ihrer Begründung. Sie liegt ganz allein in der Nichtpraktizierbarkeit des § 406 h StPO in den hier angesprochenen Fällen. So ist denn auch die Staatsanwaltschaft Frankfurt am Main in dem genannten Verfahren mit 56 600 potentiell Geschädigten dem Gesetzesbefehl nicht nachgekommen.[13]

## Zweites Beispiel: § 18 Hessisches Datenschutzgesetz[14]

§ 18 Abs. 2 Satz 1 HDSG lautet: „Werden personenbezogene Daten in einer automatisierten Datei gespeichert, dann ist der Betroffene von dieser Tatsache schriftlich zu benachrichtigen." Einzelausnahmen für Fälle, in denen das öffentliche Interesse an der Nichtunterrichtung überwiegt, läßt Abs. 5 dieser Vorschrift zu.

Von ihrem Grundanliegen her erscheint auch diese Benachrichtungspflicht vernünftig: Die elektronische Datenverarbeitung erlaubt einen besonders effektiven Datenabgleich und vermag daher das vom Bundesverfassungsgericht[15] entwickelte Recht des Bürgers auf informationelle Selbstbestimmung erheblich zu beeinträchtigen. Deshalb ist die Transparenz der Datenspeicherung geboten, und diese wird durch die Benachrichtigung gewährleistet. § 18 Abs. 2 HDSG erfaßt

---

12 24. Aufl., Rdn. 1 zu § 406 h.

13 Daß eine von der Staatsanwaltschaft Frankfurt am Main abgegebene allgemeine Presseerklärung über das Verfahren kein Ersatz für § 406 h StPO ist, liegt auf der Hand.

14 HDSG vom 11. 11. 1986 (GVBl. I S. 309).

15 BVerfGE 65, 1 ff.

aber nicht nur solche automatisierten Dateien, deren Zweck von vornherein auf den Datenabgleich und auf das Herausfiltern persönlicher Verhaltensweisen gerichtet ist, sondern auch solche, die vordringlich oder ausschließlich der Aktenverwaltung dienen. Bekanntlich muß jeder bei einer Behörde entstehende Vorgang/Eingang schon aus dem trivialen Grund des späteren Wiederauffindenkönnens registriert werden.

Auch hier entsteht wieder das Problem der Masse, das der Gesetzgeber übrigens gesehen, aber mit seiner Mehrheit nicht ernst genommen hat.[16] Wohl hörend, daß es etwa 5000 automatisierte Karteien gibt, hat er dennoch sogar nach § 42 Abs. 1 HDSG die Verwaltung verpflichtet, Altspeicherungen, d. h. solche, die bei Inkrafttreten des Gesetzes am 1. 1. 1987 bestanden, bis 1988 mitzuteilen. Daß dies nicht leistbar war[17], wurde noch rechtzeitig im Herbst 1988 erkannt, als der Gesetzgeber einstimmig[18] die rückwirkende Mitteilungspflicht auf Fälle nicht abgeschlossener Vorgänge beschränkte.[19] Es sei dahingestellt, ob schon deshalb § 18 Abs. 2 HDSG in die Kategorie der leges inseriae gehört;[20] vielmehr soll hier eine spezifische Problematik mit strafprozessualen Hintergrund angesprochen werden: die Mitteilungspflicht über Eintragungen in automatisierte Namenskarteien der Staatsanwaltschaften.

Die Namenskarteien der Staatsanwaltschaften enthalten die Namen aller Personen, über die eine Ermittlungsakte angelegt wurden, sei es als Beschuldigter oder als Opfer. Soweit aus ermittlungstechnischen Gründen Beschuldigte noch nicht erfahren sollen, daß die Staatsanwaltschaft gegen sie ermittelt, enthält der bereits genannte Abs. 5 des § 18 HDSG eine praktikable Ausnahme von der Mitteilungspflicht. Probleme entstehen jedoch, wenn die Ermittlungen alsbald ergeben,

---

16 Vgl. die Diskussion im Hessischen Landtag, 11. Wahlperiode, 94. Sitzung am 6. 11. 1986, S. 5475 ff.

17 Vgl. Gesetzentwurf der CDU- und FDP-Fraktion, LT-Drucks. 12/3324.

18 Zur Abstimmung vgl. Hessischer Landtag, 12. Wahlperiode, 64. Sitzung am 20. 12. 1988, S. 3496.

19 Gesetz zur Änderung des HDSG vom 21. 12. 1988, GVBl. I S. 424.

20 Es ist auch bemerkenswert, wie schnell der auch vom Hessischen Datenschutzbeauftragten eingeräumte „beträchtliche" Kostenaufwand mit grundsätzlichen Argumenten beiseite geschoben wurde und wird, vgl. 16. Bericht des Hess. Datenschutzbeauftragten zum 31. 12. 1987, LT-Drucks. 12/1742, S. 19, und oben Anm. 16.

daß der Verdächtige unschuldig ist[21], oder wenn eine Strafanzeige gegen eine bestimmte Person von vornherein keinen Verdacht begründet – man denke an die vielen querulatorischen Anzeigen. Hier erfährt der Verdächtigte nichts, wenn er nicht vernommen wurde oder nicht sonst eine Mitteilungspflicht über die Verfahrenseinstellung nach § 170 Abs. 2 Satz 2 StPO besteht. Nach § 18 Abs. 2 HDSG ist ihm aber immer die Speicherung in der automatisierten Namenskartei der Staatsanwaltschaft mitzuteilen. Man denke nun an den juristisch nicht gebildeten, sensiblen Menschen, gegen den die Strafanzeige des Querulanten nicht mehr folgenlos verpufft, sondern der dank der Mitteilung über seine Registrierung bei der Staatsanwaltschaft wenigstens vorübergehend in Aufregung – um es einmal ganz milde und ohne Anklänge an medizinisch durchaus denkbare Folgen auszudrücken – gesetzt wird. Vielleicht wird er aber jetzt auch feststellen wollen, wer denn der Urheber der Strafanzeige war, und er wird eine Gegenanzeige wegen Verletzung der §§ 164, 185 ff. StGB machen, was die Beschäftigungslage der Justiz auf hohem Niveau stabilisiert. § 18 Abs. 2 HDSG erweist sich demnach als eine Vorschrift, die im Bereich der Staatsanwaltschaft zu einer Störung des Rechtsfriedens führen kann, und das Goethe-Wort von der Vernunft, die Unsinn, und der Wohltat, die Plage wird, ist hier wirklich angebracht.

Die hessischen Staatsanwaltschaften mit automatisierten Namensdateien[22] haben § 18 Abs. 2 HDSG bisher nicht angewandt. Natürlich konnten sie hierzu juristisch nicht das zuvor aufgezeigte Argument vorbringen. Soweit ins Feld geführt wurde, Mitteilungspflichten seien in der StPO (§ 170 Abs. 2 Satz 2) abschließend geregelt, so daß dem Landesgesetzgeber die Kompetenz fehle, den Strafverfolgungsorganen derartige Pflichten aufzuerlegen, hat der Hessische Datenschutzbeauftragte in seinem Tätigkeitsbericht[23] bereits zu Recht darauf hingewiesen, daß die StPO bisher keinerlei Regelungen über Aktenfüh-

21 Bekanntlich liegt die Verdachtsschwelle, die zur Einleitung eines Ermittlungsverfahrens führt, sehr niedrig, vgl. die einschlägigen Kommentierung zu § 152 Abs. 2 StPO.
22 Es sind dies die Staatsanwaltschaften Darmstadt und Frankfurt.
23 Vgl. Anm. 20.

rung und Namensdateien enthält.[24] Das von der Landesregierung gegenüber dem Hessischen Datenschutzbeauftragten vorgebrachte Argument, § 3 Abs. 3 HDSG, der (u. a.) § 18 Abs. 2 HDSG bezüglich der Verarbeitung personenbezogener Daten *in* Akten durch die Staatsanwaltschaft ausschließt, erstrecke sich auch auf die Verarbeitung der Akten selbst[25], ist logisch nicht nachvollziehbar.[26] So blieb der Landesreigerung nichts anderes übrig, als die zentrale Namenskartei der Staatsanwaltschaft zum Ermittlungsinstrument hochzustilisieren, mit dem Doppelermittlungen ausgeschlossen, Sammelverfahren gebildet oder indiziell vergleichbare Verfahren eruiert werden könnten; als Ermittlungsinstrumente seien sie aber von § 160 StPO erfaßt und einer landesrechtlichen Regelung unzugänglich.[27] Es sei einmal dahingestellt, wie weit diese Brücke faktisch und dogmatisch trägt: Aber es ist geradezu widersinnig, wenn, um ein sinnvolles Ergebnis zu erreichen, so argumentiert werden muß, daß bei einer (harmlosen) bloßen Aktenauffindungskartei zwar eine Mitteilungspflicht bestünde, daß aber bei einer Kartei, die inhaltliche Hinweise über weiteres Verhalten einer Person geben soll, die also für den Betroffenen viel „gefährlicher" werden kann, keine Benachrichtigung zu erfolgen braucht. Möglicherweise hat die Landesregierung selbst die Brüchigkeit ihrer Begründungen bemerkt, denn am Abschluß ihrer Äußerung zu dem von dem Hessischen Datenschutzbeauftragten kritisierten Verhalten der Staatsanwaltschaft steht der Satz: „Es würde überdies nur Verwirrung stiften, wenn die Benachrichtigung allein in Hessen zunächst durchgeführt und dann mit der Novellierung der StPO wie zu erwarten wieder abgeschafft würde."[27] Hier wird nun auf einem ganz und gar unjuristischen Niveau – die Vokabel „Verwirrung" erweckt die Assoziation ans Praktische – völlig unverblümt gesagt, daß man im Bereich der Staatsanwaltschaft geltendes Landesrecht einfach nicht anwendet,

24 Entgegen dem zitierten Bericht des Hess. DSB hat das Hess. Justizministerium diese Auffassung nicht vertreten.

25 Vgl. die Stellungnahme der Hess. Landesregierung zum 16. Tätigkeitsbericht des Hess. DSB, LT-Drucks. 12/3068, S. 5.

26 Dies gilt auch (und gerade) unter Berücksichtigung des Wortes „insbesondere" in § 3 Abs. 3 Satz 2 HDSG.

27 A.a.O. (Anm. 25) S. 6.

da man irgendwann einmal mit seiner Ersetzung durch Bundesrecht rechnet.[28]

## Drittes Beispiel: § 7 Atomgesetz

Mit dem Dritten Gesetz zur Änderung des Atomgesetzes vom 15. 7. 1975[29] wurde die Genehmigungspflicht für die Betreiber von Nuklearbetrieben in der Bundesrepublik in formaler Hinsicht erheblich verstärkt. Bedurften diese schon bisher (u. a.) einer atomrechtlichen Genehmigung nach § 9 AtomG[30], so wird mit dem zitierten 3. ÄndGAtomG eine Genehmigung nach § 7 AtomG verlangt, was nach dessen Abs. 3[31] vorab die Beteiligung u. a. von Behörden der Länder, Gemeinden und der Gebietskörperschaften bedingt. Mit dieser formalen Erweiterung des Genehmigungsverfahrens wird die Öffentlichkeitsbeteiligung sichergestellt, ein sicherlich lobenswertes Unterfangen des Gesetzgebers, dessen weit überwiegende Mehrheit damals den Fortbestand und die Fortentwicklung der deutschen friedlichen Atomindustrie befürwortet haben dürfte.

Art. 2 des 3. ÄndGAtomG enthielt Übergangsvorschriften: Unbefristete Genehmigungen nach dem bisher einschlägigen § 9 AtomG galten selbstverständlich fort. Befristete Genehmigungen nach dieser Vorschrift erloschen, es sei denn, daß der Betreiber der Anlage innerhalb von drei Monaten nach Inkrafttreten des 3 ÄndGAtomG[32] einen Antrag nach § 7 stellte; alsdann kam die Regelung des Satzes 3 des zitierten Art. 2 zum Zuge: „Bei rechtzeitiger Stellung dieses Antrags darf die bisherige Tätigkeit bis zur rechtskräftigen Entscheidung über den Antrag nach § 7 des Atomgesetzes fortgeführt werden."

Angesichts der schon in den 70er Jahren bei Teilen der Bevölkerung und der Medien bestehenden kritischen Stimmung war vorauszusehen, daß die nach § 7 AtomG vorgesehene Öffentlichkeitsbeteili-

---

28 Die Erwartung an die StPO-Novellierung trifft inhaltlich zu. Es steht jedoch nicht fest, ob diese Novellierung noch in der Ende 1990 auslaufenden Legislaturperiode des Dt. Bundestages stattfindet.

29 BGBl. I S. 1885.

30 Vom 23. 12. 1959, BGBl. I S. 814.

31 Heute Abs. IV, vgl. AtomG i. d. F. vom 15. 7. 1985, BGBl. I S. 1565.

32 1. Oktober 1975, vgl. Art. 5.

gung unbequem werden könnte. So machte die für das Genehmigungsverfahren zuständige Verwaltung denn auch in einer bemerkenswerten Weise von der Übergangsregelung Gebrauch: Den beiden Urteilen des LG Hanau vom 12. 11. 1987[33] ist zu entnehmen, daß die Fa. ALKEM GmbH in Hanau, die sich mit der Fertigung von Brennelementen befaßte und bei Inkrafttreten des 3. ÄndGAtomG nur eine befristete Genehmigung nach § 9 AtomG besaß, ordnungsgemäß am 12. 12. 1975 eine nachträgliche Errichtungsgenehmigung nach § 7 AtomG beantragte. Von jetzt ab galt die zitierte Übergangsregelung des Art. 2 Satz 3. Erst am 9. 10. 1987 (!) wurde der Fa. ALKEM eine erste Teilerrichtungsgenehmigung erteilt, nachdem offenbar in den Jahren zuvor verschieden gefaßte Sicherheitsberichte erstellt worden waren und erst 1984 eine öffentliche Erörterung stattfand. Zwar enthält Art. 2 Satz 3 keine zeitliche Begrenzung, und es ist auch einzuräumen, daß ein atomrechtliches Genehmigungsverfahren schwierig und zeitraubend ist. Dies allein kann aber nicht erklären und kaum rechtfertigen, daß die Verwaltung sich über 10 Jahre lang auf eine Übergangsregelung berief.

Die beiden Hanauer Urteile[33] weisen noch eine weitere Merkwürdigkeit im Umgang mit § 7 AtomG auf: Selbstverständlich machte der technische Fortschritt vor der Fa. ALKEM nicht im Jahre 1975 halt. Vielmehr gab es seither eine Reihe „wesentlicher Änderungen" i. S. d. § 7 AtomG, die ebenfalls dem erweiterten Genehmigungsverfahren unterlagen. Hier strapazierte die Verwaltung die Übergangsvorschrift des Art. 3 Satz 2 3. ÄndGAtomG zusätzlich auch noch inhaltlich: Der vorläufige Bestandsschutz, den die Übergangsregelung garantiere, müsse sich auch auf „notwendige produktions-, betriebs- oder sicherheitstechnische Änderungen" erstrecken.[34] Mit diesem Trick lief § 7 AtomG also auch bezüglich wesentlicher Änderungen weitgehend leer. Statt dessen stellte die Verwaltung insoweit, natürlich ohne das Öffentlichkeitsverfahren des § 7 AtomG, sog. „Vorabzustimmungen" aus, für die es im AtomG keinerlei Regelung gibt.[35] Diese Vorabzustimmungen waren, sofern sie nach Auffassung

33 NJW 1988, 571 und NStZ 1988, 179.

34 Vgl. den in NStZ 1988, 179, rechte Spalte, zitierten Vermerk der Genehmigungsbehörde vom Juli 1979.

35 Nach Auffassung des LG Hanau a.a.O. (Anm. 33) fehlt für das Institut der Vorab-

der Staatsanwaltschaft nicht lediglich sicherheitserhöhenden Charakter besaßen, die Grundlage für Strafverfahren vor dem Landgericht Hanau.[33]

## Resümee

Natürlich weisen die drei genannten Beispiele Unterschiede auf: Beim HDSG handelt es sich um ein Landes-, sonst um Bundesgesetze; beim dritten Fall ist die Problematik mehr politisch, sonst mehr verwaltungsökonomisch begründet; dieser letzte Fall ist auch in seinen realen Auswirkungen unvergleichbar mit den anderen beiden.

Wichtiger im vorliegenden Zusammenhang sind allerdings die Gemeinsamkeiten der drei Beispielsfälle:

- Der Gesetzesauftrag war eindeutig.
- Normadressat war jeweils eine staatliche Behörde.
- Die Behörden kommen/kamen dem Gesetzesauftrag nicht oder erst nach etwa einem Jahrzehnt nach.
- Es gibt nachvollziehbare praktische Gründe für die Nichtbefolgung der jeweiligen Gesetzesnorm.[36]
- Die juristische Begründung für die Nichtbefolgung ist jedoch kaum tragfähig.

Eine weitere, sehr wichtige Gemeinsamkeit der drei Fälle ergibt sich, wenn man an die politische Motivation denkt, die hinter den jeweiligen Normen stand: Bei § 406 h StPO war es das Bestreben, die Rechte des Opfers im Strafverfahren zu garantieren, bei § 18 Abs. 2 HDSG der Wille, den Datenschutz zu effektuieren, und bei § 7 AtomG die Absicht, die Öffentlichkeit wegen potentieller Gefährdungen durch Atomindustrieanlagen zu beteiligen. Opferschutz, Datenschutz, Umweltschutz: das waren die politischen Stichworte, von

zustimmung überhaupt jede Rechtsgrundlage. Diese Streitfrage kann im vorliegenden Beitrag ebenso dahingestellt bleiben wie die Äußerungen, die die Hanauer Urteile zum Verhältnis von Verwaltungsrecht und Strafrecht verursacht haben, vgl. u. a. *Bickel* NStZ 1988, 181 (sehr polemisch), *Horn* NJW 1988, 2335 und die Diskussion in der Strafrechtlichen Abteilung des 57. Dt. Juristentages 1988, vorbereitet durch das Gutachten von *Heine* und *Meinberg*.

36 Das Wort „nachvollziehbar" bedeutet nicht, daß Verf. sich etwa die Haltung der Exekutive in allen drei Beispielsfällen zu eigen machen möchte.

denen die Parlamente als Gesetzgeber sich in der Bundesrepublik im letzten Quartal dieses Jahrhunderts zu Recht gerne leiten lassen. Die Gefahr besteht nur darin, daß das richtige politische Gespür in Populismus umschlägt und die Parlamente unpraktikable Gesetze beschließen.

In seiner Gesetzgebungslehre kommt *Noll* auch auf Gesetze zu sprechen, die „von vornherein gar nicht darauf angelegt sind, faktisch wirksam zu werden."[37] *Noll* spricht von „Gesetzen mit Symbolcharakter"[38], und er meint, es gehöre zur „gesetzgeberischen Alltagspraxis", aufgrund politischer Motivationen und Kompromissen „sozial unwirksame Gesetze" zu erzeugen. Es bleibe dahingestellt, ob nicht auch diese Art Gesetzgebung für die politische Entwicklung eines modernen Industriestaates wie der Bundesrepublik sogar legitim und notwendig ist. Der vorliegende Beitrag möchte eine zwar verwandte, aber dennoch andere Kategorie von Gesetzen treffen: Der Gesetzgeber verabschiedete in den Beispielsfällen keine symbolische Leerformeln, sondern konkrete Aufträge. Es ist objektiv ohne Bedeutung, wie weit er sich dabei der bei der Normumsetzung bevorstehenden Probleme bewußt war. Maßgeblich ist vielmehr, daß das Parlament, auch in seiner Eigenschaft als politischer Kontrolleur der Exekutive, nichts unternimmt, wenn es erfährt, daß das Gesetz umgangen wird: Weder veranlaßt es die Regierung auf politischem Wege, gesetzmäßig zu handeln, noch ändert es das für unbrauchbar erkannte Gesetz ab, vielmehr gibt es sich mit fadenscheinigen juristischen Begründungen für dessen Nichtbefolgung zufrieden. Wenn nun, wie in den Beispielsfällen 1. und 2., keinerlei Sanktion hinter der Gebotsnorm steht, ist es denkbar, daß das Auseinanderfallen von Norm und Wirklichkeit über lange Zeit andauert.[39]

Das Unseriöse ist im Keim also in Normen der bezeichneten Art angelegt. Es erwacht erst zu seinem vollen Leben in einer Interaktion, besser: Interpassion zwischen der nicht nach dem Gesetz handelnden Exekutive und dem nicht hierauf als Kontrolleur oder einsichtiger

---

37 *Peter Noll*, Gesetzgebungslehre, Hamburg 1973, S. 151 f.

38 Vgl. hierzu jüngst auch *Hassemer* NStZ 1989, 553 ff., betr. „Symbolisches Strafrecht".

39 Es ist wahrscheinlich nur der Aktivität der Hanauer Strafjustiz zu verdanken, daß die Exekutive nach über einem Jahrzehnt endlich den § 7 AtomG ernst nahm.

Gesetzgeber reagierenden Parlament. Dieser Beitrag vermag nicht zu erklären, in welchem Umfang solche leges inseriae in Verwaltungsgesetzen bereits vorkommen. In einem Justizgesetz wie der Strafprozeßordnung dürfte eine lex inseria wie § 406 h ein Novum darstellen. Es bleibt im Interesse der Glaubwürdigkeit unseres Rechtsstaates zu hoffen, daß es sich hierbei um eine Episode handelt, die bald der Vergangenheit angehören wird, und daß die Parlamente darüber hinaus überall bei der Gesetzgebung mehr auf die Praktikabilität und die Durchsetzbarkeit von Gesetzesbefehlen achten.

*Reinhard Böttcher*

# Die Hauptverhandlung als pädagogische Veranstaltung?

## I.

Ziel des Strafverfahrens ist, so faßt *Roxin*[1] zusammen, die materiell richtige, prozeßordnungsmäßig zustande kommende, Rechtsfrieden schaffende Entscheidung über die Strafbarkeit des Beschuldigten. Weniger auf das Ergebnis als auf den Vorgang abgestellt[2] ist es, wenn *Rieß*[3] das Ziel des Strafverfahrens als den Rechtsfrieden in Intention auf Wahrheit und Gerechtigkeit wiederherstellenden, dem Rechts- und Sozialstaat verpflichteten Prozeß beschreibt. In beiden Umschreibungen ist mit dem Begriff des Rechtsfriedens, den *Schmidhäuser*[4] als den Zustand definiert, bei dem sich die Rechtsgemeinschaft über den Verdacht einer Straftat beruhigen kann, eine Verbindung zur Allgemeinheit, zur Gemeinschaft der Bürger in der Rechtsordnung hergestellt. Es findet Ausdruck, daß der Staat im Strafprozeß nicht nur die Verfahrensbeteiligten, insbesondere den Beschuldigten vor Augen hat, sondern auch das gesamte Staatsvolk, bei dem durch den Strafprozeß die Überzeugung oder auch nur das Gefühl soll geweckt oder gefestigt werden können, daß der Staat auf Kriminalität angemessen reagiert, daß das Strafverfahren, wie *Schmidhäuser*[5] formuliert, schon als solches das rechte Verhältnis vom Staat zum Einzelnen zu verwirklichen sucht. Im folgenden soll der Frage nachgegangen werden, ob die damit angesprochene Ausstrahlung des Straf-

1 Strafverfahrensrecht, 21. Aufl., 1989, § 1 B II.

2 Vgl. dazu *Neumann*, Materiale und prozedurale Gerechtigkeit im Strafverfahren, ZStW 1989, 52ff.

3 FS *Schäfer*, 155, 186.

4 FS *Eberhard Schmidt*, 511, 522.

5 A.a.O, 524.

prozesses in die Öffentlichkeit es rechtfertigt, ihn als pädagogische Veranstaltung zu deuten.

## II.

Die Frage unterscheidet sich von dem in der strafprozessualen Reformdiskussion erörterten Problem, wie „sich das pädagogische Potential der Hauptverhandlung aktivieren lasse".[6] Dort steht der Beschuldigte, seine Wiedereingliederung, im Mittelpunkt; es geht darum, ob und unter welchen Voraussetzungen auf ihn schon im Strafverfahren resozialisierend eingewirkt werden kann.[7] Hier geht es um die Einflußnahme auf die Allgemeinheit.

Trotzdem gibt es Berührungspunkte. Formell ist zunächst in beiden Fällen zu klären, was es eigentlich heißt, wenn von „pädagogischer Einwirkung" gesprochen wird. Daß es schwierig sein kann, sich darüber zu verständigen, zeigt die Diskussion, die gegenwärtig in der jugendstrafrechtlichen Literatur über Legitimation und Inhalt des Erziehungsgedankens geführt wird[8], der das Jugendgerichtsgesetz beherrscht und nach den Vorstellungen des Gesetzgebers zukünftig noch mehr beherrschen soll.[9] Immerhin besteht dort weithin Einigkeit, daß der Begriff der Erziehung nicht auf Erziehung durch Strafe

---

6 Vgl. *Schöch*, Die Reform der Hauptverhandlung, in *Schreiber* (Hrsg.): Strafprozeß und Reform, 1979, 52, 54, 69 ff.; ders., Neues Strafrecht und Struktur der Hauptverhandlung, in *Schreiber/Wassermann* (Hrsg.): Gesamtreform des Strafverfahrens, 1987, 99 ff.; *Schüler-Springorum*, NStZ 1982, 305, 308; kritisch etwa *Rieß*, FS *Schäfer*, 175, 180; *Volk*, Referat beim 54. DJT, Verhandlungen Bd. II K 35; *Hassemer* in *Schreiber/Wassermann*, a.a.O., 43; kritisch auch weithin das neuere jugendstrafrechtliche Schrifttum – vgl. *Albrecht*, Jugendstrafrecht, 1987, 317 m. Nw.

7 Vgl. *Roxin*, a.a.O., § 1 B II.

8 Grundlegend: *Peters*, MschrKrim 1966, 49 und *Schüler-Springorum*, FS *Dünnebier*, 649; aus neuerer Zeit *Albrecht*, a.a.O., 52 ff.; *Walter*, Die Bedeutung des Erziehungsgedankens für das Jugendkriminalrecht in Walter (Hrsg.): Beiträge zur Erziehung im Jugendkriminalrecht, 1989, 49 ff.; *Pieplow*, Erziehung als Chiffre, a.a.O., 5 ff.; *Viehmann:* Anmerkungen zum Erziehungsgedanken im Jugendstrafrecht, a.a.O., 111; *Beulke*, Wieviel Erziehung ist im Jugendstrafrecht möglich?, Hofgeismarer Protokolle Nr. 266, 1989, 65 ff.; vgl. auch *Balbier*, DRiZ 1989, 404.

9 Eine entsprechende Novellierung des JGG ist soeben verabschiedet worden – vgl. Entwurf der Bundesregierung BR-Drs. 464/89 sowie Beschlußempfehlung und Bericht des Rechtsausschusses, BTDs 11/7421.

oder mittels Eingriffs reduziert werden darf. Auch materiell gibt es Verbindungen. Teilweise sehen die für den Beschuldigten entworfenen pädagogischen Konzepte die Verbindung zur Allgemeinheit ausdrücklich vor, so wenn nicht so sehr die Behandlung des Beschuldigten als vielmehr Restitution und Schlichtung in den Vordergrund geschoben und die Wiederherstellung des Rechtsfriedens durch Versöhnung als Inhalt der „Integrationsprävention" zur wesentlichen Aufgabe des Straf- und Strafverfahrensrechts gemacht wird.[10] In solchen Modellen wird darauf gesetzt, daß die Öffentlichkeit ernsthafte Bemühungen des Beschuldigten um Wiedergutmachung und Aussöhnung mit dem Opfer nicht nur wohlwollend zur Kenntnis nimmt, sondern wünscht und sich daran zu beteiligen bereit ist und in einem noch nicht ausgeloteten Umfang als Ersatz für Strafe akzeptiert.[11] Umgekehrt hat man in der Vergangenheit vielfach die Beteiligung der Öffentlichkeit als Hindernis für eine pädagogische Beeinflussung des Beschuldigten im Strafverfahren angesehen. Das ist der Grund für die Nichtöffentlichkeit der Hauptverhandlung in Verfahren gegen Jugendliche.[12] Das stand hinter dem Alternativentwurf für ein Strafverfahren mit nichtöffentlicher Hauptverhandlung von 1980.

Der Zusammenhang und die Verschränkung mit dem Problem der pädagogischen Einwirkung auf den Beschuldigten im Strafverfahren und im übrigen auch auf Verletzte und Zeugen darf also nicht aus dem Blick geraten. Gleichwohl erscheint es möglich, der Frage, ob dem Strafprozeß sinnvollerweise eine pädagogische Beeinflussung der Rechtsgemeinschaft zugeschrieben wird, gesondert zu betrachten.

Für die vorliegende kleine Abhandlung ist das Thema in mehrfacher Hinsicht zu beschränken. Es soll nur um pädagogische Zwecke des Verfahrens selbst gehen, nicht um die der abschließenden Entscheidung, insbesondere des Urteils. Ebenso sollen nur die pädagogi-

---

10 Vgl. *Roxin*, Welches Gesamtkonzept sollte der Strafprozeßreform zugrundegelegt werden? In *Schreiber/Wassermann*, a.a.O., 16 ff.; ders., Die Wiedergutmachung im System der Strafzwecke, in *Schöch* (Hrsg.): Wiedergutmachung im Strafrecht, Neue Kriminologische Studien, Bd. 4, 1987, 37 ff; *Zipf*, FS *Pallin*, 479, 483; *Wolter*, GA 1989, 397, 401.

11 Vgl. *Odersky*, Referat beim 55. DJT, Verhandlungen Bd. II, L 39; *Sessar*, Strafbedürfnis und Konfliktregelung, in *Marks-Rössner* (Hrsg): Täter-Opfer-Ausgleich, 1989, 42 ff.

12 § 48 Abs. 1 JGG; für Heranwachsende: § 109 Abs. 1 Satz 4 JGG.

schen Intentionen, die an das Wie des Strafverfahrens anknüpfen, betrachtet werden, nicht solche, die mit dem Ob der Strafverfolgung verbunden sind. Auf diese Weise sollen die klassischen Problemfelder der Generalprävention möglichst ausgeklammert bleiben. Die Überlegungen beschränken sich ferner, obwohl die heutige Medienöffentlichkeit die Grenze zwischen nichtöffentlichen Verfahrensteilen und öffentlicher Hauptverhandlung relativiert hat, auf die Hauptverhandlung; die interessante Frage, welche Bedeutung bestimmte Eingriffsmaßnahmen im Ermittlungsverfahren (Durchsuchung, Verhaftung ) auf die öffentlichliche Wahrnehmung der Strafrechtspflege haben, wird nicht erörtert. Betrachtet wird nur das Prozeßverhalten von Richtern und Staatsanwälten, nicht das von Strafverteidigern, Nebenklägervertretern, Sachverständigen und Angehörigen der sozialen Dienste, das auch eine Untersuchung wert wäre. Da schließlich die rechtspolitische Dimension möglichst ausgeklammert und das geltende Recht zugrundegelegt werden soll, geht es im wesentlichen darum, ob dessen Anwendung in der Hauptverhandlung durch Richter und Staatsanwälte, ob dem Bemühen von Richtern und Staatsanwälten in jährlich über 500 000 öffentlichen Hauptverhandlungen[13], in einem fairen Verfahren die Wahrheit festzustellen und, wenn der Beschuldigte überführt ist, eine gerechte, den Belangen der Allgemeinheit wie der Situation des Angeklagten entsprechende Sanktion festzusetzen, ein auf die Rechtsgemeinschaft gerichteter pädagogischer Impetus zuzusprechen ist.

## III.

Der Begriff des Pädagogischen soll dabei weit verstanden werden.[14] Ohne Beschränkung auf Kinder und Jugendliche ist damit Hilfe bei der Sozialisation und bei der Personalisation gemeint. Der Begriff des Pädagogischen wird also weitgehend gleichgesetzt mit dem der Erziehung, soll aber Bereiche des Begriffs der Bildung mit abdecken, ohne daß auf die hier bestehenden zahlreichen Abgrenzungsfragen und

13 Arbeitsunterlage Strafgerichte des Statistischen Bundesamts 1988.

14 Zur Begrifflichkeit *Weber* (Hrsg.): Pädagogik – eine Einführung, Bd. I, 7. Auflage, 1977, und Bd. IV, 1, 1978, m. Nw.

Meinungsverschiedenheiten eingegangen wird. Praktisch geht es in unserem Zusammenhang vor allem um moralische Erziehung (Erziehung zur Verantwortung), die als Sozialisationshilfe die Einfügung in das Normengefüge der Gesellschaft und ihrer Gruppen unterstützt, als Personalisationshilfe dem Einzelnen dazu helfen will, daß er zu selbständigem, kritischem und produktivem Urteilen und Handeln in moralischer Hinsicht befähigt wird, sowie um politische (staatsbürgerliche) Bildung, die dies um gesellschaftlich-politische Aspekte ergänzt. Erfaßt sein sollen sowohl direkte Formen der Hilfeleistung im unmittelbaren menschlichen Kontakt wie indirekte, in denen die beabsichtigte Wirkung durch zwischengeschaltete Personen oder Sachen (z. B. Medienberichterstattung) vermittelt wird.

Eine Einwirkung in die Rechtsgemeinschaft mit dem Ziel, Vertrauen in die Strafjustiz als Teil staatlicher Ordnungstätigkeit zu wekken und dadurch Handlungs- und Orientierungssicherheit für den Staatsbürger zu ermöglichen, rechtliches Denken und Handeln zu ermutigen, könnte einem so weitgefaßten Begriff des Pädagogischen unterfallen. Erst recht gilt dies für den Aspekt, daß die Hauptverhandlung, wenn sie gut geführt wird, als Beispiel zugleich eines ernsthaften Bemühens um Wahrheit und Gerechtigkeit wie eines fairen und verständnisvollen Umgangs mit Menschen in einer konflikthaften Situation dienen kann. Hier kommt der Gedanke an ein Lernen am Modell in Betracht.

Hat die Hauptverhandlung also eine pädagogische Intention?

## IV.

Im vergangenen Jahrhundert ist der Kampf um die Gerichtsöffentlichkeit auch mit dem Argument geführt worden, von der möglichen Teilnahme des Volkes am Verfahren gingen erzieherische Wirkungen aus. Teilweise befürchtete man negative Einflüsse – die öffentliche Verhandlung als „Pflanz- und Bildungsschule des Verbrechens“ –, überwiegend wurden positive Wirkungen erwartet. Man dachte auf der einen Seite an staatsbürgerliche Bildung – der Gerichtssaal als „Volksbildungsanstalt“ oder „Rechtsschule der Nation“, die Verhandlung als „ein öffentlicher Unterricht für alle, die zum Lernen

Lust und Talent haben".[15] Bei anderen lag der Akzent mehr auf der emotionalen Bindung an das Recht und den das Recht gewährleistenden Staat sowie auf der Stärkung rechtlicher Denkungsart. Dieser Gedanke findet sich in dichterischer Überhöhung bei *Feuerbach*[16], bei dem es heißt:

„Die Gerechtigkeit, das herrlichste, was der Staat den Menschen verbürgt ..., was hätte sie mit Verborgenheit gemein? ... Je heller das Licht, das sie umgibt, desto deutlicher werden erkannt alle die Vollkommenheiten, durch welche sie als Gerechtigkeit verherrlicht wird und welche, je deutlicher und allgemeiner sie erkannt werden, durch die Kraft des Vertrauens und der Ehrfurcht ihre eigene Macht, womit sie alles Menschliche zu beherrschen bestimmt ist, erheben, innerlich befestigen und äußerlich erweitern."

Im Zeitalter der Medienöffentlichkeit und der empirischen Sozialforschung sind zurückhaltendere Aussagen üblich. Immerhin, daß das Vertrauen in die Rechtsprechung der Gerichte gestärkt wird, gilt auch heute noch als Hauptzweck des Öffentlichkeitsgrundsatzes.[17] Auch heute wird davon gesprochen, daß die Rechtsprechung über die Verfahrensöffentlichkeit „in die Rechtsgemeinschaft hineinwirkt und das Recht lebendig erhält".[18] Für den Strafprozeß wird auf die general- und spezialpräventiven Zwecke hingewiesen, denen die Verfahrensöffentlichkeit diene.[19] *Zipf*[20] weist darauf hin, daß die Befriedigungsfunktion des Rechts die Akzeptation durch die Normadressaten voraussetze und daß der Verfahrensöffentlichkeit in diesem Sinn die Funktion zukomme, „die im Strafverfahren ergehenden Entscheidungen zu legitimieren, im Rechtsbewußtsein der Bevölkerung zu verankern und dieses selbst zu formen und weiterzubilden."

Mit dem Begriff der Legitimierung ist eine Brücke zu *Luhmanns*[21] rechtssoziologischem Ansatz geschlagen, der den Sinn der Öffent-

15 Nachweise bei *Fögen*, Der Kampf um die Gerichtsöffentlichkeit, 1974, 52.
16 Betrachtungen über die Öffentlichkeit und Mündlichkeit der Gerechtigkeitspflege, 1821, 89.
17 RGSt 70, 112; BGHSt 9, 280; BGHSt 21, 72; *Kissel*, GVG, § 169 Rn. 2; *Zipf*, Gutachten C zum 54. Deutschen Juristentag, Verhandlungen Bd. I, C 42.
18 *Kleinknecht/Meyer*, § 169 GVG Rn. 1.
19 KK-*Mayr*, § 169 GVG Rn. 2; *Hillermeier*, DRiZ 1982, 283.
20 A.a.O., C 43.
21 Legitimation durch Verfahren, 2. Aufl., 1975, 121 ff.

lichkeit darin sieht, daß die Außenstehenden zu der Überzeugung gelangen, „daß alles mit rechten Dingen zugeht, daß in ernsthafter, aufrichtiger und angestrengter Bemühung Wahrheit und Recht ermittelt werden".[22] Werde diese Einstellung faktisch verbreitet oder doch als verbreitet vermutet, könne der, der sich mit einer gerichtlichen Entscheidung nicht abfinden will, nicht auf die Unterstützung anderer rechnen; so werde deren Anerkennung als verbindlich gesichert.[23]

## V.

Fragt man, welche Entsprechung solche Aussagen in der Realität finden, stellt sich Unsicherheit ein. Zwar bestätigen Meinungsumfragen in neuerer Zeit[24], daß das Vertrauen der Bevölkerung in die Justiz groß ist, größer als zu anderen öffentlichen Einrichtungen; die Strafjustiz als besonders im Rampenlicht stehender Zweige der Rechtspflege darf hiervon sicher einen erheblichen Teil auf ihr Konto buchen. Die Ungewißheit, unter welchen Bedingungen Informationen aus einer Hauptverhandlung vom Bürger aufgenommen werden und wie sie bei ihm wirken, ist gleichwohl groß.[25] Das gilt natürlich vor allem, soweit die Medienöffentlichkeit angesprochen ist. Die Wirkungsforschung[26] hat bestätigt, was die Alltagserfahrung im Umgang mit der Gerichtsberichterstattung von jeher gelehrt hat, daß von einer einfachen Spiegelung der Wirklichkeit des Strafprozesses durch die Medien nicht die Rede sein kann. In erheblichem Umfang walten hier Verzerrungsfaktoren.[27] Die uns besonders interessierenden Informationen über den Ablauf der Hauptverhandlung sind davon noch mehr

22 A.a.O., 123.

23 Zur Kritik, insbesondere auch zum Fehlen empirischer Bestätigung, *Röhl*, Rechtssoziologie, 1987, 418 ff.

24 Zuletzt: Spiegel 1989/21 vom 22. Mai 1989 über drei Emnid-Umfragen im Auftrag des Spiegel.

25 So auch *Zipf*, a.a.O., C 42; eindrucksvoll *Volk*, Referat beim 54. DJT, Verhandlungen Bd. II, K 29.

26 Dazu *Scherer*, Gerichtsöffentlichkeit als Medienöffentlichkeit, 1979, sowie *Kerscher*, Gerichtsberichterstattung und Persönlichkeitsschutz, Diss. Hamburg 1982; zusammenfassend *Stürner*, Gutachten A zum 58. DJT, A 17.

27 Sehr kritisch zur Medienberichterstattung aus der Sicht der Strafverteidigung *Dahs*, Referat beim 54. DJT, Verhandlungen Bd. II, K 7 ff.

betroffen als Informationen über Tatvorwurf und Verfahrensergebnis. Natürlich ist zu differenzieren. Während in der Gerichtsberichterstattung der Boulevardzeitungen über vorbildliches Prozeßverhalten von Richtern und Staatsanwälten kaum etwas an den Leser transportiert wird, sieht es bei den Prozeßreportagen der großen Tages- und Wochenzeitungen anders aus. Zunehmend wirbt die Justiz im übrigen dafür, daß Bürger sich einen unmittelbaren Eindruck von ihr verschaffen. „Tage der offenen Tür“ bei den Gerichten, Bemühungen um einen verstärkten und intensiver vorbereiteten Besuch von Hauptverhandlungen durch Schulklassen und Einrichtungen der Erwachsenenbildung sind Alltag geworden. Insoweit gibt es auch gewisse Rückmeldungen, z. B. aus Aufsatzwettbewerben an den Schulen, die eine nachhaltige Wirkung solcher Gerichtsbesuche ausweisen.

Über Wirkungszusammenhänge und erzielte Ergebnisse besteht aber auch in diesen Fällen eines unmittelbaren Eindrucks von der Hauptverhandlung keine gesicherte Erkenntnis. Freilich: Nur wenn die erstrebten Wirkungen schlechterdings ausgeschlossen wären, müßte der Gedanke, der Hauptverhandlung eine auf die Rechtsgemeinschaft gerichtete pädagogische Intention zuzuschreiben, von vorneherein fallengelassen werden. Das ist nicht der Fall. Daß Unsicherheit hinsichtlich der Wirkungen besteht, gehört im übrigen zur Geschichte des Pädagogik bis zum heutigen Tag.

Sicher ist aber, daß etwaige erzieherische Hoffnungen auf seiten der Justiz auch im Idealfall zutreffender Übermittlung von Informationen aus der Hauptverhandlung zum Bürger natürlich auf ein Minimum beschränkt sein müssen. Angesichts des Fehlens einer individuellen Beziehung zum Adressaten der erzieherischen Bemühung, wegen der Flüchtigkeit des Kontakts und des Ausbleibens einer Rückmeldung steht aus dem Instrumentarium bewährter Erziehungspraktiken[28] kaum etwas zur Verfügung. Lediglich durch Modellverhalten und Information kann die Justiz in die Allgemeinheit hineinwirken, wobei aber einschränkend zu berücksichtigen ist, daß dieses Modellverhalten in eine formalisierte, für den Laien schwer zugängliche Struktur, die der Hauptverhandlung, eingepaßt ist.

28 Vgl. dazu etwa *Weber*, a.a.O., Bd. II, 5. Aufl. 1977, 30 ff.

## VI.

Auch rechtlich sind pädagogische Bemühungen von Strafrichtern und Staatsanwälten um die Rechtsgemeinschaft nicht unproblematisch. Eine zweifelsfreie gesetzliche Grundlage besteht nicht.

Gewiß bietet der Öffentlichkeitsgrundsatz, so wie er heute verstanden wird[29], einen Ansatzpunkt. Die Reichweite dieses Ansatzes ist aber unsicher, weil § 169 GVG selbst letztlich nichts darüber sagt, ob die Justiz die Öffentlichkeit der Hauptverhandlung nur passiv erdulden oder aktiv als pädagogische Chance ergreifen soll.[30] Der Ausschluß der Fernseh- und Filmberichterstattung aus der Hauptverhandlung in § 169 Satz 2 GVG[31] spricht dafür, daß dem Gesetzgeber eine pädagogische Nutzung der Hauptverhandlung jedenfalls kein vorrangiges Anliegen ist.

Aus Art. 5 GG und den Landespressegesetzen ergibt sich, daß sich die Strafjustiz in gewissem Umfang gegenüber den Medien öffnen muß. Je mehr man aber betont, daß es bei dem Prozeß freier Meinungsbildung, den Artikel 5 GG gewährleisten will[32], um Kontrolle der staatlichen Gewalt durch das Volk geht, in dessen Namen Recht gesprochen wird, desto ferner liegt der Gedanke, daß die Justiz die sie treffenden Informationspflichten zu einer pädagogischen Beeinflussung der Allgemeinheit nutzt. Wenn man demgegenüber die integrativen Aspekte des Prozesses freier Meinungsbildung hervorhebt[33], kommt dies zwar eher in Betracht. Es bleibt dann aber der Grundsatz zu beachten, daß sich in der Demokratie der Meinungs- und Willensbildungsprozeß vom Volk zu den Staatsorganen und nicht umgekehrt vollziehen muß und eine Einwirkung auf diesen Prozeß durch die staatlichen Organe besonderer Rechtfertigung bedarf.[34] Eine solche

---

29 Vgl. oben VI.

30 Anders § 10 Abs. 2 Satz 1 StPO-DDR: „Die Öffentlichkeit der Hauptverhandlung dient dem Ziel, das Staats- und Rechtsbewußtsein der Bürger zu entwickeln, ihre Verbundenheit mit den Organen des sozialistischen Staates zu festigen, die erzieherische Wirkung der Hauptverhandlung zu erhöhen und die Bereitschaft der Bürger zur Bekämpfung der Kriminalität zu erhöhen."

31 Dazu *Roxin*, FS *Peters* (1974), 393, 400.

32 BVerfGE 7, 198, 208; st. Rspr – vgl. Degenhart in Bonner Kommentar (Zweitbearbearbeitung) Art. 5 GG Rn. 4.

33 Dazu grundlegend Scheuner, VVDStRL 22 (1965), 187, 193, 204.

34 BVerfGE 20, 56, 99.

wird für die sogenannte Öffentlichkeitsarbeit anerkannt[35]: ob deren Ziel pädagogische Beeinflussung sein darf, ist wiederum offen. Jedenfalls richten sich aber die Informationspflichten aus Art. 5 GG und den Pressegesetzen nicht unmittelbar an Richter und Staatsanwälte, sondern an die Justizverwaltungen, die durch Pressestellen u. ä. für eine Information der Öffentlichkeit sorgen müssen, was mit zunehmender Professionalität auch geschieht.

Am ehesten läßt sich – dies wäre ein strafrechtsspezifischer Ansatz – etwas Tragfähiges aus dem durch den verehrten Jubilar[36] gelegentlich mit Mißtrauen betrachteten Verfassungsgebot, eine funktionstüchtige Strafrechtspflege zu unterhalten, entnehmen, das vom Bundesverfassungsgericht in ständiger Rechtsprechung[37] aus dem Rechtsstaatsprinzip abgeleitet wird. Die Strafjustiz ist auf das Vertrauen der Bevölkerung praktisch angewiesen. Dieses ist Grundlage des Anzeigeverhaltens und der Bereitwilligkeit der Bürger, als Zeuge am Verfahren mitzuwirken.[38] Auf ihm basiert das Interesse am Schöffenamt und die Bereitschaft, in sonstiger Weise ehrenamtlich in der Strafrechtspflege mitzuwirken. Da die Strafrechtspflege nicht funktionieren kann, wenn sich die Bevölkerung von ihr abwendet, ist es kein fernliegender Gedanke, daß sich die Strafrechtspflege um Vertrauen werbend an den Bürger wenden muß. Das kann nicht allein Aufgabe der Pressestellen sein, denn diese haben letztlich nur vermittelnde Möglichkeiten, eine schönende Darstellung ist ihnen verwehrt. Ob die Strafjustiz Vertrauen verdient, ob das Verhalten von Richtern und Staatsanwälten in der Hauptverhandlung für die Strafrechtspflege wirbt und den Bürger veranlaßt, mit dieser auch in Zukunft zusammenzuarbeiten, entscheidet sich in der Hauptverhandlung selbst.

Dieser Ansatz zur Begründung einer pädagogischen Intention der Hauptverhandlung ist, weil funktional, verhältnismäßig eng. Lerneffekte beim Bürger, die keinen Bezug zum Funktionieren der Strafrechtspflege haben, bleiben dabei ausgeklammert. Wenn es nicht nur um die Zusammenarbeit der Bevölkerung mit der Strafrechtspflege geht, sondern auch darum, daß die Bürger sich in ihrem Staat zu

35 BVerfGE 20, 56, 100.
36 *LR-Hanack*, § 136 a StPO Rn. 4.
37 Vgl. etwa BVerfGE 51, 343; 46, 222; 45, 294; 38, 321; 38, 118; 34, 248; 33, 383.
38 Ebenso *Hillermeier*, a.a.O., 282.

Hause fühlen sollen, wenn darüber hinaus am Beispiel der Strafrechtspflege für rechtliche Denkungsart, für Fairneß in konflikthaften Situationen, für ernsthafte Bemühungen, strittige Sachverhalte aufzuklären, geworben werden soll, kann man sich auf das Verfassungsgebot einer funktionstüchtigen Strafrechtspflege nicht unmittelbar berufen. Andererseits ist die Werbung von Vertrauen für die Strafrechtspflege, das danach eine verfassungsrechtliche Verankerung haben könnte, Teil und Durchgangsstadium dieser weiterreichenden pädagogischen Ziele, und so finden auch sie letztlich im Rechtsstaatsprinzip einen Ausgangspunkt.

Mehr als einen Ausgangspunkt kann die verfassungsrechtliche Rückbesinnung nicht ergeben. Für das Verhalten von Richtern und Staatsanwälten in der Hauptverhandlung gelten StPO und GVG. Daß deren Handlungsprogramm keine Durchbrechung oder Vernachlässigung zugunsten volkspädagogischer Bemühungen duldet, ist klar. Richter und Staatsanwälte müssen das Verfahrensrecht korrekt anwenden; das ergibt sich aus ihrer Gesetzesbindung. Auf pädagogischen Intentionen kommt es dafür nicht an. Etwaige Intentionen, die auf eine pädagogische Beeinflussung der Öffentlichkeit zielen, erfahren vielmehr durch die Gesetzesbindung zahlreiche Beschränkungen, wie sich besonders an dem Auftrag an Richter und Staatsanwälte zeigt, einer Gefährdung von Verfahrenszwecken oder einer öffentlichen Bloßstellung der Verfahrensbeteiligten durch Ausschließung der Öffentlichkeit entgegenzuwirken, ein Auftrag, der durch das Opferschutzgesetz zuletzt noch einmal erweitert worden ist.

## VII.

Freilich erschöpft sich die Tätigkeit des Richters und des Staatsanwalts in der Hauptverhandlung nicht in der korrekten Anwendung des Straf- und Strafprozeßrechts. Dementsprechend gehen auch die Anforderungen an Staatsanwälte und Strafrichter, insbesondere an den Vorsitzenden, weit über die Beherrschung des geltenden Rechts hinaus. Dazukommen muß die Kunst, eine schwierige Verhandlung effektiv zu leiten. Das reicht aber ebenfalls nicht. Von jeher wurde wie selbstverständlich verlangt, daß zu diesen unerläßlichen Fähigkeiten eine Reihe richterlichen Tugenden treten soll, zu denen sachliche

Distanz ebenso gehört wie menschliche Anteilnahme, Festigkeit und Geduld, Entschiedenheit und menschliche Wärme, Glaubwürdigkeit und Bescheidenheit. Jedenfalls einen Teil dieser richterlichen Tugenden, denen nach unserem Rechtsverständnis auch der Staatsanwalt verpflichtet ist, kann man in der Formel für den Richtereid[39] und den Regelungen der Grundpflichten für Richter und Staatsanwälte[40] verankert sehen. Alle lassen sich in Beziehung setzen zu den Wertentscheidungen des Grundgesetzes, auch wenn die Einsicht, daß die Beherrschung des Handwerks, so notwendig sie ist, allein einen guten Richter und Staatsanwalt nicht ausmacht, selbstverständlich alt und international ist. Die immer perfektere Rechtsbindung unseres Strafverfahrens hat nicht beseitigen können, daß dem Richter jenseits aller Zweckmäßigkeitserwägungen Spielräume bei der Verfahrensführung bleiben, bei deren Ausfüllung sich richterliches Ethos verwirklichen kann. Liegt hier ein Schlüssel für eine auf die Rechtsgemeinschaft gerichtete pädagogische Intention der Hauptverhandlung?

Auch insoweit bedarf es noch der Abschichtung. An erster Stelle steht für Richter und Staatsanwälte das individuelle Strafverfahren. „Schauprozesse", Verfahren also, die durch die erstrebte öffentliche Wirkung instrumentalisiert sind, haben im Rechtsstaat keinen Platz.[41] Sie sind im übrigen auch pädagogisch zweifelhaft, weil im allgemeinen nur ernsthafter Umgang mit der Sache überzeugt und „Fensterreden" als solche meist erkannt werden. Wassermann hat in einer frühen und grundsätzlichen Veröffentlichung[42] gesagt, jeder Richter und Staatsanwalt müsse sich klarmachen, daß er es „in jeder Sitzung, an jedem Verhandlungstag nicht nur mit den Verfahrensbeteiligten, sondern auch mit der Öffentlichkeit zu tun habe; in seinem Auftreten, in

39 § 38 DRiG.

40 § 39 DRiG, § 35 BRRG.

41 Bedenklich § 220 Abs. 1 StPO-DDR, wonach „das Gericht zur allseitigen Aufklärung der Straftat, ihrer Ursachen und Bedingungen und der Persönlichkeit des Angeklagten als Voraussetzung für die Feststellung seiner strafrechtlichen Verantwortlichkeit, einer gerechten Entscheidung und der gesellschaftlichen Wirksamkeit die Hauptverhandlung so zu leiten hat, daß dadurch das Vertrauen der Bürger zu ihrem Staat und ihre Mitwirkung zur Erziehung und Selbsterziehung des straffällig gewordenen Bürgers und zur Verhütung weiterer Straftaten gefördert wird." Hier erscheint die Volkspädagogik als zumindest gleichrangiger Zweck.

42 DRiZ 1963, 294, 297ff.

der Prozeß- und Verhandlungsführung müsse er immer das Ziel vor Augen haben, das Ansehen der Justiz zu kräftigen und das Vertrauen in die Rechtspflege zu stärken". Ganz wesentlich erfüllen Richter und Staatsanwälte diese Aufgabe dadurch, daß sie dem jeweiligen Verfahren und den davon betroffenen Menschen gerecht zu werden versuchen, in erster Linie dem Angeklagten, aber nicht weniger dem Verletzten und den anderen Zeugen.[43] Abstriche dabei, eine Vernachlässigung dieser Aufgabe auch nur in Teilaspekten, kann durch die erhoffte Wirkung auf die Öffentlichkeit nicht gerechtfertigt werden.

Das gilt im Prinzip für Richter und Staatsanwälte gleichermaßen. Freilich sind beide während der Hauptverhandlung in unterschiedlicher Weise engagiert. Dem Vorsitzenden ist mit der Verhandlungsleitung nicht nur eine herausragende Verantwortung für die Gesetzmäßigkeit des Verfahrensganges und eine effektive Verfahrensführung übertragen. Er bestimmt auch in besonderer Weise Stil und Atmosphäre der Verhandlung. Er hat den größten Einfluß darauf, wie mit den betroffenen Menschen umgegangen wird. Dem Vertreter der Staatsanwaltschaft obliegt dafür in stärkerem Maße die Berücksichtigung verfahrensübergreifender Anliegen. An erster Stelle ist hier die gleichmäßige Anwendung des Straf- und Strafverfahrensrechts im jeweiligen Bundesland oder jedenfalls im jeweiligen Landgerichtsbezirk zu nennen. Auch sonst ist er organisationsbedingt mehr als der einzelne richterliche Spruchkörper in der Lage, das Gesamt der Strafverfolgung (im jeweiligen Bezirk) zu überblicken und das einzelne Verfahren mit den sich darin stellenden Fragen in diesen größeren Zusammenhang zu stellen. Wegen der größeren Nähe zur Exekutive ist die Staatsanwaltschaft aber auch offener für Anliegen und Wertvorstellungen aus dem gesellschaftlich-politischen Bereich.[44] Als Beispiele mögen einerseits das öffentliche Interesse an einer nachdrücklichen Ahndung des Drogenhandels dienen oder auch an einer intensiven Verfolgung von Umweltstraftaten, auf der anderen Seite das Anliegen des Täter-Opfer-Ausgleichs oder das Verfahrensinteresse eines effektiven Zeugenschutzes. Soweit das geltende Recht dafür Raum läßt, können solche Anliegen von der Staatsanwaltschaft aufgegriffen werden und werden dies vielfach. Das strahlt in die Hauptverhand-

43 Dazu *Böttcher, FS Kleinknecht*, 25, 30.
44 Näher *Odersky, FS Bengl* 57, 77.

lung ein. Trotzdem steht dort auch für den Vertreter der Staatsanwaltschaft das jeweilige Verfahren in seiner Individualität im Vordergrund. Es soll angemessen, auch unter Berücksichtigung der der Staatsanwaltschaft aufgetragenen übergreifenden Anliegen, verhandelt und entschieden werden.

## VIII.

Die tatsächlichen Möglichkeiten einer pädagogischen Einwirkung auf die Öffentlichkeit aus der Hauptverhandlung heraus sind unsicher und jedenfalls gering. Die rechtlichen Grundlagen sind nicht unzweifelhaft, die Grenzen eng. Soweit für Richter und Staatsanwälte die Gesetzesbindung reicht, können auf das Staatsvolk gerichtete pädagogische Bestrebungen keine selbständige Rolle spielen. Wenn das geltende Recht Spielräume läßt, müssen sie verfahrensbezogen genutzt werden. Die angemessene, den Wert- und Strukturentscheidungen des GG entsprechende Verhandlung der einzelnen Strafsache ist die Aufgabe, hierauf müssen richterliches Ethos und staatsanwaltschaftliche Strategie gerichtet sein. Daß eine angemessen geführte Hauptverhandlung in der Öffentlichkeit Vertrauen erwecken kann, in die Strafrechtspflege zunächst, aber darüber hinaus vielleicht in die rechtsstaatliche Ordnung des GG, daß auf der Grundlage eines solchen Vertrauens Orientierungs- und Verhaltenssicherheit entsteht, rechtliche Denkungsart sich gefördert fühlt, das kann in der Regel nicht mehr als ein Nebengedanke sein, ein Nebenmotiv für ein Prozeßverhalten, das auf das konkrete Verfahren bezogen ist.

Sollte der Gedanke deshalb fallengelassen werden? Das wäre eine überzogene Reaktion. Auch wenn es dabei bleibt, daß sich abgesehen von der selbstverständlichen Rechtsbindung das Prozeßverhalten von Richtern und Staatsanwälten aus den Anforderungen des jeweiligen Verfahrens ergibt, diesem gerecht werden muß, eröffnet der Gedanke einer erzieherischen Wirkung in die Öffentlichkeit interessante Perspektiven.

Er wirkt zunächst verpflichtend und ermutigend in Verfahren, in denen die Verfahrensbeteiligten es dem Richter und dem Staatsanwalt schwer machen, mehr zu sein als ein korrekter Anwender des Gesetzes, und macht die Justiz zugleich sensibler gegenüber möglichen

Wirkungen in der Öffentlichkeit. Er erleichtert der Strafjustiz die Verarbeitung von öffentlicher Kritik, weil diese, pädagogisch betrachtet, allemal besser ist als gleichgültiges Schweigen; Unkenntnis und Mißverständnis in der Öffentlichkeit werden zur Aufgabe.

Der Gedanke an die Wirkung auf die Öffentlichkeit hat für Richter und Staatsanwälte in dem Wechsel unterschiedlich gelagerter Verfahren mit je unterschiedlichen Anforderungen sodann etwas Stabilisierendes. Er gibt einen Einstieg in die Diskussion über einen verfahrens- und personenübergreifenden Stil der Strafjustiz und dessen Fortentwicklung im Wandel der Zeit. Der Gedanke kann damit Ansatz für Bemühungen im Bereich der Fortbildung von Richtern und Staatsanwälten sein, die über das Handwerkliche hinausreichen.

Der Gedanke, daß Richter und Staatsanwälte in der Hauptverhandlung pädagogisch in die Öffentlichkeit hineinwirken, wird ferner sinnvoll herangezogen bei der Diskussion von Fragen des sogenannten Verfahrenszeremoniells und der baulichen Selbstdarstellung der Justiz[45], aber auch bei Überlegungen zum stärkeren Einsatz der Technik in der Hauptverhandlung.[46] Er erschließt Aspekte des aktuellen Problems der Vereinbarungen in Strafsachen.

Da vieles dafür spricht, daß sich pädagogisches Verhalten von Frauen und Männern nicht völlig gleicht, stärkt eine solche Deutung der Hauptverhandlung Neugierde und Hoffnungen im Hinblick auf den wachsenden Frauenanteil bei Richtern und Staatsanwälten.[47]

Gerade wenn man, wie dies zunehmend geschieht[48], die pädagogische Einwirkung auf die Verfahrensbeteiligten, vor allem auf den Beschuldigten, schon in der Hauptverhandlung befürwortet, sollte der Gedanke an eine pädagogische Beeinflussung auch der Öffent-

---

45 Dazu *Wassermann*, Die richterliche Gewalt, 1985, 192.

46 Beim aktuellen Problem, ob der Gesetzgeber nach BGHSt 31, 115 korrigierend eingreifen und eine Vernehmung gefährdeter Zeugen unter optischer und akustischer Abschirmung in der Hauptverhandlung ermöglichen soll, spricht der Gedanke an den Eindruck auf die Öffentlichkeit wohl dagegen, daß Praktiken wie die Vernehmung hinter einem Paravent oder im Holzkasten, die an überwundene Stufen der Prozeßkultur erinnern, zugelassen werden, vielleicht aber nicht dagegen, die Möglichkeiten der Teletechnik (Fernseh- und Telefonkonferenzschaltung) zu nutzen – vgl. dazu *Rebmann-Schnarr*, NStZ 1989, 1185, 1191.

47 Dazu *Sessar*, a.a.O., 54 und ders., *FS-Palin*, 401, 418.

48 Oben II.

lichkeit dazukommen. Rechtstatsächliche Untersuchungen zu Motiven und Wirkungen richterlicher und staatsanwaltschaftlicher Verhandlungsführung sollten diesen Aspekt trotz aller methodischen Schwierigkeiten nicht ausklammern.

Vor allem aber trägt eine solche Anschauung dazu bei, die unvermeidliche Ausrichtung des Strafprozesses auf die Öffentlichkeit unter ein positives, auf den Bereich des Ethischen hinweisendes Schlüsselwort zu stellen.[49] Wenn die Strafrechtspflege teilhat an der Diskussion zu den Menschheitsthemen der Erziehung und der Bildung, kann das der Respektierung des Strafprozesses und seiner Weiterentwicklung im Geiste des Jubilars guttun.[50]

---

49 Vgl. *Schleiermacher:* „Die Pädagogik ist eine rein mit der Ethik zusammenhängende, aus ihr abgeleitete Wissenschaft." (zitiert nach Reble, Geschichte der Pädagogik, Dokumentationsband II, 1971, 330).

50 Ähnliche Überlegungen lassen sich natürlich zu anderen Zweigen der Rechtspflege und sonstiger öffentlicher Tätigkeit anstellen, in denen es um die Verwirklichung verfassungsrechtlicher Wertentscheidungen in einem Verfahren geht, das in die Öffentlichkeit ausstrahlt. Wenn oben nur der Strafprozeß betrachtet wurde, so findet dies neben der Profession des Jubilars und des Verfassers vielleicht eine Rechtfertigung darin, daß hier an eine länger zurückreichende Diskussion um die Strafzwecke, um das Ziel des Strafverfahrens und den Sinn des Öffentlichkeitsgrundsatzes angeknüpft werden kann.

*Gerhard Jungfer*

# Strafverteidigung in der Weimarer Republik – Strafverteidigung in der Bundesrepublik: neuer Typ des Strafverteidigers!?

Nach Ernst-Walter Hanack wird die Entwicklung zu Vereinbarungen im Strafprozeß begünstigt,

„vielleicht sogar entscheidend begünstigt, durch einen neuen Typ des Strafverteidigers, der in zunehmendem Maße unsere Gerichtssäle beherrscht und ohne Zweifel in Zukunft weiter beherrschen wird. Dieser neue Verteidigertyp ist das vielleicht interessanteste und wichtigste Phänomen in der Entwicklung unserer Strafrechtspflege: Gemeint ist nicht der sog. Starverteidiger und auch nicht der sog. Krawall-Anwalt. Gemeint ist vielmehr der Typ eines sehr engagierten und grundsätzlich seriösen, oft höchst kundigen Verteidigers; aber eines Verteidigers, der die weiten und äußersten Möglichkeiten unserer Prozeßordnung, anders als die Generation vor ihm, nicht nur ausnahmsweise ausnutzt; sondern der im Interesse seines Mandanten, auch wenn er ihn für schuldig hält ... in alle gesetzlichen Freiräume vorstößt und dabei Verteidigungsstrategien entwickelt, die gerade auch auf die typischen Schwachpunkte unserer Justiz zielen. Es ist der Typ eines Verteidigers, der in der Regel formal durchaus korrekt verfährt, auch das Standesrecht beachtet, sich im Grunde aber dem traditionellen Ziel des Strafverfahrens nicht mehr verpflichtet fühlt oder mindestens doch die Bedeutung dieses Ziels im Spannungsverhältnis zu den Interessen seiner Mandanten kritischer gewichtet als früher; und der zudem (was ein weiteres Phänomen ist) unserer Strafjustiz mit oft geradezu abgrundtiefer Skepsis gegenübersteht.

Die Justiz beginnt auch im eigenen Interesse, sich auf diesen Verteidiger einzurichten. Und gerade dadurch kommt es in zunehmendem Maße eben auch zu internen Verhandlungen, Absprachen oder Vereinbarungen, und zwar in den verschiedensten Formen und Zusammenhängen."[1]

---

1 *Hanack,* Vereinbarungen im Strafprozeß, ein besseres Mittel zur Bewältigung von Großverfahren?, StV 1987, 500 (501).

# I. Strafverteidigung in der Weimarer Republik

Strafverteidigung geht über die bloße Anwendung der Rechtsregeln hinaus:

„Ihre Beherrschung versteht sich für den guten Verteidiger von selbst. Aber er weiß, daß sich damit allein keine größere Verteidigung führen läßt."[2]

Nicht zu vermitteln allein durch das Lernen der Rechtsregeln, lebt sie besonders aus der Kraft ihrer Vorbilder.[3]

Die Strafverteidigung in der Republik von Weimar hat Vorbildcharakter. Man wird sogar sagen dürfen: Sie ist für ein historisches Bewußtsein heutiger Strafverteidigung in der Bundesrepublik das Vorbild schlechthin.

Zeitlich davorliegende Beispiele sind bekannt, so die Verteidigung der Schillschen Offiziere durch Perwez und die Verteidigung von Andreas Hofer durch Bassevi.[4] Im Hochverratsprozeß gegen Gustav Struve erhob 1849 zu Beginn der Verhandlung dessen Verteidiger Brentano eine Besetzungsrüge, mit der er später u. a. auch die Nichtigkeitsbeschwerde begründete.[5]

*Gerard Wilk* berichtet:

„Eine besondere Erwähnung unter den Achtundvierzigern verdient der aus Berlin gebürtige Anwalt Louis Schade, der in der Breiten Straße gekämpft hatte und 1851 nach Amerika geflohen war. Er widmete sich einer der unpopulärsten Aufgaben nach dem Ende des Bürgerkrieges. Schade verteidigte Hauptmann Wirz, den Kommandanten des Internierungslagers von Andersonville, in dem Tausende von gefangenen Unionssoldaten durch Hunger und Seuchen umgekommen waren. Wirz war für die Nordstaatler der verhaßteste Name des Südens. Er konnte keinen Verteidiger finden. Schade, ohne jegliche menschliche Sympathie für Wirz, hatte jedoch auf der juristischen Fakultät in Berlin gelernt, daß jeder Angeklagte, wie groß auch sein

---

2 *Reiwald*, Die Gesellschaft und ihre Verbrecher, 1948, S. 193.

3 Aus *meinem* Geleitwort zu: König, Vom Dienst am Recht, Rechtsanwälte als Strafverteidiger im Nationalsozialismus, 1987, S. V.

4 *Heilbrunn*, Die Verteidigung vor napoleonischen Kriegsgerichten, in: Festschrift für Martin Drucker zum 65. Geburtstage – 6. Oktober 1934, herausgegeben von Julius Magnus, Nachdruck 1983, S. 57ff.

5 *Reimann*, Der Hochverratsprozeß gegen Gustav Struve und Karl Blind, 1985, S. 65 und 145.

Verbrechen sei, ein Recht auf einen Verteidiger habe. Wirz wurde zum Tode verurteilt."[6]

Auch erschienen im vorigen Jahrhundert wichtige Bücher über Verteidigung.[7]

Die Erinnerung an solche Vorbilder ist aber kaum vorhanden. Mit dem Inkrafttreten der Reichsstrafprozeßordnung vom 1. Februar 1877 entsteht für die Strafverteidigung die Ausgangssituation, die für uns eine Vergleichbarkeit und einen direkten Bezug ermöglicht.

Die Überlieferung aus der Kaiserzeit knüpft sich an Namen wie Wronker, Sello, Frank, Munckel, Fritz Friedmann,[8] Mamroth, Werthauer, von Gordon, Liebknecht,[9] Bahn.[10]

Literatur grundlegender Art von Verteidigern erscheint.[11]

Der Grad der Professionalität und des Selbstbewußtseins der Verteidiger der Kaiserzeit mag daran gemessen werden, daß nach von Liszt's Vortrag am 23. Mai 1901 vor dem Berliner Anwaltsverein, einer noch heute gültigen Grunddefinition von Verteidigung, in der anschließenden Diskussion „die meisten Redner dem Vortragenden in allen Punkten" beitraten.[12]

Dies alles fand dann seine Fortsetzung in den Tätigkeiten vieler vorbildlicher Verteidiger in der Weimarer Republik.

---

6 In: Der „Berlin-Appeal", Berliner Forum 4/83 (Presse- und Informationsdienst des Landes Berlin), 1983, S. 56.

7 Beispielsweise: *Hermann*, Versuch einer näheren Anleitung zur gründlichen Abfassung der Verteidigungsschriften für peinlich Angeschuldigte, 1826; *Frydmann*, Systematisches Handbuch der Verteidigung in Strafverfahren, 1878; *Vargha*, Die Verteidigung in Strafsachen, 1879.

8 Zu diesen *Mamroth*, Aus den Erinnerungen eines alten Verteidigers, in: Festschrift für Martin Drucker (s. o. Fußn. 4), S. 67 ff.; bzgl. Sello und Friedmann siehe auch Fußn. 11.

9 *Hoeninger*, Berliner Gerichte, 1906, S. 47 ff.; bzgl. Mamroth siehe auch Fußn. 8 und 11; zu Werthauer auch Fußn. 11 und *Göppinger*, Juristen jüdischer Abstammung im Dritten Reich, 2. Aufl., 1990, S. 371; zu Liebknecht auch Fußn. 11.

10 *Walter Bahn*, Meine Klienten, ca. 1910.

11 *Mamroth*, Zur Stellung des Verteidigers, DJZ 1901, 205; *Sello*, Die Irrtümer der Strafjustiz und ihre Ursachen, 1911; *Alsberg*, Justizirrtum und Wiederaufnahme, 1913, mit Beiträgen u. a. von Mamroth, Siegfried Löwenstein, Drucker, Liebknecht und Werthauer; *Friedmann, Fritz*, Die Kunst der Verteidigung und der forensischen Rede, 1915.

12 *von Liszt*, Stellung des Verteidigers in Strafsachen, DJZ 1901, 179 (181).

Es existierte eine Realität der Verteidigung. Diese ergab sich sicherlich oft im Bewußtsein der Richter und Staatsanwälte, aber auch in dem der Bevölkerung aus der Bewertung einzelner Verteidigerpersönlichkeiten.

Indessen: So wie der einzelne Anwalt „Verteidigung" symbolisierte, so ergab sich – denn immer waren ja auch andere Anwälte in anderen Sachen präsent – auch ein allgemeines Bewußtsein von „Verteidigung".

Ich unternehme den Versuch, aus einzelnen Aktivitäten von Verteidigern zu abstrahieren, was der gemeinsame Nenner ihrer Tätigkeit war, was sich als „Kunst der Verteidigung" in der Weimarer Zeit aus solchen einzelnen Tätigkeiten definieren läßt und weshalb dies Vorbildcharakter für das Bewußtsein heutiger Strafverteidigung hat.

Verteidigung in der Weimarer Republik war sicherlich – wie Verteidigung auch heute – so oft belastet mit den Unzulänglichkeiten, Ängstlichkeiten, dem Fehlen an Ausdauer und Energie und der mangelnden Präzision vieler ihrer Vertreter. *Rudolf Olden* berichtet:

„Es gab damals in Moabit ... einen Typus Verteidiger, der Mängel seiner Sache oder auch seiner Person durch Erregtheit, auch durch Stimmaufwand, auszugleichen versuchte; dieser Typus war besonders unter den Anwälten vertreten, die zur äußersten Linken oder zur äußersten Rechten zählten."[13]

*Alfred Apfel* beklagt in der Weltbühne 1931:

„Nach meiner Überzeugung könnte in wenigstens der Hälfte aller politischen Prozesse ein Freispruch erfolgen, wenn die Verteidigung juristisch exakter geführt würde. Die Zahl der Richter und Staatsanwälte, die nach juristischen Brücken zum Freispruch in ihnen widerwärtigen politischen Prozessen Ausschau halten, ist größer als man gemeinhin annimmt. Wenn die kleine Phalanx der durchgebildeten Verteidiger, die unermüdlich gegen die Hochverratsjudikatur des Reichsgerichts und gegen die mißbräuchliche Benutzung der Strafgesetze zur Unterdrückung mißliebiger Gedanken durch die Kapazität eines Alsberg erweitert werden würde, könnten viele Niederlagen mutiger Politiker vermieden werden. Es steht fest, daß sich in den meisten Ländern die großen Verteidiger vom politischen Prozeß, zumal wenn er gegen links

---

13 *Olden*, Hans Litten, in: Irmgard Litten, Die Hölle sieht dich an, Der Fall Litten, Paris 1940, S. 7; Neuaufl. (u. a.) 1984 unter dem Titel: Eine Mutter kämpft gegen Hitler, S. 6; zu Olden: *Müller*, Rudolf Olden (1885–1940) Journalist und Anwalt der Republik, in: Kritische Justiz (Hg.), Streitbare Juristen 1988, S. 180 ff.; *Göppinger*, a.a.O. (Fußn. 9), S. 306 f.; zu Litten ferner unten Fußn. 42.

gerichtet ist, ängstlich fernhalten. Das wird den dei minorum gentium überlassen. Wenn sich Alsberg mit dem Glanz seines internationalen Ansehens in die Phalanx der politischen Verteidiger einreihte, so würde dies beispielgebend wirken."[14]

Wir reden aber hier von dem „Verteidiger" – nicht von dem, der diesen Beruf ausübt, nur und solange er nichts anderes findet, der Kompromisse schließt, weil er nach den Regeln der Kunst nicht zu arbeiten vermag und dem schon die Rechtsregeln unvertraut sind.

Betrachtet werden soll, was sich als Strafverteidigung aus der Aktivität ihrer professionellen Vertreter definiert. Hier in der Tat ist Vorbildliches festzustellen:

Strafverteidigung als

1. *Vertretung der Unschuldsvermutung*

so uneingeschränkt und unerbittlich, so klar und sicher, daß diese Haltung die Qualität eines vom Willen unabhängigen Reflexes hatte.

*Frederic Alexander Mann*, der als junger Mann in Alsbergs Hause verkehrte, berichtet:

„Aber er war nie laut, nie laut. Er war immer sehr ruhig",

aber er erwähnt eine Ausnahme:

Auf einer Gesellschaft standen junge Juristen um Alsberg herum. Dieser „erzählte von einem Fall, den er gerade hatte. Da kam der Sohn dazu und sagte: ‚Was hat der Mann getan, Vater?' Alsberg dreht sich um und schreit den Sohn an: ‚Weißt du nicht, was Du sagen sollst, was soll der Mann getan haben?'"[15]

Diese Haltung Alsbergs erklärt, was seinem Biographen Curt Riess so unverständlich zu sein scheint[16], nämlich daß Alsberg Verfahren nicht nach politischen Gründen ausgesucht oder abgelehnt hat. So hat er Karl Helferich vertreten und Carl von Ossietzky.

*Ernst Nebenzahl*, als Referendar im Büro Alsbergs:

---

14 *Apfel*, Alsberg, Die Weltbühne, 1932, 2. Halbjahr, S. 759; zu Apfel: *Göppinger*, a.a.O. (Fußn. 9), S. 266.

15 Gespräch in Berlin am 18. April 1985.

16 Der Mann in der schwarzen Robe, 1965, 118, 297 und insbesondere 319, 320, siehe auch *Spaethen*, der Alsberg kannte, in der Besprechung des Riess'schen Buches, Industrie-Kurier, 8. 2. 1969. Mit wohltuender Klarheit a. A. zwei Richter: *Seibert*, NJW 1966, 1643 und *Sarstedt*, AnwBl. 1978, 7 (12).

„Die Verteidigung als solche war eine ethische Mission."[17]

*Arthur Brandt* auf eine Denunziation hin, er habe im Tscheka-Prozeß als Wahlverteidiger verteidigt und Gebühren von der Roten Hilfe oder der KPD erhalten, vom Preußischen Justizminister zur Stellungnahme aufgefordert, antwortet am 6. 6. 1933:

„Ich habe lediglich in Erfüllung meiner beruflichen Pflichten gehandelt, die ich auch politisch ganz anders Denkenden gegenüber erfüllt hätte und erfüllt habe, zumal der Verteidiger ja auch bei Übernahme des Mandats nicht wissen kann, ob der Klient schuldig ist oder nicht."[18]

Dabei zugleich:

2. *Distanz zum Mandanten*

So sehr auch seine Mandanten und deren Gegner in den politischen Kampf verwickelt waren, so sehr bei ihnen die Auffassung bestand, den Prozeß zur Bühne der politischen Rede zu machen und den Anwalt hierfür zu instrumentalisieren: *Litten* kämpfte, aber er kämpfte mit den Mitteln der Strafprozeßordnung:

„Hans war in Berlin Anwalt der Roten Hilfe, obwohl er oft Ärger mit den Kommunisten hatte, die von ihm verlangten, daß er die Prozesse nur unter politischen Aspekten führte, was er ablehnte. Er wollte nicht Märtyrer produzieren, sondern Freisprüche erkämpfen. Er war bei den Nazis so verhaßt, daß man Überfälle auf ihn organisierte und er kurz vor der Machtergreifung nur noch unter Bewachung auftreten konnte."[19]

*Dr. Ernst Wolff,* Vorstand der Rechtsanwaltskammer Berlin, schreibt für die nach dem Reichstagsbrand verhafteten Rechtsanwälte an das Preußische Ministerium des Innern am 3. März 1933:

„Der Umstand, daß ein Anwalt in politischen Prozessen mehrfach Angehörige einer bestimmten Partei verteidigt, rechtfertigt noch nicht den Schluß, daß der Anwalt eben dieser Partei angehört. Es geschieht im Gegenteil nicht selten, daß sich Angeklagte zum Verteidiger einen Anwalt wählen, der auf einem anderen politischen Standpunkt steht. Wir halten dies auch für durchaus wünschenswert, denn die Zugehörigkeit des Verteidigers zu derselben Partei, der ein in einen politischen Prozeß verwickelter Angeklagter ange-

---

17 Gespräch am 11. März 1988.

18 Personalakte des Preußischen Justizministeriums von Arthur Brandt, Bundesarchiv, Bl. 36, Brief vom 6. Juni 1933.

19 *Fürst,* Gefilte Fisch, 1976, S. 206.

hört, bringt die Gefahr mit sich, daß sich der Verteidiger mit dem zur Anklage stehenden Fall allzusehr identifiziert und dadurch diejenige Distanz verliert, deren Einhaltung nicht nur im Interesse der Rechtspflege, sondern gerade auch im Interesse des Angeklagten für den Verteidiger erwünscht ist. Es ist in der Kriminalgeschichte der letzten Jahre durchaus nichts seltenes gewesen, daß in politischen Prozessen die Angeklagten von Anwälten einer ganz anderen politischen Richtung verteidigt worden sind."[20]

*Arthur Brandt* in der vorstehend genannten Stellungnahme:

„Ich habe im Jahre 1925 einen Kommunisten verteidigt, bin aber selbstverständlich nicht als kommunistischer Anwalt, sondern gerade als nichtkommunistischer Verteidiger hinzugezogen worden."[21]

3. *Präziseste Vorbereitung*

Beispiel: *Litten* bei der Befragung von Hitler:

„Es ging nicht so leicht ab wie in Leipzig, wo ihm die Reichsrichter einfach die Stichworte zu einer Propagandarede geliefert hatten. Litten hatte nicht wenige Zitate aus der nationalsozialistischen Literatur zur Hand ... er vernahm den prominenten Zeugen mit der ihm eigenen beharrlichen Ruhe."[22]

*Arthur Brandt*, tätig für die Liga für Menschenrechte, zur Rehabilitierung von Jakubowski, bringt zum Ortstermin eine Puppe in der Größe des getöteten Kindes mit, drückt sie dem Angeklagten in die Hand mit der Aufforderung, den Weg zu zeigen, den er damals mit dem getöteten Kind gegangen sei, worauf dieser losläuft und sich damit selbst überführt. Jakubowski ist allerdings bereits hingerichtet.[23]

4. *Sachkompetenz/Wissenschaftliche Tätigkeit*

Die Sachkompetenz der Anwälte äußert sich in zum Teil umfangreicher schriftstellerischer Tätigkeit. Ein Beispiel: Das Heft 13/14 der Juristischen Wochenschrift vom 15. Juli 1925 ist auf den Seiten 1433–1459 dem Thema „Die Untersuchungshaft" gewidmet. Von anwaltlicher Seite liefern Beiträge *Alsberg, Brandt, von Pestalozza, Klefisch, Heine, Bendix, Löwenstein.*

Die Juristische Wochenschrift, wurde nicht nur „Herausgegeben

20 Akten des Justizministeriums betreffend die Anwaltskammer zu Berlin, 1929/1934, P 135/20155, Bl. 91.

21 Wie Fußn. 18.

22 *Olden*, a.a.O. (Fußn. 13), S. 13 (12).

23 *Brandt*, Unschuldig verurteilt, 1982, S. 22.

vom Deutschen Anwaltverein", sie hatte nicht nur ausschließlich Anwälte als Schriftleiter, sie war auch eine ständige Dokumentation der wissenschaftlichen Aktivität von Verteidigern.

Fachliteratur von Verteidigern erschien: *Alsbergs* „Beweisantrag" (1930), „Die Philosophie der Verteidigung" (1930) und viele andere wissenschaftliche Werke;[24] *Brandts* „Tscheka-Prozeß" (1925) und seine Erläuterung zur „Strafprozeßnovelle vom 27. Dezember 1926" (1927)[25]; *Hirschbergs* „Der Fall Fechenbach" (1922)[26]; *Oldens* „Der Justizmord an Jakubowski" (ca. 1928)[27]; *Reiwalds* „Moabit" (1933)[28]; *Werthauers* „Strafunrecht" (1919), „Das Blausäureattentat auf Scheidemann" (1923) u. a.[29].

Die Sachkompetenz der Verteidiger war so groß, so in der Anwaltschaft anerkannt, daß Präsidenten des Deutschen Anwaltvereins von 1924 an Verteidigerpersönlichkeiten waren:

- von 1924 bis 1932 Martin Drucker[30]
- von 1932 bis 1933 Rudolf Dix.[31]

5. *Hinzuziehung von Sachverständigen*

In verschiedenen Verfahren nahmen Verteidiger – so Frey im Steglitzer Schülermord-Prozeß[32], Alsberg im Caro-Petschek-Prozeß[33] – in

---

24 Dazu *Sarstedt*, Max Alsberg, AnwBl. 1978, 7 ff.; *meine* Dokumentation in Krit. Justiz (Hg.): Streitbare Juristen, 1988, 141 ff., Teilliteraturliste S. 151 f.

25 Zu Arthur Brandt: *Göppinger*, a.a.O. (Fußn. 9), S. 330.

26 Zu Hirschberg: *Hannover*, Max Hirschberg (1883–1964), Der Kritiker des Fehlurteils, in: Kritische Justiz (Hg.), Streitbare Juristen, 1988, S. 165 ff.

27 Zusammen mit Josef *Bornstein*, hrsg. im Auftrag der Liga für Menschenrechte.

28 Zu Reiwald, *Göppinger*, a.a.O. (Fußn. 9), S. 310.

29 Weitere Werke bei *Göppinger*, a.a.O. (Fußn. 9), S. 371.

30 Über Druckers Tätigkeit im DAV: *König*, Der Deutsche Anwaltverein und die Reformen des Strafverfahrens in der Weimarer Republik, in: Strafverteidigung und Strafprozeß, Festgabe für Ludwig Koch, 1989, S. 17 ff., 25 ff.; i. ü. zu Drucker: *Unger*, Martin Drucker, Anwalt des Rechts, AnwBl. 1990, 3 ff.; *Grubel*, dort S. 9 ff., sowie Ansprachen von *Gysi*, S. 2 f. und *Senninger*, S. 12 f.

31 Zur Tätigkeit von Dix im DAV: *König*, a.a.O., (Fußn. 30), S. 34.

32 Frey hat zum Verfahren fünf Sachverständige geladen, darunter Dr. Magnus Hirschfeld und die Oberschulrätin Wegscheider (Hauptverhandlungsprotokoll vom 9. Februar 1928, Schwurgericht Berlin, 5 a J 969/27, Blatt 70, Akten im Landesarchiv Berlin); er beantragt weitere während des Verfahrens (*Frey*, Ich beantrage Freispruch, 1959, S. 358).

33 *Riess*, Der Mann in der schwarzen Robe, 1965, S. 307 ff.

umfangreicher Weise die Hilfe von Sachverständigen zur Führung des Prozesses in Anspruch.

### 6. *Eigene Ermittlungen*

Das Recht zu haben, eigene Ermittlungen durchzuführen, und zwar auch während der, d. h. parallel zur Hauptverhandlung, ist einhellige Meinung der Anwaltschaft.

Hier sind die Geschehnisse um Hans Litten im sog. Felseneck-Prozeß zu nennen[34].

Litten wird als Verteidiger vom Kammergericht ausgeschlossen, weil er während der Hauptverhandlung eigene Ermittlungen angestellt hatte:

„Dem Verteidiger ist es ... während dieses Prozeßstadiums verwehrt, ohne Wissen und Willen des Gerichts mit den als Zeugen benannten Personen und ebenso mit anderen als den von ihm verteidigten Angeklagten in Verbindung zu treten und die Anklagevorgänge zu besprechen."[35]

Es entstand Unruhe in der Berliner Anwaltschaft, es

„versammelte sich eine stattliche Anzahl – übrigens fehlten noch viel zu viele – um zu beraten, was zu tun sei ... Ernst Wolff, Vorsitzender des Kammervorstandes und kein radikaler Heißsporn ...: ‚Es handelt sich um die Freiheit und die Unabhängigkeit des gesamten Anwaltsstandes. Es rührt an die Wurzeln unseres Standes, wenn die Gerichte den Versuch machen, die Freiheit des Verteidigerstandes und damit der Anwaltschaft überhaupt anzutasten ... Es ist schlechthin unerträglich, daß das Gericht, welches doch die Wahrheit erst ermitteln soll, für sich das Recht in Anspruch nimmt, den Verteidiger mit dieser Begründung, womöglich schon vor Beginn der Hauptverhandlung, auszuschließen. Gegen diesen Geist der Bevormundung müssen wir uns mit allem Nachdruck zur Wehr setzen. Die These des Kammergerichts, daß nach Beginn der Hauptverhandlung Ermittlungen weder von dem Verteidiger noch von dem Staatsanwalt angestrengt werden dürfen, steht mit der ganzen Kriminalgeschichte in Widerspruch. Zahlreiche berühmte Kriminalprozesse sind nur deshalb zu einem gerechten Ende gekommen, weil der

34 Siehe den Bericht im Leitartikel *Oldens*, Der Geist der Bevormundung, in: Berliner Tageblatt, 1932, Seite 1; die Stellungnahme des Vorsitzenden des Strafsenats des Kammergerichts einerseits und andererseits die des Vorsitzenden des Vorstandes der RAK Berlin, in: Berliner Anwaltsblatt, 1933, S. 13 ff.; siehe auch *Löwenstein*, *Klee* und Bericht *Hachenburg/Bing*, in: DJZ, 1932, 1410, 1468, 1524 (1528).

35 Zitiert nach *König*, a.a.O., (Fußn. 3), S. 20.

Verteidiger noch während der Hauptverhandlung Ermittlungen angestellt hat.‘“[36]

*Rudolf Olden* kommentiert:

„Das sind treffliche Worte, und niemand wird sagen dürfen, daß hier das Wort nicht auch eine Tat sei ... Soll die Notwehr, in der sich die Anwaltschaft befindet, mit Erfolg geltend gemacht werden, so muß das selbstverständlich ohne politische Nebenabsichten geschehen. Es gibt Anwälte in allen Parteien und von jeglicher Weltanschauung, und aller Standesinteressen sind dieselben; wenn auch leider nicht aller Bereitschaft, sie zu verteidigen. Im Felseneck-Prozeß zum Beispiel zeigte sich mehrere Male eine geschlossene Front von Verteidigern, die der Linken und Rechten zuzuzählen sind. Aber endlich ist die freie Advokatur eine liberale Errungenschaft, ihre Aufhebung oder Einschränkung wäre ein Rückschritt zum friderizianischen Absolutismus. Das vergessen weder ihre Freunde, noch ihre Gegner. Auch dies hat Ernst Wolff treffend ausgedrückt:

‚Staatspolitisch ist die wichtigste Seite des Anwaltsberufs die Verteidigung der persönlichen Freiheit, die seit langem nicht so bedroht gewesen ist, wie unter den gegenwärtigen Verhältnissen.‘

Wenn früher gefragt wurde: ‚Ist die freie Advokatur bedroht?‘, so muß heute geantwortet werden: ‚Ja, die Bedrohung ist da!‘ An der Standesvertretung wird es liegen, alles zu tun, die Drohung zurückzuweisen.“[37]

Die Kammerversammlung bekannte sich

„... zu dem von jeher von der Anwaltschaft in Anspruch genommen, vom Ehrengericht gebilligten und für eine ordnungsgemäße Durchführung der Verteidigung unerläßlichen Recht, daß der Verteidiger auch während der Hauptverhandlung in Beratung der ihm anvertrauten Interessen die zur Verteidigung erforderlichen Beweismittel herbeischaffe und die dazu nötigen Ermittlungen anstelle.“[38]

### *7. Beharrlichkeit und persönlicher Mut*

Kennzeichnend für viele Verfahren in der Weimarer Zeit ist die außerordentliche Beharrlichkeit, mit der die Anwälte die Sache ihrer Mandanten durch die Instanzen bis vor das Reichsgericht und ggf.

---

36 Leitartikel *Olden*, a.a.O. (Fußn. 34), zu Ernst Wolff: *Maier-Reimer*, Zum Gedächtnis an Ernst Wolff, Berliner AnwBl. 1989, 300 ff. und *Göppinger*, a.a.O., (Fußn. 9), S. 367 f.

37 Leitartikel *Olden*, a.a.O. (Fußn. 34).

38 Zitiert nach *König*, a.a.O. (Fußn. 3), S. 20.

erneut in der Tatsacheninstanz und wiederum vor dem Reichsgericht vertreten.

Ein Beispiel: Der von 1928 bis 1931 dauernde Gotteslästerungsprozeß gegen Georg Grosz und den Verleger Herzfelde, die Tätigkeit *Alfred Apfels*.[39]

Weitere Beispiele bilden der Fall Jakubowski[40], das Verhalten der Verteidigung im „Tscheka-Prozeß"[41], die Verteidigertätigkeit *Littens*[42], die Tätigkeit der Verteidigung im Weltbühnen-Prozeß.[43]

*Robert W. Kempner* berichtet über Strafverteidiger der Weimarer Zeit:

„Ich habe da viel gelernt. Vor allem für die notwendige Energie: Niemals loslassen! Das hat man bei denen gelernt. Und noch was anderes, was mir später in USA sehr zugute gekommen ist, man muß sich totkämpfen für den Erfolg."[44]

*8. Selbstbewußtsein der Anwälte*

Viele Verteidiger zeichnet ein hohes Selbstbewußtsein und eine sichere Gewißheit von der Bedeutung ihrer Aufgabe aus. Erich Freys Verhalten im Steglitzer Schülermord-Prozeß ist ein markantes Beispiel:

Als der Vorsitzende ihn in einer Frage unterbricht, erklärt er, er verbitte sich dies. Als der Vorsitzende daraufhin nach Beratung einen Beschluß verkündet, wonach das Gericht die Frage nicht zulasse, da sie nicht zur Sache gehöre, und der Vorsitzende hinzufügt, das Gericht habe ihn zu der Erklärung ermächtigt, daß es auch seinerseits

---

39 Noch nach Prozeßende arbeitet *Apfel* – publizistisch – weiter: „Es ist mir unverständlich, warum dies abschließende Reichsgerichtsurteil eine so gute Presse gefunden hat. Zu Jubelhymnen liegt kein Anlaß vor.", in: Causa finita, in: Die Weltbühne, 1932, 1. Halbjahr, S. 11.

40 Dazu die Nachweise in Fußn. 23 und 27.

41 Dazu *Brandts* Denkschrift Fußn. 25.

42 Dazu die Nachweise Fußn. 13 und *Düx*, Hans Litten (1903–1938), Anwalt gegen Naziterror, in: Kritische Justiz (Hg.), Streitbare Juristen, 1988, S. 193 ff. und *meine* Dokumentation in AnwBl. 1988, 213 ff.

43 *Hannover, H. u. E.*, Politische Justiz 1918–1933, 1966, 186 ff.

44 Gespräch am 6. 8. 1984, diese Passage dokumentiert in: Friedrich-Ebert-Stiftung, Gratulation zum 90. Geburtstag von Robert M. W. Kempner, 1989, S. 100.

„das Verhalten des Verteidigers nicht billigen könne", legt Frey das Mandat nieder.[45]

Oder *Cohn-Bendit:* „Plädoyer für Litten", wo es u. a. heißt:

„Solange Sie Herrn Kollegen Litten unsachliche Verteidigung vorwerfen, muß ich es ablehnen, mit Ihnen über die ‚Würde' des Gerichts zu diskutieren. Wir sind nicht gewillt, die Interessen unseres Mandanten auf dem Altar Ihrer ‚hohen Aufgabe' – wie Sie sie auffassen – und Ihrer Autorität zu opfern. Eins werden Sie mit Ihrem Beschluß bestimmt nicht erreichen: daß wir in jedem Gerichtssaal das zu sagen unterlassen werden, was wir als Verteidiger im Interesse unserer Mandanten, den Zeugen, den Polizeibeamten, Staatsanwälten und Richtern zu sagen für notwendig halten ..."[46]

### 9. *Publizistische Tätigkeit*

In vielen Fällen kommt es auch zu publizistischer Begleitung bzw. Nacharbeitung der übernommenen Mandate durch Verteidiger oder durch andere Verteidiger. Beispiel: *Rudolf Oldens* Artikel „Der Geist der Bevormundung".[47] Die Veröffentlichung von *Alsbergs* „Eingabe an den Herrn Justizminister im Fall Ossietzky"[48], *Apfels* publizistische Tätigkeit.[49]

Dabei muß die z. T. literarische Qualität hervorgehoben werden. Zwei Beispiele, die zugleich ein *letztes* zeigen sollen, als Element der Strafverteidigung in der Weimarer Republik:

### 10. *Kollegialität*

a) *Rudolf Olden:*

„In diese Welt des Kampfes und der moralischen Abstumpfung trat Hans Litten, ein junger Mensch, klug, aber ohne Arg, zwischen Parteitrompetern und Intriganten eine anima candida, vor allem aber erfüllt von der übermächtigen Sucht, Unrecht zu hindern, Bedrohte zu retten, die Beleidigten und Erniedrigten zu erheben ... Auf der Höhe seiner Moabiter Tätigkeit habe ich Litten einmal zugeredet, er möge weniger intransigent sein, es manchmal billiger geben und nicht immer alles auf die Spitze treiben: wir würden ihn

---

45 Verfahrensakte wie vor, Anm. 32, Blatt 85.

46 Die Weltbühne, 1932, 2. Halbjahr, S. 314 (317).

47 Oben Fußn. 34.

48 Die Weltbühne, 1932, 1. Halbjahr, S. 736.

49 Er war ein häufiger Autor der Weltbühne, *Elmar E. Holly,* Die Weltbühne 1918–1933, 1989 stellt 25 Artikel fest (S. 49/50).

sonst nicht lange in Moabit behalten und könnten ihn doch gut brauchen. Er hat erwidert, er sei überzeugt, es werde ohnehin nicht lange mehr mit unserem Rechtswesen dauern, schon deshalb sehe er keinen Grund zu Konzessionen. Ich muß gestehen, er sah die kommenden Dinge genauer als ich ...

Der franziskanische Mensch Hans Litten wäre vielleicht unangefochten durch die republikanische Periode und ins Dritte Reich gewandert, hätte ihn nicht sein Beruf zum Kämpfer ums Recht gemacht. So aber kam er unvermeidlich in Konflikt mit den durch Rechtsbruch Heraufsteigenden wie mit den offiziellen Rechtswahrern, als sie anfingen, weich gegen die Rechtsbrecher zu werden und sich also gegen Rechtskämpfer verhärten mußten. Gefängnis, Tortur und Tod hat er fürs Recht erlitten. Er ward, schon im dämmernden Morgen nach dem Reichstagsbrand, verhaftet ...“[50]

b) *Max Alsberg:*

„Abschied von Paul Levi
Dieses Geistes Zeichen waren seine Kämpfe. Ein Feueratem, der in Fieberglut erlosch.

Denn als ein großer, ein wahrer Ritter des forensischen Kampfes will dieser Mann betrauert sein. Ein Ritter noch, selbst wenn er zu feindseliger Härte das Wort stählte, – weil hinter allem der Überzeugung starke Leidenschaften und des Gemütes reine Mächte lebten.

Was das Forum an Paul Levi verliert, das wissen mehr noch als seine Klienten die, die an dieser Stelle oft seine Gegner waren. Denn des Gedankens Wucht war seine Stärke. Keiner von denen, die tändelnd ablenkend durch einen Nebel von Phrasen den wahren Stand der Dinge zu verhüllen suchen. Ganz Epigramm von Kopf zu Fuß war seine Rede. Was er aus Büchern mitbrachte, war nur die Erziehung seines Geistes. Was er an Ideen, an Formung gab, war sein eigen Fleisch und Blut.

Schonungslos im Kraftgebrauch, vor allem angesichts eines politischen Stoffes; hier wurzelte am tiefsten seine Kunst, hier war für sein Gefühl die größte Tragfähigkeit geschaffen. Äußere Erfahrung, inneres Erlebnis paarten sich gerade hier zu vollkommenstem Einklang, ließen eine wahre Fülle der Eindrücke, der Bilder, der Worte mit der leidenschaftlichen Kraft seelischer Bewegung in ihm auffluten. Daß der Sinn seines Lebens und Strebens das Teilhaben an den Kulturgütern nicht nur für sich, sondern in gleicher Weise für andere war, wurde denn auch in seinen politischen Plädoyers am deutlichsten sichtbar. Man brauchte nicht politisch seines Sinnes zu sein, um die Ethik seines Wollens anzuerkennen. Ein starkes Herz schlägt nicht mehr!“[51]

50 Vorwort a.a.O. (Fußn. 13), S. 9ff.
51 Das Tagebuch, 1930, 245.

### *11. Das Ende*

Hatte sich in den Vorgängen um den Felsenecke-Prozeß gerade gezeigt, wie stark die Anwaltschaft die Wahrnehmung der eigenen Verteidigerrechte gemeinsam betrieb, so war um so erschütternder, um so bezeichnender, mit welchem „Fanal der Entschlossenheit“[52] die Nationalsozialisten gerade auf die Strafverteidiger losschlugen. Innerhalb weniger Wochen waren bedeutende Strafverteidiger der Weimarer Zeit nicht mehr Anwälte:

Max Alsberg, Alfred Apfel, Arthur Brandt, Erich Frey, Hans Litten, Rudolf Olden, Paul Reiwald, Kurt Rosenfeld, Johannes Werthauer.[53]

Die Verfolgung einer so großen Zahl beispielhafter Verteidiger 1933, bedeutete bereits mit der Beseitigung dieser Vorbilder den Anschlag auf die Verteidigung.

## II. Strafverteidigung in der Bundesrepublik

1. Der Begriff des „neuen“ Typs des Strafverteidigers taucht nach dem Kriege erstmals bei *Robert Kempner* auf: In der Neuausgabe von *Slings:* „Richter und Gerichtete“, 1969, schreibt er:

„Die Atmosphäre von Moabit Ende der 20er Jahre hat mit einigen Wandlungen den Nationalsozialismus und die Nachkriegsjahre überlebt. In ihrem Kern hat sie sich kaum geändert, so wie sich die Justiz selbst auch wenig geändert hat ... Auch die Verteidiger-Atmosphäre ist sich gleichgeblieben ... Doch die Menschen haben gewechselt: Die großen Verteidiger jüdischer Herkunft wie Prof. Max Alsberg ... oder Dr. Dr. Erich Frey wurden von den Nationalsozialisten vertrieben. Jetzt ist die Zahl der jüdischen Strafrechtler verschwindend klein; Henry Ormond ist einer der wenigen würdigen Nachfahren.

52 *König*, a.a.O. (Fußn. 3), S. 45.

53 Alsberg, DJ 1933, 208, 442; Brandt, 253; Litten, 203; Olden, 266; Reiwald, 502; Rosenfeld, 253; Werthauer, 220, 565. Apfel wurde ausgebürgert, siehe die Liste in *Großmann*, Ossietzky, 1983, 481 = Deutscher Reichsanzeiger und Preußischer Staatsanzeiger Nr. 198 vom 25. 8. 1933; Frey emigrierte 1933, siehe *Erich Frey*, „Ich beantrage Freispruch“, 2. Aufl., siehe auch *Hannover*, a.a.O. (Fußn. 43), S. 187.

Prof. Hans Dahs ist heute eine Spitzenfigur unter den deutschen Verteidigern. In die Fußstapfen der ‚Moabiter' sind Anwälte aus Hessen, dem Rheinland usw. getreten, die sich vielfach in den Nürnberger Prozessen ihren Namen geschaffen haben, wie Egon Kubuschok, Erich Schmidt-Leichner, Hans Laternser und der Eichmann-Verteidiger Robert Servatius, deren Namen für viele andere stehen. Die Kategorie von großen Verteidigern, die gleichzeitig Parlamentarier waren, hat sich abgesehen von Ausnahmen wie Alfred Seidl in München nicht neu gebildet. An ihre Stelle sind politisch interessierte Anwälte getreten wie Paul Haag, Walter Amann oder auf anderer politischer Seite Rudolf Aschenauer.

Erst seit 1968 scheint sich mit einer neuen jungen Generation eine neue elektrisch geladene Gerichts-Atmosphäre zu entwickeln, und zwar durch junge Richter wie auch durch Verteidiger wie Heinrich Hannover, Horst Mahler oder Christian Raabe, deren Name über einzelne Gerichte hinaus bekannt wurden."[54]

1976, bei *Gerhard Mauz*, bricht es dann heraus:

„Die Strafverteidigung ist im Gespräch. Denn in Stuttgart-Stammheim quält sich der BM-Prozeß dahin, und das soll Schuld der Verteidiger sein, denen die vier Angeklagten vertrauen ... Zum ersten Mal in der Geschichte der Bundesrepublik steht der Beruf des Strafverteidigers im Mittelpunkt einer öffentlichen, grundsätzlichen Auseinandersetzung. Das ist eine Sensation. Denn bislang konnten Strafverteidiger tun und unterlassen, was sie wollten. Sie konnten stümpern und schlampen, ohne daß sich irgend jemand darüber aufregte. Die Strafverteidigung war in der Bundesrepublik bis heute kein Thema. Sie war ein Beruf, den einige wenige bekannte gediegene Könner und eine Unzahl von Amateuren ausübten ... So ist denn von der Strafverteidigung in der Bundesrepublik bis heute nie wirklich die Rede gewesen ... Der Strafverteidiger hat, wie das 1975 auf dem Deutschen Anwaltstag in West-Berlin der Rechtsanwalt Hans Dahs formulierte, ‚die Freiheit seines Berufs vom Staat wieder ins allgemeine Rechtsbewußtsein zu rücken' ... Endlich ist die Strafverteidigung im Gespräch, das ist eine Sensation, wenn auch leider eine sehr deutsche Sensation (denn zunächst einmal erregt man sich darüber, daß angeblich zuviel geschieht, wo bislang fast nichts geschah ...) ... Es ist für jedermann von kapitaler Bedeutung, daß die Strafverteidiger der Bundesrepublik entdecken, wo, wann und wie sie tatsächlich verteidigen – unter welchen Umständen sie nichts als ein Feigenblatt sind."[55]

---

54 S. 312.

55 Vorwort zu *Croissant, Groenewold* u. a., Politische Prozesse ohne Verteidigung?, 1976, S. 7ff.

Ebenfalls 1976, *Jürgen Serke:*

„Strafverteidiger – ein Beruf der ins Gerede gekommen ist ... Strafverteidigung in Deutschland ist selten brillant, noch seltener gekonnt und in den seltensten Fällen erfolgreich im Sinne des Bestmöglichen für den Mandanten. Sie ist das Aschenbrödel der Juristerei ... Eine neue Generation von Rechtsanwälten ist nicht bereit, sich mit solch bescheidenen Freuden zufrieden zu geben ...“[56]

1977 wird dann der 1. Strafverteidigertag, zunächst norddeutscher, Strafverteidigervereinigungen durchgeführt. Im gleichen Jahr die Erste Deutsche Strafverteidigertagung des „Deutsche Strafverteidiger e. V.“ (zugleich Arbeitsgemeinschaft des DAV).[57]

1983 spricht dann *Beulke* davon:

„Es ist insbesondere das Selbstverständnis des Strafverteidigers, das sich in den vergangenen Jahren so stark gewandelt hat, daß seiner stärkeren Position nunmehr auch bei der Auslegung strafprozessualer Normen Rechnung getragen werden kann. Seine vermehrte Bedeutung wird ... durch seinen Machtzuwachs in der Hauptverhandlung offenbar. Angesichts dieser Entwicklung ist es sachgerecht, wenn trotz der richterlichen Aufklärungspflicht und trotz der staatsanwaltschaftlichen Objektivitätsverpflichtung die Mitwirkungsbefugnisse des Verteidigers bei der Aufspürung entlastender Momente gesteigert werden.“[58]

1987 nun die deutlichste und präziseste Feststellung und Beschreibung eines „neuen Typ des Strafverteidigers“ durch *Ernst-Walter Hanack.*[59]

2. Einige *inhaltliche* Aspekte sind dabei bemerkbar: Erstmalig geben Strafverteidigerinnen und Strafverteidiger eine eigene wissenschaftliche Zeitschrift heraus, ab 1981 den „Strafverteidiger“. Auch vor diesem Zeitpunkt gab es in der Bundesrepublik von Rechtsanwäl-

---

56 Strafverteidiger in Deutschland, 1976, S. 7, 8, 15.

57 Diese Entwicklung beschreibt *mein* Aufsatz: Die schwierige Annäherung tradierter Verbandspolitik an „neue“ Strafverteidigung, Festgabe für Ludwig Koch, 1989, S. 3 ff.

58 Das Einsichtsrecht des Strafverteidigers in die polizeilichen Spurenakten, Festschrift für Hanns Dünnebier zum 75. Geburtstag, 1982, S. 285 (296).

59 Wie eingangs wiedergegeben; dies (z. T. wörtlich) übernehmend, wenn auch nicht zitierend: *Caesar*, Absprachen im Strafprozeß, Recht und Politik, 1990, 45 (46); zuvor bereits *Hanack*, in: Aktuelle Probleme der Strafverteidigung in der Bundesrepublik Deutschland, in: Festgabe für Hans Schultz, 1977, S. 299 (302).

ten verfaßte Literatur, es sei nur genannt *Ackermanns* Aufsatz „Die Verteidigung des schuldigen Angeklagten“[60], die (rein anwaltliche) Gedenkschrift für Cüppers[61], *Kalsbachs* „Standesrecht des Rechtsanwalts“ (1956), die *Dahs'schen* Veröffentlichungen, z. B. „Das Plädoyer des Strafverteidigers“[62] und das „Handbuch des Strafverteidigers“.[63] Die wissenschaftliche Tätigkeit von Strafverteidigerinnen und Strafverteidigern nimmt jetzt aber erheblich zu. Es wird nicht nur in der Zeitschrift „Strafverteidiger“ publiziert, sondern umfangreich auch in der ebenfalls ab 1981 (wenn auch nicht unter so dominierender anwaltlicher Beteiligung) erscheinenden „Neue Zeitschrift für Strafrecht“. Aus anwaltlicher Feder erscheinen Prozeßberichte[64], es erscheint Praxis- und Ausbildungsliteratur in breiter Form[65], es entsteht ein sachlich und örtlich weit gestreutes Angebot an Ausbildung und Fortbildung für Strafverteidigerinnen und Strafverteidiger.[66]

Grundsätzliche Aufsätze zur Strafverteidigung und zu Einzelproblemen erscheinen durch Verteidiger und durch die Wissenschaft in großer Zahl. *Beulke* stellt 1980 fest:

> „Auffallend ist dabei, daß nicht immer in derselben Intensität über diese Streitfrage nachgedacht wird, sondern daß sich Literatur und Rechtsprechung in unregelmäßigen Abständen dem Problem der Strafverteidigung zuwenden. Solch ein heftiges Aufflackern der Diskussion war in den vergangenen Jahren zu verzeichnen.“[67]

Beispielhaft seien für den Zeitraum um 1980 genannt *Hanacks* „Aktuelle Probleme der Strafverteidigung in der Bundesrepublik Deutschland“[68], die *Dahs'schen* Aufsätze zur „Ausschließung und

---

60 NJW 1954, 1385.

61 1955, mit Beiträgen von *Dahs, Brandi, Hogrefe, Ackermann, Reichard, von Stakkelberg, Fischinger, Busch* und *Kalsbach*.

62 AnwBl. 1959, 1 ff., aus dem das Handbuch entstand.

63 1. Auflage 1969; i. ü. sei auf die Literaturübersicht bei *Lüderssen*, Löwe-Rosenberg, StPO, 24. Aufl. 1989, vor § 137, verwiesen.

64 Z. B. das Buch Fußn. 55.

65 Reihen wie „Praxis der Strafverteidigung“, 1984 ff. und Formularbuch (1988) bzw. Formularkommentierung (1989) für den Strafverteidiger.

66 Durch regionale Strafverteidigervereinigungen, Deutsche Anwaltsakademie, Arbeitsgemeinschaft Strafrecht des DAV, Münchner Institut für Strafverteidigung, Deutsche Strafverteidiger e. V.

67 *Beulcke*, Die Verteidigung im Strafverfahren, 1980, S. 17 mit Literaturliste Fußn. 3.

68 A.a.O. (Fußn. 59).

Überwachung des Strafverteidigers" und zum „Anti-Terroristen-Gesetz"[69] sowie *Egon Müllers* „Zwischenbilanz" zur „Strafverteidigung"[70] und schließlich der Gesetzentwurf mit Begründung des Arbeitskreises Strafprozeßreform „Die Verteidigung".[71]

Ausdruck kollegialer Zusammenhörigkeit sind nicht nur die vielen Fortbildungsveranstaltungen[72], die regelmäßigen Strafverteidigertage/-tagungen, Kolloquien und Symposien, sondern insbesondere die Tatsache, daß es angesichts von Problemen, die die Strafverteidigung als ganze betreffen, auch eine gemeinsame Aktivität aller Gruppen gibt[73], zuletzt das Forum „Annektion des Strafverfahrens durch die Polizei" in Bonn am 17. 1. 1990.[74]

## III. Neuer Typ des Strafverteidigers!?

Sowohl die zitierten Autoren in ihrer Bewertung als auch der Hinweis auf die (nur beispielhaft) zitierte Verteidigerliteratur zeigen, daß es qualifizierte Strafverteidigung in der Bundesrepublik auch vor 1969/70 gegeben hat.

*Gatzweiler* charakterisiert dies:

„Noch Anfang der 70er Jahre war Strafverteidigung in der Bundesrepublik Deutschland, von wenigen Ausnahmen brillanter und kämpferischer Strafverteidigerpersönlichkeiten abgesehen, eine überwiegend im Rahmen nicht spezialisierter Anwaltskanzleien ausgeübte Nebentätigkeit."[75]

Dies gilt (nur) der Strafverteidigung in der Bundesrepublik. Hier wird man als erstes Zwischenergebnis festhalten können, daß sich die Betrachtung offenbar regelmäßig – so auch bei Hanack, der vom neuen Verteidigertyp spricht, er handele anders als „die Generation" vor

69 NJW 1975, 1385; 1976, 2145.

70 NJW 1981, 1801.

71 1979, vorgelegt von *Bemmann, Grünwald, Hassemer, Krauß, Lüderssen, Naucke, Rudolphi, Welp.*

72 *Gatzweiler,* Der „neue" Strafverteidigertyp in seiner Umsetzung im DAV, in: Festgabe für Ludwig Koch, 1989, 93 (103).

73 Siehe die Beschreibungen in *meinem* Aufsatz a.a.O. (Fußn. 57), S. 4 ff. und 11 ff.

74 Dazu StV 1990, 95.

75 *Gatzweiler,* a.a.O. (Fußn. 72), S. 94.

ihm – auf einen Unterschied zur bis dahin existierenden generellen Form der Strafverteidigung in der Bundesrepublik bezieht und keine Aussage enthält über Verteidigung in der Weimarer Zeit.

Man wird ferner feststellen müssen, daß diese Einordnung allgemein nicht bezweckt, überhaupt zu leugnen, daß es vitale Strafverteidigung in der Bundesrepublik bis dahin gab, sondern sagt, sie habe es nur bei einzelnen Persönlichkeiten und nicht als generelle Handhabung des Berufsstandes gegeben. Bei Hanack tritt ein Element der Charakterisierung hinzu, dieser neue Typ fühle sich dem traditionellen Ziel des Strafverfahrens nicht mehr verpflichtet, und zudem stehe er der Strafjustiz oft mit geradezu abgrundtiefer Skepsis gegenüber.

So erwiese sich denn die Fragestellung als ein Scheinproblem, weil es gar nicht um den in der Überschrift beschriebenen Kontrast geht?

Ich will zunächst einmal nicht selber sprechen.

In einem Schriftverkehr mit *Dr. Fred Grubel* berichtete ich diesem, daß ich einen Aufsatz über „neue" Strafverteidigung zu schreiben beabsichtige. Fred Grubel, als Referendar Martin Druckers in der Tradition der Verteidigung der Weimarer Zeit aufgewachsen, reagierte spontan und direkt:

„Es würde mich sehr interessieren zu erfahren, was die ‚neue' Strafverteidigung bedeutet. Von *Drucker* hatte ich gelernt, daß der Verteidiger alles zu tun hat, um seinen Klienten soweit zu schützen, wie das Gesetz es erlaubt, und daß das Gesetz strikt nach dem Grundsatz auszulegen ist, daß der Angeklagte so lange als unschuldig angesehen werden muß, als die Schuld ihm nicht nach allgemeinen Vernunft- und Fairneßregeln nachgewiesen werden kann. Dieses Prinzip ist natürlich von den Nazis völlig auf den Kopf gestellt worden. Ist die Jurisprudenz der Bundesrepublik anderer Meinung als *Drucker*?"

So reagiert der Zeitzeuge, und dies, obwohl der Begriff „neu" distanzierend in Anführungsstriche gesetzt worden war.

Dies macht betroffen. Müssen wir uns nicht sagen, wir alle, die wir den Begriff der neuen Strafverteidigung, des neuen Typ des Strafverteidigers gebrauchen: Denken wir nicht zu kurz, wenn wir nur auf wenige Jahre vor 1969/70 zurückblicken? Fehlt uns historisches Bewußtsein, gerade uns, den Angehörigen eines Berufsstandes, für den es unmöglich geworden war, seine Regeln der Kunst in der schrankenlosesten Diktatur der Jahre 1933–1945 anzuwenden?

Es ergibt sich bei der Verwendung des Begriffes „neu" doch die Frage, ob es nicht nötig ist, die Kunst der Verteidigung in der Weimarer Zeit und die jetzige Kunst der Verteidigung zu vergleichen, um dann zu sehen, ob wir wirklich von: neu sprechen dürfen/sollten.

Ich denke, daß dies nicht der Fall ist, weil unsere Verteidigung allen Grund hat, sich unmittelbar auf die Verteidigung in der Weimarer Zeit zu berufen, daß wir froh sein könnten zu sagen, der „alte“ Typ des Verteidigers ist wieder da:

1. Die für die Weimarer Zeit geschilderten Elemente der Professionalität sind auch Elemente, die wir bei unserer Berufsausübung zugrundelegen müssen.

a) *Mauz* geht bei seiner Schilderung von dem Baader-Meinhof-Prozeß in Stuttgart-Stammheim aus.

Schon dabei gibt es eine markante, dokumentierte und unverkennbare, Parallele: den Tscheka-Prozeß.

In diesem Verfahren, wie *Arthur Brandt* dies in der „Denkschrift der Verteidigung“ dokumentiert hat, traten eine Fülle von strafprozessualen Problemen auf, wie sie auch nun wieder die Verteidigung beschäftigten. Es genügt, einige Kapitelüberschriften aus *Brandts* Dokumentation wiederzugeben.

- Das Ermittlungssystem der Stuttgarter Polizei (dahinter verbirgt sich beispielsweise die Methode, dem Gefangenen einen Spitzel in die Zelle zu legen).
- Die Behandlung der Untersuchungsgefangenen.
- Die Ablehnung wegen Besorgnis der Befangenheit.
- Die Zurückweisung der unmittelbaren geladenen Zeugen.
- Die „ungeeigneten Fragen“.
- Die Ablehnung der Beweisanträge.
- Die formelle Beschränkung der Verteidigung.

Hier nimmt es nicht Wunder, daß ein Verteidiger, *Kurt Groenewold*, im Jahre 1979 *Brandts* Denktschrift neu auflegt, und daß die Themen, die in der Denkschrift behandelt sind, zum Teil auch Themen beispielsweise des 5. Strafverteidigertages 1981 waren. Aussagekräftig ist auch der Umstand, daß in der „Schily-Entscheidung“ des Bundesverfassungsgerichts vom 14. Februar 1973 *Brandts* Denkschrift zitiert wird.[76]

Für die Bundesrepublik ist es ohne Zweifel richtig, daß für die „neue“ Strafverteidigung die

76 EGE XII (2 BvR 667/72), 160 (169).

„wesentlichen Geburtshelfer also die APO und die daran anschließenden politischen Prozesse waren.“[77]

So entwickelte sich Verteidigerkultur auf der Basis der StPO in der Weimarer Republik wie in der Bundesrepublik (auch) aufgrund der Zusammenstöße in politischen Verfahren.

b) Die Elemente der wissenschaftlichen Betätigung durch die Praktiker haben unverkennbar starke Vergleichbarkeit.

c) Gleiches gilt für Elemente der Kollegialität, wie sie aus der Situation der Bedrohung erwachsen. Dort der Kampf gegen die Todesstrafe durch die Verteidigung und das gemeinsame Bemühen, das Recht zu eigenen Ermittlungen zu verteidigen, hier der gemeinsame Kampf gegen Einschränkungen von Verteidigerrechten.

2. Ich sehe, abgesehen von der ja immer gegebenen Notwendigkeit, bei Einhaltung der Regeln der Kunst jeweils den Besonderheiten der Situation, auch der historischen, gerecht zu werden, nur *einen* Unterschied der Strafverteidigung heute zur Strafverteidigung damals, einen gewichtigen, der uns ihr allerdings näherbringt und nicht von ihr trennt:

Die Verteidigung in der Weimarer Republik war von dem Bewußtsein getragen, rechtsstaatlich notwendig zu sein.

Sie verstand sich, wie Alsberg dies auf dem 24. Deutschen Anwaltstag am 12. September 1929 in Hamburg formulierte, als die „jüngste“ Institution der Strafrechtspflege.

„Jede Weiterentwicklung unseres modernen Strafprozesses muß denn, das belegt gerade seine Geschichte, zwangsläufig zugleich die Weiterentwicklung und Stärkung der Rechte der Verteidigung mit sich bringen.“[78]

Im Bewußtsein der Verteidiger war Fortschritt eingetreten, seit der Rechtsstaat etabliert war, nach der Begründung des Rechtsstaates war schließlich auch noch die republikanische Staatsform erreicht worden. Die Verteidiger wehrten sich gegen den „Geist der Bevormundung“, und sicher nur sehr wenige ahnten in diesem Zeitpunkt, daß kurz darauf der Rechtsstaat in der schrankenlosesten Diktatur versinken und ihr Berufsbild verschwinden würde.

77 So *Waechtler*, StV 1990, 138, in zutreffender Kritik am Fehlen dieses Bezuges in *meinem* Aufsatz a.a.O. (Fußn. 57), ähnlich auch *Bandisch*, Die Entstehungs- und Entwicklungsgeschichte der Arbeitsgemeinschaft Strafrecht im DAV, in: Festgabe für Ludwig Koch, 1989, 39 (41) und *Gatzweiler*, a.a.O. (Fußn. 72), 94/95.

78 Die Philosophie der Verteidigung, 1930, S. 1, 4.

Die Strafverteidigung in der Bundesrepublik lebt, wenn sie historisch denkt, mit diesem ungeheuren Bruch: Am Ende des Rechtsstaates Weimarer Republik steht die größte Rechtlosigkeit. Diese Verteidigung weiß, daß sie nur dem Rechtsstaat ihre Existenz verdankt. Dies ist nicht anders, als es für das Bewußtsein der Verteidigung in Weimar war. Die Verteidigung in der Bundesrepublik weiß aber auch oder muß das wissen, daß sie die Energie für den Kampf um das Recht nicht nur aus dem Bewußtsein entnehmen muß, daß dort, wo die Regeln des Rechtsstaates nicht mehr gelten, auch sie nicht mehr existieren wird, sondern *auch* aus dem Bewußtsein, daß ein solcher Bruch in der jüngsten Geschichte geschehen konnte.

Dies mag die rechtsstaatliche Entschlossenheit der jetzigen Verteidigung und die Neigung der Verteidigung zum Strafverfahrensrecht, zur Form als der geschworenen Feindin der Willkür, der Zwillingsschwester der Freiheit[79], erklären. Vielleicht liegt hierin auch die Erklärung für die von Hanack festgestellten Besonderheiten, z. B. dafür, daß ein solcher Verteidiger in alle gesetzlichen Freiräume zugunsten seines Mandanten vorstößt, „auch wenn er ihn für schuldig hält“: Seine Berufsaufgabe ist es, dafür zu sorgen, daß das formelle und sachliche Recht eines Rechtsstaates eingehalten wird. Dies ist das Primäre, die Frage von Schuld oder Nichtschuld stellt sich dann nicht dominierend. Die Motivation dieser Verteidigung ist nicht einzelfallbezogen, sondern rechtsstaatsbezogen.

Dieser Unterschied, wenn man ihn als solchen überhaupt anerkennen will, ist also eine aus der historischen Sicht gewonnene zusätzliche Motivation im Kampf um das Recht.[80] Weitere Unterschiede vermag ich nicht zu erkennen, und so ist nach meiner Sicht die Antwort auf die eingangs geschilderte Frage:

Bei historischer Betrachtung gibt es keine neue Strafverteidigung und keinen neuen Typ des Strafverteidigers, – allenfalls eine „neue“

79 *Rudolph von Jhering*, Der Geist des römischen Rechts, 9. Aufl., Reprint 1968, der 5. Auflage, 1898, Teil 2, Abt. 2, § 45, S. 471.

80 Wobei mir die Gefahren des strafprozessualen Vergleichs für diese Verteidigungskultur unverkennbar erscheinen – beängstigend, wenn es, wie Hanack a.a.O. (Fußn. 1) annimmt, gerade diese Streitkultur war, die den Vergleich besonders gefördert hat.

Strafverteidigung und einen „neuen“ Strafverteidigertyp, besser noch aber eine Renaissance der Strafverteidigung.[81]

81 Siehe *Gerhard*, FAZ vom 7. 9. 1984, vgl. *Bandisch*, a.a.O. (Fußn. 77), 52; siehe auch *Gatzweiler*, a.a.O. (Fußn. 72), 99.

*Egon Müller*

# Gedanken zur Verteidigung im Ermittlungsverfahren

## I.

Das legislative Bemühen, Verteidigung erst spät zum Einsatz kommen zu lassen, durchzieht die Geschichte der Strafrechtspflege wie ein roter Faden.

Der Inquisitionsprozeß anerkannte zwar das Recht auf den Verteidiger, ließ aber die „formelle Defension" erst zu, wenn die Beweiserhebung beendet war.

Selbst der Hexenhammer schloß die Bestellung eines Verteidigers nicht aus. Der „rechtschaffene Mann" durfte seine Aufgabe aber erst übernehmen, wenn er sich zuvor von der Unschuld seines Mandanten überzeugt hatte. Entsprechend dem komödienhaften Charakter des „endlichen Rechtstages" blieb die Verteidigung des Inquisiten pure Farce, allenfalls justizförmiger Dekor.[1]

Gerade weil Verteidigung ihren Einfluß auf Gang und Ergebnis des Verfahrens nicht entfalten kann, wenn sie erst nach wichtigen Vor- und Zwischenentscheidungen einsetzt, liegt ein markanter Fortschritt in der Anerkennung des Rechts, daß sich der Beschuldigte *in jeder Lage* des Verfahrens des Beistandes eines Verteidigers bedienen kann. Diesen Durchbruch hat der Text des § 137 Abs. 1 StPO – aber auch nur der Wortlaut – vollzogen. In den Motiven wird betont, daß es „als eine Forderung der Gerechtigkeit erscheint, schon von Anbeginn des Verfahrens an gleich wie dem auf die Überführung des Beschul-

---

1 Vgl. Armbrüster, Die Entwicklung der Verteidigung in Strafsachen, Berlin 1980, 79 ff. und 56 ff.; vgl. auch W. Schild in: Strafrecht, Strafprozeß und Rezeption hrsg. v. Landau und Schroeder Frankfurt, 1984, 119 ff.

digten gerichteten Angriff des Klägers, so auch der Verteidigung des Beschuldigten freie Bewegung zu gestatten."[2]

Von einer solchen Ausgangslage sind wir noch heute meilenweit entfernt.

## II.

Strafverteidigung ist keine invariable Größe, die ein für allemal aus sich selbst heraus definiert werden kann, sie bleibt immer auch abhängig von Art und Struktur des Verfahrens, in dem sie wirken soll.

Die StPO von 1877 markierte den Übergang vom Inquisitions- zum reformierten Anklageprozeß. Die ihn prägende Trennung von Strafverfolgung und Urteilsfindung war epochal.

Der damalige Gesetzgeber verwies den Beschuldigten mit seinen Abwehr- und Verteidigungsinteressen von vornherein in die Hauptverhandlung, wo – so meinte man – „im heutigen Verfahren der Schwerpunkt ruht".[3] Im Zusammenhang mit der umstrittenen Frage, ob der Amtsrichter im Ermittlungsverfahren auf Antrag des Beschuldigten Entlastungsbeweise erheben müsse, setzte sich die Auffassung durch, daß eine solche Vorschrift „das ganze System des Entwurfs" sprengen würde. Gemeint war die Aufgabenteilung zwischen dem Staatsanwalt im Ermittlungsverfahren und dem Richter in der Hauptverhandlung. Das Institut der gerichtlichen Voruntersuchung widersprach angeblich diesem System nicht. Der Untersuchungsrichter sollte die Ermittlungen des Staatsanwalts nicht kontrollieren, wiederholen und ggf. vervollständigen, sondern von Anfang an anstelle des Staatsanwalts die gesamten Ermittlungen führen. In den Motiven heißt es: „... Von vornherein von einem außergerichtlichen Ermittlungsverfahren abzusehen und dem Gericht die Führung der Voruntersuchung zu überlassen".[4] Begründet wurde dies mit dem Hinweis, daß bei größeren Verfahren der Staatsanwalt ohnehin öfter richterliche Beweiserhebungen beantragen müsse und der Beschuldigte zum Richter ein größeres Vertrauen als zum Staatsanwalt habe. Die Mo-

2 Motive zum Entwurf einer Strafprozeßordnung, abgedruckt bei Hahn, Die gesamten Materialien zur Strafprozeßordnung 1880, 159.

3 Motive bei Hahn, a.a.O. 143.

4 Motive bei Hahn, a.a.O. 159.

tive heben weiter hervor, daß es nicht Aufgabe der gerichtlichen Voruntersuchung sein dürfe, „alle überhaupt zugänglichen Beweisquellen zu erschließen und auf diese Weise den Schwerpunkt des Verfahrens in die Voruntersuchung zu verlegen".[5]

Diese Funktionsteilung wirkte sich maßgeblich auf die Einzelausgestaltung des Ermittlungsverfahrens aus. Einerseits waren die Rechte des Beschuldigten auf gehörige Belehrung, Information, Akteneinsicht und Beistand des Verteidigers im staatsanwaltschaftlichen Ermittlungsverfahren so gut wie gar nicht, in der gerichtlichen Voruntersuchung nur zu einem geringen Teil normiert. Andererseits waren die Zwangsbefugnisse der Staatsanwaltschaft im Ermittlungsverfahren begrenzt, die Staatsanwaltschaft war vielfältig auf die Mitwirkung des Ermittlungsrichters angewiesen.

Der Gesetzgeber bezeichnete diesen Abschnitt als Verfahren „zur Vorbereitung der öffentlichen Klage" – ein Beleg mehr für die Zentrierung der Strafprozeßreform des 19. Jahrhunderts auf das gerichtliche Verfahren.

Die Zielrichtung, wie sie vom Gesetzgeber umrissen wurde, versperrte den Blick darauf, daß diesem Verfahrensteil auch die Aufgabe zufällt, den Verdacht möglichst frühzeitig zu zerstreuen und die Anklageerhebung – wenn immer möglich – zu vermeiden.

## III.

Dieses für die Entstehungszeit der StPO skizzierte Bild wandelt sich tiefgreifend während ihrer Geltungszeit. Durch die Abschaffung der – ohnehin bedeutungslos gewordenen – gerichtlichen Voruntersuchung wächst der Staatsanwaltschaft auch normativ die volle Verantwortung für die Sachverhaltsaufklärung bis zur Abschlußentscheidung über Anklage oder Einstellung zu. Deren Anwendungsbereich erweitert sich durch die Zunahme der sog. Ermessenseinstellungen nach den §§ 153 ff. StPO.[6]

Die empirisch ausgerichtete Strafprozeßlehre vermittelt uns weiter, daß:

---

5 Motive bei Hahn, a.a.O. 259.

6 So fast wörtlich: Rieß, Festschrift für Rebmann, München 1989 hrsg. v. Eyrich, Odersky, Säcker, 381, 389 ff.

- das Ermittlungsverfahren nicht nur vorbereitende Funktionen erfüllt, ihm vielmehr eine durchaus selbständige Bedeutung zukommt.
- diese Phase eine stark prägende Wirkung für den weiteren Verfahrensablauf entfaltet – „Zementierung der Hauptverhandlung",
- Zwangsmaßnahmen wie Durchsuchungen, Beschlagnahmen, Fernmeldeüberwachungen oder körperliche Untersuchungen ganz überwiegend im Ermittlungsverfahren vorkommen – entgegen der gesetzlichen Regelung herrscht die Anordnung durch Staatsanwaltschaft und Hilfsbeamten durch Inanspruchnahme der Eilkompetenz vor,
- gerade im Stadium des Anfangsverdachts die Weichen für die gesamten Ermittlungen gestellt werden,
- Ermittlungsfehler in diesem Stadium wie auf einer „Rutschbahn" bis hin zur Wiederaufnahme des Verfahrens fortwirken,
- die Anklageerhebung angesichts der verhältnismäßig geringen Freispruchsquote in der Hauptverhandlung die hohe Wahrscheinlichkeit begründet, daß der Angeklagte auch verurteilt wird.[7]

An diesen Realien muß sich die Ausgestaltung in diesem Verfahrensabschnitt orientieren.

## IV.

Verteidigung im Ermittlungsverfahren, das nicht nur als Stoffsammlung zur Vorbereitung der öffentlichen Klage begriffen wird, sondern – rechtlich gleichwertig – auch zur Vermeidung der Anklage dienen soll, muß sich vor allem mit der „Situation des Verdachts" auseinandersetzen.

Der Verdacht ist der Impuls, ohne den das Strafverfahren nicht zur Entstehung gelangt, das Agens, das den Prozeß von Lage zu Lage in Gang hält und ihn manchmal sogar überdauert, wenn der Angeklagte im freisprechenden Urteil als der immer noch Tatverdächtige belastet wird. Als „nagendes Mißtrauen" im kriminalistischen Sinn überlebt er die Ja- oder Nein-Entscheidungssituation im Beratungszimmer, die sich an dem Satz zu orientieren hat: „Wer vor Gericht gestellt wird, muß verurteilt oder freigesprochen werden".

---

7 Vgl. auch Egon Müller, AnwBl. 1986, 50, 51.

Weil erst eine sorgfältige Verdachtsklärung vor Erhebung der öffentlichen Klage gewährleistet, daß es rechtsstaatlich verantwortet werden kann, jemanden „vor ein erkennendes Gericht zu stellen und alle dem auszusetzen, was eine öffentliche Hauptverhandlung für einen Staatsbürger bedeutet“[8], wächst der Verteidigung in dieser Verfahrenslage eine nicht zu überschätzende Funktion zu. Die Bedeutung, die hiernach dem Verdacht zukommt – rechtlich wie faktisch – kontrastiert mit dem geringen Bemühen von Praxis und Lehre um eine inhaltliche Aufhellung. Wer in juristischen Nachschlagewerken nach dem Wort Parklücke sucht, dem gehen die Augen über. Derjenige aber, der nach dem Terminus Verdacht Ausschau hält – ob in den Registern von RGSt oder BGHSt – wird kaum fündig. Im Sachverzeichnis der „Grundzüge des Strafverfahrensrechts“ von Gerd Pfeiffer taucht der Begriff überhaupt nicht auf. Nicht einmal im Sachverzeichnis des Handbuchs „Der Staatsanwalt und sein Arbeitsgebiet“ von Burchardi, Klemphahn, Wetterich ist er zu entdecken.

Dabei begegnet uns der Verdacht einer Straftat in zahlreichen Vorschriften der StPO – allerdings in ganz unterschiedlichem sprachlichen Gewand – mal substantivisch als Rechtsbegriff, mal mit einem Adjektiv versehen, mal als Umschreibung.

Soll ein Ermittlungsverfahren gegen einen Beschuldigten eingeleitet werden, setzt dies einen Anfangsverdacht voraus, den § 152 Abs. 1 umschreibt mit „zureichenden tatsächlichen Anhaltspunkten“. Soll der Beschuldigte in Untersuchungshaft genommen werden, muß – neben anderen Voraussetzungen – dringender Tatverdacht gegen ihn bestehen. Sind die Ermittlungen soweit gediehen, daß gegen den Beschuldigten hinreichender Tatverdacht bejaht wird, erhebt die Staatsanwaltschaft beim Gericht öffentliche Klage. Dazu hat sie „genügenden Anlaß“ im Sinn des § 170 Abs. 2, wenn nach dem gesamten Akteninhalt bei vorläufiger Tatbewertung die Verurteilung des Beschuldigten mit Wahrscheinlichkeit zu erwarten ist. Der hinreichende Tatverdacht ist schließlich auch Voraussetzung für die Eröffnung des Hauptverfahrens durch das Gericht.

Was aber Verdacht ist, bestimmt das Gesetz nicht.

Die Vokabeln einfacher oder Anfangsverdacht, hinreichender oder dringender Tatverdacht insinuieren einen gleichsam architektoni-

---

8 LR-Rieß, Vor § 158 Rdn. 2 mit Hinweis auf Eb. Schmidt.

schen Aufbau – eine Verdachtshierarchie –, in sich scharf gegliedert und klar überschaubar. In ihrer sprachlichen Griffigkeit verdecken sie allerdings die fehlende Präzision.

Die sonstigen Formeln, die zur Umschreibung verwendet werden, sind so vage wie die Sache selbst.

1. In der Alltagspraxis wird der Tatverdacht zumeist sozusagen im Formular vorgedruckt – man denke nur an die oft kargen Durchsuchungs- und Beschlagnahmebeschlüsse. In einer empirischen Arbeit über die Rechtswirklichkeit der Untersuchungshaft in der Bundesrepublik Deutschland wird über die Begründung des Haftbefehls berichtet:

„Am ausführlichsten wurde im Haftbefehl regelmäßig die vorgeworfene Tat behandelt, und zwar in einer mehr oder weniger detaillierten Sachverhaltsschilderung. Der dringende Tatverdacht als solcher wurde demgegenüber fast nie (nur in etwa 5% der Fälle) näher erörtert und beschränkte sich meist auf pauschale teilweise vorgedruckte Hinweise auf die bisherigen Ermittlungen.“[9]

Auch wenn man berücksichtigt, daß Flagranz- und Geständnisfälle erfaßt sind, stimmt die Information nachdenklich. Sie signalisiert einen bedenklichen Umgang mit dem Tatverdacht, der keineswegs auf die Situation der Untersuchungshaft begrenzt ist.

2. Aber auch in der Wissenschaft besteht eine auffällige argumentative Abstinenz.. Die definitorischen Bemühungen haben erst begonnen. Solange aber nicht zuverlässig gesagt wird, was mit dem Begriff des Verdachts gemeint ist, muß jede Definition von Verdachtsgraden scheitern. Alle Erläuterungen zu den Verdachtsstufen entpuppen sich daher bei näherem Hinsehen auch als Leerformeln. Es fördert z. B. die Erkenntnis nicht, wenn der dringende Tatverdacht als hohe Wahrscheinlichkeit für Strafbarkeit und damit für Verurteilung umschrieben wird. Auch die Kennzeichnung des hinreichenden Tatverdachts als ernsthafte delikts- und täterneutral festgestellte Möglichkeit einer späteren Verurteilung verschleiert nur das Fehlen einer inhaltlichen Bestimmung von Wahrscheinlichkeitsabstufungen, wie sie der Begriff des Verdachts impliziert.

Wir wissen heute, daß der Tatverdacht aus einem komplexen mehr-

---

9 So wörtlich Michael Gebauer, Die Rechtswirklichkeit der Untersuchungshaft in der Bundesrepublik Deutschland, Göttingen, 1987, S. 245.

gliedrigen Wahrscheinlichkeitsurteil besteht. In seinem retrospektiven Teil beinhaltet es die Annahme, der Beschuldigte könne einen bestimmten Deliktstatbestand rechtswidrig und schuldhaft begangen haben. Diese Annahme wird begleitet von einem Prognoseurteil dahin, daß es zu einer Überführung und Verurteilung kommen könnte.[10]

3. Der Tatverdacht – was immer das sein mag – bleibt die wichtigste Weiche im gesamten Ermittlungsverfahren. In der Situation des Verdachts entscheidet sich, ob das Verfahren als Strafverfahren weitergeht oder ob der Weg zurückführt in den Status des unverdächtigen Bürgers.

Verteidigung muß daher immer wieder auf die enge Beziehung zur Unschuldsvermutung hinweisen.

Der Tatverdacht – auch der dringendste – ist außerstande, den Grundsatz der Unschuldsvermutung einzuschränken. Vor rechtskräftiger Verurteilung gilt die Unschuldsvermutung immer – oder sie gilt gar nicht. Das fordert nicht nur die Bestandsgarantie dieses Grundsatzes, von der nichts mehr übrigbliebe, würde man den hinreichend Verdächtigen für „vielleicht unschuldig" und den dringend Verdächtigen für „eher schuldig" halten. Das fordert auch die Achtung vor dem Hauptverfahren und vor seinem rechtskräftigen Abschluß: Wer die Unschuldsvermutung auch bei dringendem Tatverdacht nicht radikal verteidigt, entwertet das Hauptverfahren und rechnet die vorläufigen Ergebnisse des Ermittlungsverfahrens auf den Schuldspruch hoch.

Der Strafjurist darf, was die Schuld anlangt, erst dem rechtskräftigen Urteil vertrauen.

Tatverdacht und Unschuldsvermutung stehen sich daher nicht, wie Sax meint[11], „in einem reziproken Wirkverhältnis" gegenüber. Der Satz „je stärker der Tatverdacht, umso schwächer die Unschuldsvermutung" ist zwar psychologisch eingängig, aber normativ verfehlt. Die Unschuldsvermutung ist eine konstante Größe, die das gesamte Verfahren normativ durchzieht, deren Bedeutung indes mit der Stärke des Tatverdachts nicht ab- sondern gerade zunimmt. Mit dem

10 Vgl. vor allem Fincke, ZStW 95 (1983), S. 918ff.

11 Sax, Grundsätze der Strafrechtspflege, in: Bettermann-Nipperdey-Scheuner, 3. Bd. 2. Halbbd. (1959), S. 987ff.

Anwachsen des Tatverdachts muß ihr eine umso größere Aufmerksamkeit zuteil werden, damit trotz der für den Verdächtigen ungünstigen Bedingungen die disziplinierende Wirkung dieses Prinzips erhalten bleibt. Der Verdacht ist nicht faktische Schuld – auch nicht Schuldvermutung –, sondern Prognose rechtlicher Schuld.[12]

4. Weil die Ausbeute an rechtsdogmatischer Aussage zum Verdacht mager gewesen ist, könnte ein Blick in die Kriminologie des Verdachts trösten. Doch derjenige, der dort Trost sucht, wird enttäuscht, gar aufgerüttelt. Das Hauptergebnis ist, daß das Verdächtigen im Rechtsalltag sich nicht nach den gesetzesgebundenen normativen Vorgaben richtet. Die kriminologischen Untersuchungen weisen vielmehr aus, daß das Verdächtigen nach pragmatischen Handlungsprogrammen abläuft. Der Inhalt dieser Programme deckt sich nicht mit dem juristischen Programm. Kennzeichnend für diese pragmatischen Programme ist vielmehr, daß sie nicht straftat- und nicht täterneutral funktionieren.[13]

Nur einige skizzenhafte Bemerkungen:

Die Dunkelfeldforschung hat unsere Erkenntnisse über die Struktur des abweichenden Verhaltens vertieft. Wir wissen heute, daß die registrierte Kriminalität nur einen kleinen Teil des wirklich abweichenden Verhaltens ausmacht, wir wissen auch, daß die sanktionierten Fälle in einem gigantischen Selektionsprozeß aus dem Gesamtaufkommen der Devianz herausgefiltert werden. Die Kriterien, nach denen die Ermittlungsbehörden prozedieren, kennen wir präzise nicht, aber sicher ist, daß der Umgang mit dem Tatverdacht, die Handhabung des Tatverdachts, ein gewichtiger Selektionsfaktor ist.

Vor allem die Polizei – insoweit am besten erforscht – verfährt nach einer eigenen Strategie. So ergeben die Untersuchungen zur Wirklichkeit des Verdächtigens bestimmte an den Taten orientierte Auswahlkriterien.[14]

Der Verdacht einer Straftat bevorzugt gewisse Taten und vernach-

12 Vgl. hierzu näher Detlef Krauß, Der Grundsatz der Unschuldsvermutung im Strafverfahren in: Strafrechtsdogmatik und Kriminalpolitik hrsg. Heinz Müller-Dietz, Köln, 1971, 153 ff.

13 Vgl. hierzu Naucke, Der Tatverdacht, Festschrift der Wissenschaftlichen Gesellschaft an der Johann-Wolfgang-Goethe-Universität, 1981, S. 293 ff.

14 Vgl. Feest, Blankenburg, Die Definitionsmacht der Polizei 1972, S. 35 ff.; Kerner, Verbrechenswirklichkeit und Strafverfolgung 1973, S. 71 ff.; Blankenburg/Sessar/

lässigt andere, verfährt also gerade nicht tatneutral. Vermutete Bagatellen werden aus dem Verdachtsbegriff häufiger und schneller ausgeschieden als schwere Straftaten. Bemerkenswert bleibt, daß der Begriff der Bagatelle, wie ihn die Polizei definiert, nicht inhaltsgleich ist mit dem gesetzlichen Begriff. Auch beim Tattypus scheinen Unterschiede in der Intensität der Verdächtigung feststellbar zu sein. Eigentums- und Vermögensdelikte begünstigen offenbar die Annahme eines Verdachts. Delikte gegen die Person, bei denen keine Gewalt angewandt wird, führen weniger schnell zu einem Verdacht.

Sichtbarkeit und gute Beweisbarkeit fördern die Bereitschaft, einen Tatverdacht anzunehmen. Abstraktheit der Tat und schlechte Beweisbarkeit verzögern die Annahme eines Verdachts.

Ähnliche Auswahlmechanismen wie beim Tatverdacht entdeckt die neuere Kriminologie auch bei der Verdächtigung des Täters. Die Unterschicht gerät – so wird überwiegend angenommen – im Vergleich mit anderen Schichten häufiger in Verdacht. Als auffälliges soziales Merkmal verdächtiger Personen ist weiter die geringe Rechtskenntnis im Sinne der Unfähigkeit, sich mit juristischen Mitteln gegen Maßnahmen der Strafverfolgungsbehörde wehren zu können, ermittelt worden.

Die kriminologischen Untersuchungen zeigen insgesamt, daß die Strafverfolgungsbehörden beim Verdächtigen selektiv verfahren. Diese Selektion – so sieht es die neuere Kriminologie – wird nicht von dem normativen juristischen Handlungsprogramm gelenkt, sie verläuft nach informellen Gesamtwürdigungen, die im Widerspruch zu den gesetzlichen Würdigungen stehen und die gewisse Taten und gewisse Beschuldigte gegen die gesetzlichen Regeln benachteiligen, andere Taten und andere Beschuldigte bevorzugen.

Eine gerade erschienene Untersuchung über die Arbeit der Polizei im Umgang mit Sinti und Roma belegt eindrucksvoll die These von der sozial selektiven Strafverfolgung[15]. Die Befunde des Autors sind so eindeutig wie erschreckend. Als wichtigstes Merkmal des polizeilichen Hintergrundwissens identifiziert er eine „Haltung des prinzi-

---

Steffen, Die Staatsanwaltschaft im Prozeß strafrechtlicher Sozialkontrolle 1978, S. 7ff., 16ff., 87f. und 107ff.

15 Vgl. Wolfgang Feuerhelm, Die fortgesetzte „Bekämpfung des Landfahrerunwesens", Monatschrift für Kriminologie und Strafrechtsreform, 1988, 299ff.

piellen Verdachts", nach der alle Zigeuner potentielle Straftäter sind und somit grundsätzlich zum verdächtigen Teil der Bevölkerung gerechnet werden.

Verteidigung im Ermittlungsverfahren muß daher immer auch Aufforderung an die Strafverfolgungsbehörden sein, im Umgang mit dem Verdacht (mehr) Rationalität walten zu lassen.

*Gerhard Hammerstein*

# Beschränkung der Verteidigung durch Hinausschieben der Beratung und Urteilsverkündung

## I.

Das Gesetz bestimmt, daß das Urteil in Strafsachen am Schluß der Verhandlung verkündet werden *soll.* Es muß spätestens am elften Tage danach verkündet werden, andernfalls mit der Hauptverhandlung von neuem zu beginnen ist (§ 268 Abs. III StPO). Da die Pflicht zur Verkündung des Urteils am Schluß der Verhandlung nur als Soll-Vorschrift ausgestaltet ist, können die Gerichte den Termin zur Verkündung des Urteils, innerhalb von elf Tagen, hinausschieben, ohne hierdurch befürchten zu müssen, einen Revisionsgrund zu schaffen.

Die Möglichkeit, die Beratung und Urteilsverkündung hinauszuschieben, beeinträchtigt in vielen Fällen die Verteidigung, weil dadurch die unmittelbare Einwirkung auf die Willensbildung des Gerichts durch den Schlußvortrag des Verteidigers und durch das letzte Wort des Angeklagten abgeschwächt werden kann. Das Recht des Verteidigers nach dem Staatsanwalt und das Recht des Angeklagten, das letzte Wort überhaupt zu sprechen, können ausgehöhlt werden, weil die Zeitspanne zwischen den Schlußvorträgen und der Urteilsverkündung den Effekt der mit Bedacht gewählten Reihenfolge der Reden, die consecutio loquendi, verwischt. Auch das letzte Wort des Angeklagten, die besondere Ausgestaltung des rechtlichen Gehörs im Strafprozeß, wird herabgestuft.[1]

Zwar mag der Gesetzgeber aus Gründen der Praktikabilität und

1 Vgl. Miehlhan, Das letzte Wort des Angeklagten, 1971, Diss. München S. 7; Hammerstein in Festschrift für Tröndle 1989 S. 485 ff.

der Prozeßökonomie Anlaß gehabt haben, die Aussetzungsmöglichkeit für den Termin zur Verkündung des Urteils den Gerichten anzubieten; auch die zunehmend längeren und schwierigeren Strafprozesse gestatten schon wegen der benötigten Beratungsdauer nicht immer eine Verkündung am Schluß der Verhandlung.

Doch überrascht, daß damit die Aussetzung der Verkündung für alle Verhandlungen, also auch für die kurzen und einfachen Prozesse, ausnahmsweise ermöglicht wurde. Es hätte nahegelegen, die Aussetzung der Urteilsverkündung nur dann zu gestatten, wenn die Hauptverhandlung an mehreren Tagen stattgefunden hat, ähnlich der Regelung des § 229 StPO.

Die geltende Regelung erlaubt es den Gerichten, den Verkündungstermin auch in den Fällen bis zum elften Tag auszusetzen, in denen hierzu aus sachlichen Gründen kein zwingender Anlaß besteht und hierfür lediglich verfahrensfremde oder leichtgewichtige Gründe angeführt werden können. So zeigt die Praxis, daß in sehr vielen Fällen die Urteile nicht am Schluß der Verhandlung verkündet werden, vielfach mit dem Hinweis, es beständen organisatorische Hindernisse, z. B. der Verhandlungssaal stehe nicht zur Verfügung, ein Richter sei gleichzeitig Mitglied einer anderen Kammer, die an den nächsten beiden Tagen ihrerseits Sitzungen habe, Verspätung im Verfahrensablauf mache es notwendig, den nächsten Fall aufzurufen. In vielen Fällen geben die Gerichte für das Hinausschieben der Urteilsverkündung überhaupt keine Gründe an. Die Möglichkeit den Verkündungstermin zu verschieben, gestattet willkürliche Entscheidungen; selbst wenn gezielte Manipulationen selten vorkommen mögen – mit der Tendenz, den Eindruck der Verteidigungsrede auf das Gericht abzuschwächen –, sind Verschiebungen aus sachfremden oder Bequemlichkeitsgründen für Angeklagten und Verteidiger nicht zumutbar.

## II.

Die mögliche Behinderung der Verteidigung durch die Verschiebung des Verkündungstermins ist in der Kommentarliteratur zu § 268 Abs. III StPO nicht angsprochen, offenbar weil das Problem nicht erkannt wurde oder weil eine nur unwesentliche Behinderung der

Verteidigung hierin gesehen wird. Lediglich Peters befaßt sich in seiner Besprechung des BGH-Beschlusses vom 17. 9. 1981[2] mit den nachteiligen Folgen einer Verschiebung der Beratung und der Verkündung, freilich über die 11-Tage-Frist hinaus. Er weist darauf hin, daß nach der h. L. die Verhandlung mit dem letzten Wort des Angeklagten ende, auch wenn sich die Beratung des Gerichts unmittelbar hieran anschließe[3]; die 11-Tage-Frist beginne mit dem letzten Wort des Angeklagten und ende nicht erst mit dem Ende der Beratung. Die Fristsetzung in §§ 229, 268 StPO, so meint Peters, habe ihren guten Sinn:

„Die Beweisaufnahme, die Schlußvorträge und das letzte Wort sollen bei der Beratung dem Richter noch lebendig in der Erinnerung sein. Je länger die Zwischenräume sind, um so größer ist die Gefahr des Verblassens. Das gilt in gleicher Weise für die Berufsrichter und die ehrenamtlichen Richter. Die Gefahr bei den Berufsrichtern liegt nicht zuletzt darin, daß sie sich in der Zwischenzeit mit anderen Strafsachen befassen. Den ehrenamtlichen Richtern geht der unmittelbare Eindruck infolge ihrer Alltagsarbeit verloren. Daher empfiehlt es sich, die Urteilsberatung unmittelbar an das letzte Wort des Angeklagten anzuschließen."

Dem kann vorbehaltlos zugestimmt werden, jedoch mit dem Zusatz, daß ähnliche Bedenken auch schon dann bestehen, wenn die Beratung und Urteilsverkündung ohne einsichtige Gründe an das Ende der 11-Tage-Frist gerückt werden.

Diese Überlegungen können auch nicht damit zurückgeschoben werden, viele Einzelrichter oder die Berichterstatter der Kollegialgerichte schrieben üblicherweise die wesentlichen Ausführungen der Schlußvorträge mit und könnten diese in der Beratung reproduzieren.

Diese Übung wird nicht in allen Fällen beobachtet. Im übrigen ist das in Kurzform Aufgeschriebene nur unvollkommener Ersatz für den Gesamtvortrag und diejenigen Teile der Schlußvorträge, die nur eine „Kurzzeitwirkung" entfalten.

2 Vgl. StrVert 82/5 f.
3 Anders RG in JW 1930/3326.

## III.

Auch die Erkenntnisse der Rhetorik weisen darauf hin, daß ein Zeitablauf zwischen der Gerichtsrede und der Beratung des Gerichts überhaus schädlich sein kann. Neben der Gefahr des Verblassens der Redewirkung besteht für die entscheidenden Richter durch den Zeitablauf die Gefahr, daß sich unbewußt Einflüsse von Medienberichten und Meinungsäußerungen aus dem sozialen Umfeld auf die Entscheidung auswirken.

Die Gerichtsrhetorik muß ihr Ziel darin sehen, auf das Gericht im Sinne der Verteidigungstendenz einzuwirken und die Richter für die Sache des Angeklagten einzunehmen. Die seit jeher hierfür verwendeten Mittel sind der Aufbau einer Affektbrücke zwischen Redner und Publikum durch Ethos (sanfte Affektstufe) und Pathos. Hierbei kann sogar der Humor eingesetzt werden, um das gespannt düstere Pathos der Rede des Anklägers zu lösen. Das Mittel des Pathos kann wiederum von der Verteidigung verwendet werden, um entsprechende Darstellungen pathoserregender Gegebenheiten zu versuchen.[4] Die Gerichtsrede will auch Raum für Gefühlswirkungen schaffen. Durch Gefühlswirkungen kann der Richter mitgerissen werden. Gefühlswirkungen, insbesondere bei pathetischem Vortrag, erzeugen beim Richter nur Augenblicksaffekte. Auch die antike Rhetoriklehre führte an, daß derartige affektive Erregungen des Hörers nur zeitweilig (temporale) erzeugt werden können und daß diese nicht anhalten. Anders sei es bei den sanften Affektstufen, die eher für eine dauerhafte Affizierung geeignet seien. Vor allem aber das sogenannte movere, also die seelische Erschütterung der Redeadressaten, hier der Richter, im Sinne einer Parteinahme für die Partei des Redners, bewirkt nur einen *momentanen* Affekt.[5] Man wird also auch heute dahin urteilen können, daß jedenfalls diejenigen Teile der Schlußvorträge der Verteidigung, die nur eine temporäre Wirkung bei den Richtern erzielen, entwertet oder ausgehebelt werden, wenn es zur Verschiebung der Beratung und Verkündung kommt. Dies gilt für Laienrichter in besonderem Maße, aber auch für die Berufsrichter. Die Hinausschiebung der Beratung und der Urteilsverkündung wird also im Regel-

4 Vgl. Quintilian, Instituiones Oratoriae VI, 2, 8–10; Aristoteles, Rhetorik 56 a.
5 Vgl. Lausberg, Handbuch der literarischen Rhetorik, § 257, 3.

falle gerade die Schlußvorträge mit stark affektiver Wirkung abschwächen. Dies widerspricht aber dem Mündlichkeitsprinzip, im weiteren Sinne auch dem Prinzip der Unmittelbarkeit der Beweisaufnahme und letztlich dem Prinzip des rechtlichen Gehörs.

Wir neigen heute dazu, nur den belehrenden Teil – das docere – der Rede als das Wesentliche zu betrachten. Dieser Teil der Rede kann in der Tat im Gedächtnis bewahrt und auch durch Kurzstichworte einige Tage perpetuiert werden. Der affektive Teil der Rede dagegen wird durch das Hinausschieben der Beratung und Entscheidung gedämpft oder vernichtet. Verteidiger und Angeklagte können nicht erwarten, daß eine in den Schlußvorträgen erzeugte Stimmung beim Gericht auch dann noch vorhanden ist, wenn die Beratung beispielsweise erst acht Tage nach den Schlußvorträgen beginnt.

## IV.

Als Folge dieser Überlegungen ist de lege ferenda zu fordern, für den Regelfall die Vorschrift, daß das Urteil am Schluß der Verhandlung zu verkünden ist, nicht nur als Soll-Vorschrift, sondern als zwingende Vorschrift auszugestalten. Ausnahmen sind zu gestatten bei längerer Prozeßdauer, angelehnt an § 229 StPO. Wenn während der Hauptverhandlung erkennbar wird, daß aus wichtigen Gründen die Beratung und die Verkündung des Urteils voraussichtlich verschoben werden müssen, sind auch die Schlußvorträge der Beteiligten, auch die des Staatsanwalts, zu verschieben, so daß möglichst die Beratung im Anschluß an die Schlußvorträge erfolgen kann.

Angezeigt könnte es ggf. sein, das Verschieben der Beratung und der Urteilsverkündung an die Zustimmung der Beteiligten zu binden. Diese werden dann keine Bedenken tragen zuzustimmen, wenn es im konkreten Fall auf einen affektiven Redeteil weniger ankommen kann, etwa dann, wenn das Urteil vornehmlich Rechtsfragen entscheiden wird.

Diese Überlegungen führen zum Ergebnis, daß in derartigen Fällen durchaus die Verteidigung in einem für die Entscheidung wesentlichen Punkt durch einen Beschluß des Gerichts unzulässig beschränkt worden sein kann. Ob man diesen Fall der Behinderung der Verteidigung freilich als absoluten Revisionsgrund (§ 338,8 StPO) ausgestaltet, ist zu diskutieren. Ich empfehle, dies nicht zu tun, und nur einen relativen Revisionsgrund (§ 337 StPO) zu schaffen.

*Gunter Widmaier*

# Wohin entwickeln sich die absoluten Revisionsgründe?

## I.

„Als Ergebnis läßt sich daher feststellen, daß auf die absoluten Revisionsgründe de lege ferenda verzichtet werden kann, ohne daß dadurch das Revisionsverfahren in seiner Bedeutung für die Prozeßbeteiligten oder die Allgemeinheit geschmälert würde. De lege lata ergibt sich ... die Konsequenz, die absoluten Revisionsgründe, soweit dies durch den Wortlaut der Vorschrift noch gedeckt ist, in möglichst weitem Umfang einschränkend zu interpretieren."

– damit beschließt Cramer im Jahr 1974 seine Abhandlung über die Berechtigung der absoluten Revisionsgründe[1]. So schlimm ist es nicht gekommen. Die absoluten Revisionsgründe leben und sind durchaus vital. Zwar ist die Besetzungsrüge durch die Einführung der Rügepräklusion – StVÄG 1979[2] – kräftig beschnitten worden. Umgekehrt hat das Erste Gesetz zur Reform des Strafverfahrensrechts[3] den Gerichten feste Fristen für die Urteilsabsetzung vorgeschrieben und ihre Überschreitung durch den neugeschaffenen absoluten Revisionsgrund der verspäteten Urteilsabsetzung – § 338 Nr. 7[4] – sanktioniert. Gerade dies ist ein absoluter Revisionsgrund, der in seiner erzieherischen Kraft allseits Billigung gefunden hat.

Sicherlich hat die Rechtsprechung ihre (schon 1976 von Hans Dahs[5] beklagte) Tendenz zur Einschränkung der absoluten Revisionsgründe verschiedentlich fortgeführt; ich nenne als Beispiele:

---

1 Zur Berechtigung absoluter Revisionsgründe, Peters-FS, 1974, S. 239ff, 251.
2 Vom 5. 10. 1978, BGBl. I 1645.
3 Vom 9. 12. 1974, BGBl. I 3393, 3533.
4 §§ ohne Gesetzesbezeichnung betreffen die StPO.
5 Die Relativierung absoluter Revisionsgründe, GA 1976, 353.

- die Freistellung erstinstanzlich tätiger Oberlandesgerichte von der Befangenheitsrüge nach § 338 Nr. 3 (BGHSt 27, 96, bestätigt durch BVerfGE 45, 363, und durch das StVÄG 1979 ausdrücklich im neuen § 336 Satz 2 festgeschrieben);
- die Reduzierung formaler Begründungsanforderungen beim Ausschluß der Öffentlichkeit (BGHSt 30, 298: Bezugnahme auf die Gründe eines früheren Ausschließungsbeschlusses genüge den Anforderungen des § 174 Abs. 1 Satz 3 GVG);
- die Anlegung besonders großzügiger Maßstäbe bei der Abgrenzung des vom Öffentlichkeitsausschluß erfaßten Verfahrensabschnittes (etwa BGH NStZ 1989, 483).

Man könnte auch die Entscheidung des 2. Strafsenats in der Sache Weimar[6] hierher rechnen, der sich geweigert hat, den absoluten Revisionsgrund des § 338 Nr. 6 auf die unzulässige Erweiterung der Öffentlichkeit zu erstrecken. Der Verstoß gegen § 169 Satz 2 GVG – Fernsehöffentlichkeit der Hauptverhandlung – sei lediglich relativer Revisionsgrund. Der 2. Strafsenat hat Zustimmung – Fezer[7] – und entschiedene Ablehnung – Roxin[8] – gefunden.

Aber diese Relativierungstendenzen sind nur eine Seite. Weit bedeutungsvoller sind zahlreiche Entscheidungen des Bundesgerichtshofs, die durch Prinzipienfestigkeit gekennzeichnet sind und die sich auf die Formel bringen lassen, daß Eingriffe in den Kernbestand der durch § 338 geschützten prozessualen Rechtsgüter nicht hingenommen werden.

Hier sind etwa die von der betroffenen Richterschaft zunächst mit Verwirrung und Abwehr aufgenommenen Entscheidungen des 2. und des 1. Strafsenats zur Frankfurter[9] und zur Augsburger[10] Schöffenwahl zu nennen. Man möchte es als selbstverständlich ansehen, daß eine reine Auslosung keine Wahl darstellt. In Frankfurt hat der kollektive Widerstand gegen diese Erkenntnis zum vorübergehenden Stillstand der Rechtspflege führen müssen. Im nachhinein kann man auch nicht verstehen, daß das Augsburger Proporz- und Blocksystem vom

---

6 BGHSt 36, 119.
7 StV 1989, 290.
8 NStZ 1989, 376.
9 BGHSt 33, 41.
10 BGHSt 35, 190.

Landgericht über so lange Zeit als mit § 42 GVG vereinbar angesehen wurde. Es ist keine Wahl, wenn der Wahlausschuß sich „darauf beschränkt, die von anderen Gremien vollzogene Auswahl nur formal nachzuvollziehen".

In beiden Fällen hat der Bundesgerichtshof der (vielleicht gegebenen) Versuchung widerstanden, die Vertretbarkeitsklausel[11] anzuwenden und auf die langjährige (und langjährig unbeanstandete) Praxis am jeweiligen Orte hinzuweisen. Was eindeutig falsch ist, ist zugleich objektiv willkürlich und eröffnet auch weiterhin die Besetzungsrüge.

Mit der so verstandenen Vertretbarkeitsklausel kann man leben. Sie ist meines Erachtens auch unverzichtbar. Ein Beispiel:

Nach § 192 Abs. 2 GVG tritt der Ergänzungsschöffe in den Spruchkörper ein, wenn festgestellt wird, daß der zu ersetzende Schöffe verhindert ist. Bisher entsprach es allgemeiner und unbestrittener Meinung[12], daß es, um den Ergänzungsschöffen an die Stelle des verhinderten Schöffen treten zu lassen, eines Beschlusses bedürfe, den das Gericht – und zwar unter Beteiligung des Ergänzungsschöffen – zu fassen habe. Dem Vorsitzenden des Koblenzer Schwurgerichts schien dementsprechend ein bitterer Fehler unterlaufen zu sein, als er im Laufe einer monatelangen Hauptverhandlung kurzerhand selbst über die Verhinderung des Schöffen entschieden und den Eintritt des Ergänzungsschöffen angeordnet hatte.

Im Oktober 1988 hat der 2. Strafsenat des Bundesgerichtshofs jedoch wider jedes Erwarten die Revision verworfen[13]. Der Senat hat – meines Erachtens überzeugend – dargelegt, daß die Feststellung der Verhinderung eines Schöffen stets, also auch während der Hauptverhandlung, Sache des Vorsitzenden ist.

Dies war – wie gesagt – im Oktober 1988. Inzwischen liegen dem Bundesgerichtshof mehrere Revisionen vor, in denen die Besetzungsrüge darauf gestützt wird, daß über die Verhinderung des Schöffen nicht vom Vorsitzenden allein, sondern vom Gericht insgesamt und unter Mitwirkung des Ergänzungsschöffen entschieden worden sei. Zwar sei auch der Vorsitzende an einem solchen Beschluß beteiligt gewesen. Er könne aber ohne weiteres überstimmt worden sein.

Auf der Grundlage der geläuterten Rechtsauffassung des 2. Strafsenats müßte diese Besetzungsrüge wohl durchgreifen. Aber kann das auch für die

---

11 Vgl. die Nachweise bei Kleinknecht/Meyer, StPO, 39. Aufl. 1989, § 338 Rdnr. 6.
12 Nachweise bei BGHSt 35, 366, 368/369.
13 BGHSt 35, 366.

„altrechtlichen" Fälle aus der Übergangszeit gelten? Muß ein Urteil aufgehoben werden, weil die Kammer das getan hat, was sie damals – vor Ergehen der „umstürzenden" Entscheidung des 2. Strafsenats, jedenfalls aber vor deren Veröffentlichung – nach Meinung sämtlicher Erläuterungsbücher zu tun hatte?

Die Vertretbarkeitsklausel ist unerläßlich. Ich meine, daß der Bundesgerichtshof sie in den letzten Jahren mit hinreichender Zurückhaltung eingesetzt hat.

Zurück zu den Belegen für die angesprochene Prinzipienfestigkeit des Bundesgerichtshofs bei der Handhabung der absoluten Revisionsgründe. Hans Dahs[14] hat im Jahr 1976 befürchtet, der damals neu geschaffene absolute Revisionsgrund der verspäteten Urteilsabsetzung werde dadurch relativiert werden, daß man Fristüberschreitungen – unter dem Aspekt des „im Einzelfall nicht voraussehbaren unabwendbaren Umstandes" – allzu großzügig begegnen werde. Dies ist nicht eingetreten. Bundesgerichtshof und Oberlandesgerichte haben mit beachtenswerter Festigkeit auf der strikten Einhaltung der Fristen des § 275 StPO bestanden[15] und beispielsweise auch die Einrede des verzeihlichen Rechtsirrtums aufgrund fehlerhafter Rechtsberatung durch den meistverbreiteten Kommentar zur StPO nicht anerkannt[16]. In der Tat hat der Kommentierungsfehler in der 38. Auflage des Kleinknecht/Meyer[17] (ein Fehler, weil die gegenteiligen – veröffentlichten – BGH-Entscheidungen[18] nicht genannt waren)

– bei mehr als zehntägiger Hauptverhandlung springe die Urteilsabsetzungsfrist von 7 auf 11 Wochen, bei mehr als 20 Tagen betrage sie deshalb 13 Wochen usw. –

zur Aufhebung einer beträchtlichen Zahl von Urteilen geführt[19]. Die deutliche Warnung von Rieß[20]:

---

14 A.a.O. (Fn. 5), S. 356.

15 Vgl. die Kasuistik bei Kleinkecht/Meyer § 275 Rdnr. 13 ff.

16 BGH NStZ 1989, 285; BGH bei Miebach NStZ 1990, 229.

17 38. Aufl., 1987, § 275 Rdnr. 8; die 39. Aufl. hat sich (ohne Hinweis auf die zuvor vertretene gegenteilige Ansicht) BGHSt 35, 259 angeschlossen.

18 BGH NStZ 1984, 466; 1985, 184; BGH StV 1984, 143 (LS).

19 Im Gefolge von BGHSt 35, 259.

20 NStZ 1987, 318/319.

„Der tatrichterlichen Praxis ist dringend zu empfehlen, bei Großverfahren von mehr als 10 Hauptverhandlungstagen weiterhin die kürzere Urteilsabsetzungsfrist der bisher einhelligen Meinung einzuhalten."

ist nicht überall gehört worden.

Kritisieren würde ich bei der Rechtsprechung zu §§ 275, 338 Nr. 7 lediglich das zu große Wohlwollen, das der Bundesgerichtshof dem Betriebsausflug des LG Heilbronn entgegengebracht hat[21]. Er fand am letzten Tag der Urteilsabsetzungsfrist statt und hinderte zwei Richter daran, das ansonsten fertiggestellte Urteil zu unterschreiben. Aber das ist ein Einzelfall.

Weiter beim Stichwort Prinzipienfestigkeit. Sie ist kennzeichnend vor allem auch für die neuere Rechtsprechung zu § 338 Nr. 5. Das Erfordernis, die vorschriftswidrige Abwesenheit müsse sich auf einen wesentlichen Teil der Hauptverhandlung bezogen haben, hat sich nicht, wie befürchtet[22], zum Eingangstor für Relativierungstendenzen entwickelt. So hat der Bundesgerichtshof vor allem dem Anwesenheitsrecht des Angeklagten als der strafprozessualen Grundlage seines Anspruchs auf rechtliches Gehör das angemessene Gewicht eingeräumt. Dies zeigt die Rechtsprechung zu § 247 StPO. Der absolute Revisionsgrund des § 338 Nr. 5 ist ohne weiteres gegeben,

- wenn der für die Dauer der Vernehmung eines Zeugen aus dem Sitzungssaal entfernte Angeklagte zur Verhandlung über die Vereidigung oder zur Vereidigung selbst nicht wieder zugezogen wurde[23],
- wenn während der in Abwesenheit des Angeklagten stattfindenden Zeugenvernehmung sachlich zugehörige weitere Beweiserhebungen (z. B. Augenschein an Fotografien) vorgenommen worden sind, die nachher nicht mehr wiederholt werden[24].

In ähnlich strikter Weise handhabt der Bundesgerichtshof den absoluten Revisionsgrund des § 338 Nr. 5 in Abtrennungs- und Beurlaubungsfällen, wenn das Urteil sich auch auf solche Beweiserhebungen stützt, über die in Abwesenheit dieses Angeklagten verhandelt wor-

21 BGHSt 31, 212.
22 Vgl. Mehle, Einschränkende Tendenzen im Bereich der absoluten Revisionsgründe (§ 338 StPO), Diss. Bonn. 1981, S. 44, 45.
23 u. 24 Umfassende Nachweise bei Kleinknecht/Meyer § 247 Rdnr. 19.

den ist[25]. Hier ergänzt § 338 Nr. 5 den relativen Revisionsgrund eines Verstoßes gegen § 261 StPO[26].

Als letztes Beispiel sei die schmerzliche Entscheidung genannt, die der Bundesgerichtshof zu der Frage treffen mußte, ob ein blinder Richter an der Hauptverhandlung mitwirken könne[27]. Der 4. Strafsenat hat die Frage jedenfalls für die Tätigkeit des Vorsitzenden verneint und dabei ebenso viel Verständnis für die Situation des Angeklagten wie Takt gegenüber dem Richter bewiesen.

All dies betraf den Bereich der tatbestandlichen Voraussetzungen der absoluten Revisionsgründe. Hier scheint mir die Rechtsprechung – insgesamt gesehen – eine akzeptable Linie zwischen der Beachtung fundamentaler Prozeßprinzipien einerseits und der Zurückdrängung formalistischer Positionen andererseits gefunden zu haben.

## II.

Nicht in der Struktur ihrer tatbestandlichen Voraussetzungen liegt jedoch die eigentliche Besonderheit der absoluten Revisionsgründe, sondern darin, daß auf eine Beruhensprüfung verzichtet, das Beruhen vom Gesetz unwiderleglich vermutet wird. Dies hat seinen Grund zum einen in der dem § 338 zugedachten Funktion als eines Grundpfeilers in der Justizförmigkeit unseres Strafverfahrens[28], zugleich aber auch darin, daß eine Beruhensprüfung bei manchen absoluten Revisionsgründen nicht möglich wäre, zumindest aber auf erhebliche Schwierigkeiten stoßen würde:

- So bei der Besetzungsrüge. Ein eigenes Erlebnis: Vor einigen Jahren hat mir der Vorsitzende einer Strafkammer unter menschlich verständlichem Bruch des Beratungsgeheimnisses mitgeteilt, daß es gerade die „falsch besetzte" Schöffin war, die sich in der Beratung mit besonderer Eindringlichkeit für den Angeklagten verwandt hatte.

25 Besonders nachdrücklich etwa BGH StV 1984, 102; vgl. auch BGHSt 24, 257, 258ff; 30, 74; 32, 100, 101; 32, 270, 273; und die warnenden Worte von BGH bei Holtz MDR 1979, 807.

26 Vgl. etwa BGH StV 1984, 186.

27 BGHSt 35, 164.

28 Schünemann, Grundfragen der Revision im Strafprozeß, JA 1982, 123, 129.

– Oder bei § 338 Nr. 6 und erst recht bei Nr. 7. Hier kann man nicht einmal von einer unwiderleglichen Vermutung, sondern nur noch von der Fiktion des Beruhens[29] sprechen.

Aber auch die Revisionsgründe des § 338 Nr. 2 (ausgeschlossener Richter) und Nr. 3 (befangener Richter) würden sich – entgegen Cramers de lege ferenda geäußerter Auffassung[30] – nur bedingt für eine Herabstufung zu relativen Revisionsgründen eignen. Dies folgt weniger daraus, daß sowohl die Ausschließungs- wie die Ablehnungsvorschriften schon im Vorfeld des bloßen Anscheins mangelnder Unparteilichkeit ansetzen sollen. Für die praktische Rechtsanwendung wichtiger ist der Umstand, daß die Absolutheit des Revisionsgrundes für alle Beteiligten schonend ist: für den abgelehnten oder ausgeschlossenen Richter, weil nicht noch zusätzlich über konkrete Auswirkungen seiner im Zweifel stehenden Unparteilichkeit diskutiert werden muß, und für den Angeklagten, weil sich für das Revisionsgericht Erwägungen über Qualität, Ausgewogenheit und Überzeugungskraft des Urteils verbieten.

Indessen hat gerade dieser Wesenskern der absoluten Revisionsgründe – die unwiderlegliche Beruhensvermutung – in der Praxis der Revisionsgerichte erhebliche Einschränkungen erfahren. Hier liegt der eigentliche Bereich dessen, was man mit „Relativierung der absoluten Revisionsgründe" zu bezeichnen hat – und hier hat auch nachdrückliche Kritik anzusetzen. Ein Beispielsfall[31]:

Der Angeklagte wird vom Amtsgericht wegen Vergewaltigung zu einer Freiheitsstrafe von 2 Jahren 1 Monat verurteilt. Er legt Berufung ein, beschränkt auf den Strafausspruch. Gegen ihn wird beim Landgericht Anklage wegen eines weiteren Vergewaltigungsfalles erhoben. Die Strafkammer verbindet beide Verfahren zur erstinstanzlichen Hauptverhandlung. Der Angeklagte, der den ersten (und durch die Berufungsbeschränkung im Schuldspruch rechtskräftigen) Fall einräumt, bestreitet den zweiten Vorwurf mit Nachdruck. Er wird verurteilt. Die Strafe für den zweiten Fall beträgt 3 Jahre. Angesichts der Duplizität der beiden Vergewaltigungen sieht die Kammer selbstverständlich keinen Anlaß, die Einzelstrafe von 2 Jahren 1 Monat für die erste Tat zu mildern. Die Gesamtstrafe beträgt 3 Jahre 6 Monate.

---

29 Cramer a.a.O. (FN 1) S. 241; Schünemann a.a.O. (FN 28) S. 129.

30 A.a.O. (FN 1) S. 242.

31 Er liegt dem Beschluß des 1. Strafsenats des BGH vom 7. 7. 1987 – 1 StR 246/87 – zugrunde.

Die Revision rügt die Verletzung des § 338 Nr. 6. Bei der Vernehmung des Tatopfers im Fall II ist ein durchgreifender Verstoß gegen § 174 Abs. 1 Satz 3 GVG unterlaufen. Das Urteil wird aufgehoben – aber nur im Fall II und hinsichtlich der Gesamtstrafe, weil der absolute Revisionsgrund des § 338 Nr. 6 lediglich den Fall II betreffe. Die Einzelstrafe für Fall I von 2 Jahren 1 Monat wird damit rechtskräftig. In der neuen Verhandlung wird der Angeklagte vom Tatverdacht im Fall II freigesprochen. Es ist mit Händen zu greifen, daß seine Strafmaßberufung zur Herabsetzung der Einzelstrafe im Fall I auf 2 Jahre und wohl auch zur Strafaussetzung zur Bewährung geführt hätte, wenn das erste Berufungsgericht in ihm nicht den Täter einer weiteren und noch gewichtigeren Tat gesehen hätte. Und das zweite Berufungsgericht hätte erst recht Anlaß zur Strafmilderung gehabt, weil jetzt zusätzlich der jahrelange Leidensweg dieses Angeklagten im Verfahren nach der zweiten Anklage zu berücksichtigen gewesen wäre.

Wie ist dies mit dem Wesen der absoluten Revisionsgründe und mit dem Wortlaut von § 338 Nr. 6 zu vereinbaren? Meines Erachtens nicht: „*Das Urteil* ist stets als auf einer Verletzung des Gesetzes beruhend anzusehen, wenn . . .“. Die gleichwohl vorgenommene gegenständliche Wirkungsbeschränkung auf einen Anklagepunkt ist nichts anderes als die Beruhensprüfung, die nach dem Willen des Gesetzes absolut ausgeschlossen sein sollte. Ohnehin fehlt gerade dem absoluten Revisionsgrund des § 338 Nr. 6 jeder unmittelbare Bezug zum Sachinhalt der Verhandlung; auch dies verbietet eine auf den einzelnen Anklagepunkt bezogene „Betroffenheitsprüfung“ neben (oder anstelle) der Beruhensprüfung.

Aber: Diese substantiellen Eingriffe in ihre Absolutheit sind fast so alt wie die absoluten Revisionsgründe selbst. Schon im Jahr 1880 – knapp ein Jahr nach dem Inkrafttreten der StPO – hat das Reichsgericht[32] eine derartige gegenstandsbezogene Betroffenheitsprüfung vorgenommen und die gebotene Aufhebung auf einen Teil des Urteils beschränkt. Dies beruhte jedoch ausschließlich auf den Besonderheiten des alten Schwurgerichtsverfahrens. Hatten die Geschworenen ihren Spruch zur Schuldfrage getroffen[33], hatten sie ihn (mit der Formel „auf Ehre und Gewissen“) dem Gericht kundgegeben[34], und war der Spruch auch dem wieder in die Verhandlung eingetretenen Ange-

32 RGSt 2, 104.

33 § 307 StPO i.d.F. vom 1. 2. 1877 (nachf. StPO 1877).

34 § 308 StPO 1877.

klagten durch Verlesung förmlich verkündet worden[35], so war dieser Spruch – Schuldspruch – für die Instanz grundsätzlich unabänderlich und bindend geworden[36]. Die weitere Hauptverhandlung betraf – im Sinne des echten Schuldinterlokuts – nur noch die Strafzumessung[37]. Allein diese innere Zweiteilung der Hauptverhandlung gab dem Reichsgericht Anlaß, die Wirkung eines absoluten Revisionsgrundes, der sich erst nach der Verkündung des Spruches der Geschworenen ergab, auf den Strafausspruch zu beschränken[38]. Hieraus entwickelte das Reichsgericht in der Folgezeit die ungeschriebene Einschränkung der absoluten Revisionsgründe im Sinne einer gegenstandsbezogenen Betroffenheitsprüfung – und zwar ganz losgelöst vom Ausgangspunkt des schwurgerichtlichen Verfahrens[39].

Dies hat zu keinem Zeitpunkt besondere Beachtung gefunden. Ein an die Wurzeln gehender Widerspruch ist nie erfolgt[40]. So war es für den Bundesgerichtshof problemlos, die reichsgerichtliche Praxis fortzusetzen. Heute existiert eine Vielzahl von Entscheidungen des Bundesgerichtshofs (in weitem Maße unveröffentlicht), in denen die absoluten Revisionsgründe durch die vorgelagerte „gegenstandsbezogene Betroffenheitsprüfung" erheblich eingeschränkt werden[41], sei es

---

35 § 313 StPO 1877.

36 § 314 Abs. 2 StPO 1877, vorbehaltl. der Korrekturmöglichkeit nach § 317 Abs. 1 StPO 1877: „Ist das Gericht einstimmig der Ansicht, daß die Geschworenen sich in der Hauptsache zum Nachteil des Angeklagten geirrt haben, so verweist es durch Beschluß ohne Begründung seiner Ansicht die Sache zur neuen Verhandlung vor das Schwurgericht der nächsten Sitzungsperiode. Die Verweisung ist nur von Amts wegen und bis zur Verkündung des Urteils zulässig."

37 Vgl. Loewe, StPO, 13. Aufl. 1913, § 293 Anm. 2 a: „Die Grenze zwischen der Funktion der Geschworenen und derjenigen des Gerichts wird durch § 81 des GVG i.V.m. § 262 der StPO sowie durch § 297 bestimmt: Die Geschworenen entscheiden über die Schuldfrage sowie über das Vorhandensein mildernder Umstände ... Alles übrige ist Gegenstand der Entscheidung des Gerichts."

38 RGSt 2, 104, 106: „In allen Fällen aber, wo das Gesetz die Anwesenheit des Verteidigers vorschreibt, muß dessen Abwesenheit die Aufhebung des Urteils zur Folge haben (...); vorliegend jedoch, wo das Protokoll ergibt, daß die Entfernung *erst nach dem Spruche* der Geschworenen stattgefunden hat, ist das Verfahren bis zum Antrag des Staatsanwalts *in betreff der Strafe aufrechtzuerhalten.*"

39 Vgl. RGSt 44, 16, 19; 53, 199, 202; 69, 253, 256.

40 Vgl. etwa Mehle a.a.O. (FN 22) S. 146.

41 Nachweise bei Hanack in Löwe-Rosenberg, StPO, 24. Aufl. 1988, § 338 Rdnr. 4.

durch Aufhebung lediglich im Rechtsfolgenausspruch[42], sei es durch Aufhebung lediglich eines einzelnen Schuldspruchs[43]. Die für diese Betroffenheitsprüfung eingesetzten Maßstäbe sind an sich die des § 337. An einer einheitlichen (und wenigstens berechenbaren) Linie fehlt es jedoch. So gibt es durchaus auch Entscheidungen, in denen in scheinbar strikter Anwendung des § 338 Nr. 6 das Urteil auch zugunsten eines Angeklagten aufgehoben wurde, auf den sich (weil er insoweit nicht angeklagt war) der vom vorschriftswidrigen Öffentlichkeitsausschluß betroffene Verfahrensteil gar nicht bezogen hatte[44]. Im Ergebnis kraß gegenteilige Entscheidungen – wie der zuvor besprochene Beispielsfall – argumentieren kurzerhand mit einer postulierten Trennbarkeit der Einzelvorwürfe.

Der Bundesgerichtshof hat sich hier einen gewissen Dispositionsraum für ergebnisbezogene Willensentscheidungen reserviert. Klarheit und Berechenbarkeit der Rechtsprechung leiden darunter gerade in dem Bereich, in dem das Gesetz jedes einzelfallbezogene Beruhensermessen ausschließen und für strikte, „absolute" Klarheit sorgen will.

Ob der Bundesgerichtshof bereit sein wird, diese Dispositionsfreiräume zugunsten einer den Willen des Gesetzes erfüllenden Anwendung des § 338 aufzugeben? Ich hoffe es und bin skeptisch zugleich. Hier wird weitere Überzeugungsarbeit anzusetzen haben.

## III.

Wohin die absoluten Revisionsgründe sich entwickeln? – Sie haben sich eigentlich „ausentwickelt". Sie haben ihre Unentbehrlichkeit bewiesen. Ihr Bestand ist gesichert und anerkannt.

Die Besetzungsrüge hat durch die Einführung der Rügepräklusion an grundsätzlicher Bedeutung gewonnen, und die Gerichte können heute mit der (einfacher gewordenen) Technik der Besetzungsvorschriften im großen und ganzen auch umgehen. Früher ließ man es zu oft „darauf ankommen". Ich wünsche mir den früheren Rechtszustand nicht zurück.

---

42 Z. B. BGH NStZ 1983, 375.

43 Z. B. BGH StV 1981, 3; vgl. auch die in FN 31 genannte Entscheidung.

44 Z. B. BGH, Beschluß v. 18. 2. 1976 – 3 StR 13/76.

Die Reform der Vorschriften des GVG über den Öffentlichkeitsausschluß hat – die Prognose von Rieß[45] war zutreffend – auch zur Verminderung tatrichterlicher Ängste vor § 338 Nr. 6 beigetragen. Im übrigen ist gerade im Bereich dieser Vorschrift ein deutliches Zurückgehen tatrichterlicher Formalfehler zu verzeichnen (etwa im Bereich von § 174 Abs. 1 GVG).

Die zur Bedeutungslosigkeit abgesunkene Vorschrift des § 338 Nr. 8 könnte möglicherweise als Garant des ungeschriebenen fair trial-Prinzips wiederbelebt werden – etwa zum Stichwort der gescheiterten Absprache im Strafverfahren. Der 2. Strafsenat ist bei seiner vor kurzem zu diesem Problemkreis getroffenen Entscheidung[46] allerdings ohne Rückgriff auf § 338 Nr. 8 zurechtgekommen.

Insgesamt halte ich den Katalog des § 338 weder für verkleinerungs- noch für erweiterungsbedürftig. Der Rechtsprechung ist es im Grundsatz gelungen, bei der Abgrenzung der tatbestandlichen Voraussetzungen der absoluten Revisionsgründe ein akzeptables Maß zu halten. Die absoluten Revisionsgründe sind heute nicht zahnlos, aber sie sind gezähmt. Umso eher müßte es der Rechtsprechung möglich sein, den absoluten Revisionsgründen im Kernbereich ihre Absolutheit zurückzugeben und auf die mit Sinn und Wortlaut des Gesetzes nicht vereinbare „gegenstandsbezogene Betroffenheitsprüfung“ zu verzichten.

---

45 Rieß, Zeugenschutz durch Änderung des § 338 Nr. 6 StPO?, Wassermann-FS, 1985, S. 969 ff.

46 BGHSt 36, 210 m. Anm. Strate NStZ 1989, 439.

*Gerhard Fezer*

# Grenzen der Beweisaufnahme durch das Revisionsgericht*

## I.

Im Jahre 1982 hatte der 5. Strafsenat des BGH[1] in einer Betäubungsmittelstrafsache über folgende Verfahrensrüge zu entscheiden: Obwohl der Angeklagte in der Hauptverhandlung behauptet hatte, daß er durch freiwillige Offenbarung seines Wissens wesentlich zur Aufdeckung der Tat über seinen eigenen Tatbeitrag hinaus beigetragen habe, fehlten in den Urteilsgründen – entgegen § 267 II – Ausführungen dazu, ob die für den Strafmilderungsgrund des § 31 BtmG maßgeblichen Umstände festgestellt worden seien oder nicht. Der Senat hat diese Rüge zurückgewiesen, weil der Verfahrensverstoß nicht bewiesen sei: Weder in den Urteilsgründen noch in der Sitzungsniederschrift sei eine entsprechende Erklärung des Angeklagten vermerkt. Durch eigene Beweiserhebung könne der Senat nicht prüfen, was die in der Hauptverhandlung vernommenen Personen zur Schuld- und Rechtsfolgenfrage ausgesagt hätten – und zwar insbesondere auch nicht, soweit es um die Tatsachenüberprüfung auf eine Verfahrensrüge hin gehe. Denn das würde auf eine teilweise Wiederholung der tatrichterlichen Verhandlung hinauslaufen und damit der Ordnung des Revisionsverfahrens widersprechen[2].

Mit dieser Begründung steht der Senat in längerer Rechtsprechungstradition des BGH, wie auch die Hinweise auf frühere Ent-

---

* §§ ohne Gesetzesangaben sind solche der StPO.

1 BGHSt 31, 139.

2 BGHSt 31, 139, 140.

scheidungen zeigen[3]. Nur ging es in diesen Entscheidungen um Rügen der Verletzung der §§ 244 II oder 261, um Beanstandungen also, daß die Beweistatsachen inhaltlich unvollständig bzw. die Beweiswürdigung verfahrensrechtlich fehlerhaft gewesen sei, weil der Tatrichter zum Beispiel einem Zeugen in der Hauptverhandlung dessen frühere Aussage nicht vorgehalten habe oder weil er eine Zeugenaussage im Urteil anders geschildert habe, als sie in Wirklichkeit gelautet habe. In meiner Anmerkung zu BGHSt 31, 139[4] habe ich darzulegen versucht, daß mit diesen eben erwähnten Rügen die Rüge der Verletzung des § 267 II nicht zu vergleichen ist, weil diese Vorschrift nicht den Inhalt der Beweisaufnahme bzw. die Richtigkeit und Vollständigkeit der tatsächlichen Feststellungen betrifft, sondern eine formale Berichtspflicht im Sinne einer Rechenschaftspflicht des Tatrichters beinhaltet. Einer Beweisaufnahme über Vorgänge in der Hauptverhandlung zum Nachweis *dieses* Verfahrensverstoßes könnten also die Bedenken nicht entgegengehalten werden, die bisher gegen eine Beweisaufnahme zum Nachweis des Verstoßes gegen § 244 II oder gegen § 261 vorgebracht wurden (Stichwort: Verbot der inhaltlichen Rekonstruktion der Beweisaufnahme). Meine Auffassung war daher, daß zum Nachweis eines Verstoßes gegen § 267 II eine Beweisaufnahme vor dem Revisionsgericht durchaus zulässig und geboten ist: Durch Einholen dienstlicher Äußerungen, schriftlicher Befragungen oder sogar mündlicher Vernehmung der in der damaligen Hauptverhandlung anwesenden Personen müsse geklärt werden, ob der Angeklagte in der Hauptverhandlung eine bestimmte Äußerung getan hat oder nicht. Insoweit fand ich auch Zustimmung im Schrifttum[5], unter anderem auch bemerkenswerterweise von *Herdegen*[6], dem Vorsitzenden eines anderen Strafsenats des BGH, – nicht aber von *Hanack*, der gegen meine Auffassung grundsätzliche Einwände erhoben hat[7]. *Hanack* hält zwar eine Rekonstruktion der *Form* und des äußeren Geschehens der Hauptverhandlung (so etwa auch des Vortrags des

3 Vgl. BGHSt 17, 351; 21, 149; 29, 18; ferner BGHSt 15, 347; BGH StrV 1984, 185.
4 NStZ 1983, 278.
5 Vgl. *Kleinknecht/Meyer*, StPO 39. Aufl. 1989, § 267, Rn. 15; *Gollwitzer*, in: *Löwe/Rosenberg*, StPO, 24. Aufl. 1986, § 267, Rn. 71.
6 In: Festschrift f. *Theodor Kleinknecht*, 1984, S. 190; ferner in: Karlsruher Kommentar zur StPO, 2. Aufl. 1987, § 244, Rn. 40.
7 In: *Löwe/Rosenberg*, 24. Aufl. 1986, § 337 Rn. 78.

Verteidigers oder des Staatsanwalts) und die Aufklärung des mutmaßlichen Prozeßablaufs mit Hilfe anderer objektiv feststehender Beweismittel (etwa des ganzen Akteninhalts) für zulässig, nicht aber – und zwar auch nicht zum Nachweis des Verstoßes gegen § 267 II – die Rekonstruktion des *Inhalts* der Aussagen von Angeklagten und Zeugen. Seine Einwände lassen sich im wesentlichen in drei Argumente gliedern:

- Die tatrichterlichen Feststellungen zur Schuldfrage würden gegenüber der Freibeweisprüfung des Revisionsgerichts selbst bei Verfahrensvoraussetzungen Vorrang haben (Stichwort: doppelrelevante Tatsachen);
- dem Revisionsgericht sei es mit den Mitteln des Freibeweises allzuoft nicht möglich, die vom Tatrichter in der Hauptverhandlung getroffenen Feststellungen zur Schuldfrage im Sinne eines Gegenbeweises zuverlässig zu kontrollieren;
- die Beweisaufnahme durch das Revisionsgericht müßte zu einer tatrichterlichen Entscheidungskompetenz des Revisionsgerichts führen, die in dieser Form seiner Aufgabe widerstreben und vor allem schwerwiegende weitere Gefahren für die sachliche Richtigkeit seiner aufhebenden Entscheidungen mit sich bringen würde (so müßte die Frage entstehen, ob und wann die Ergebnisse der Beweisaufnahme auch durch dienstliche Äußerungen der Richter oder sonstiger Prozeßbeteiligter widerlegt werden könnten; dies würde zu einer in Form und Sache unannehmbaren Überprüfung von Hauptverhandlungs-Ergebnissen führen).

Vor allem im dritten Argument kommt *Hanacks* Grundhaltung sehr deutlich zum Ausdruck, die er zuvor in folgendem Kernsatz zusammengefaßt hat[8]: „Die Ergebnisse der Beweisaufnahme festzustellen und zu würdigen, ist nach der Struktur des Strafverfahrensrechts Sache des Tatrichters, der sich darüber im Urteil zu äußern hat. Was in ihm zur Schuld- und Straffrage festgestellt ist, bindet daher insoweit bei der Verfahrensrüge das Revisionsgericht."

Soweit mit dieser Begründung eine revisionsgerichtliche Beweisaufnahme zum Nachweis der Verletzung des § 244 II oder des § 261 für unzulässig erachtet wird, habe ich ihr im Grundsatz (von Einzel-

---

8 In: *Löwe/Rosenberg*, § 337, Rn. 77.

heiten abgesehen) in meinem Studienkurs[9] selbst zugestimmt. Der Vortrag sollte mir meiner Vorstellung nach nur noch einmal Gelegenheit geben, mich mit *Hanacks* Auffassung auseinanderzusetzen, eine revisionsgerichtliche Beweisaufnahme auch nicht zum Nachweis des Verstoßes gegen § 267 II zuzulassen, mich also weiterhin um die Berechtigung zu bemühen, zwischen der Verletzung des § 267 II und der Verletzung der §§ 244 II, 261 zu differenzieren. Je mehr ich mich dabei mit dem allseits, also nicht nur von *Hanack* postulierten „Verbot der Rekonstruktion der Hauptverhandlung"[10] beschäftigte, desto größer wurden meine Zweifel, ob sich dieses Verbot überzeugend begründen läßt. Da die heutige Argumentation ohne die bisherige Entwicklung insbesondere in der Rechtsprechung nicht verständlich ist und historische Fehlentwicklungen nicht ausgeschlossen werden können, erscheint es mir geboten, die Frage der Revisibilität von Verfahrensvorschriften und der damit verbundenen Beweisprobleme zunächst in ihrer geschichtlichen Entwicklung zurückzuverfolgen bis zur Entstehung der Reichsstrafprozeßordnung im Jahre 1877.

## II.

Der Gesetzgeber von 1877 hat das Rechtsmittel der Revision eindeutig so konzipiert, daß das Revisionsgericht auf die Überprüfung der Gesetzesanwendung durch den Tatrichter beschränkt ist[11]. „Die rein thatsächliche Würdigung des Straffalls, also namentlich die Würdigung der erbrachten Beweise", ist von der Überprüfung ausgeschlossen mit der Folge, daß das vom Tatrichter „festgestellte Ergebnis ... für die höhere Instanz maßgebend" ist. Damit ist eine Bindung an die tatrichterlichen Feststellungen notwendiger Bestandteil dieser Konzeption – allerdings nur, soweit sie „nicht etwa im Wege eines gesetz-

9 *Fezer*, Strafprozeßrecht, 1986, Bd. II, 20/45 ff.; vgl. auch in: JZ 1989, 349.

10 Vgl. z. B. *Gollwitzer*, in: *Löwe/Rosenberg*, § 244, Rn. 342; § 261, Rn. 173; *Herdegen*, in: Karlsruher Kommentar, § 244, Rn. 39; *Hürxthal*, in: Karlsruher Kommentar, § 261, Rn. 51, 53; *Paulus*, in: KMR, StPO, 7. Aufl. (Stand 1988), § 244 Rn. 361, § 261, Rn. 39 f.; *Kleinknecht/Meyer*, § 337, Rn. 13 f.; zusammenfassend *Pfitzner*, Bindung der Revisionsgerichte an vorinstanzliche Feststellungen im Strafverfahren, 1987, S. 102 ff., 114 ff.

11 Motive des Entwurfs, bei *Hahn*, Die gesammten Materialien zur Strafprozeßordnung, 2. Aufl. 1885, S. 250 (zu §§ 300, 301).

widrigen Verfahrens gewonnen worden" sind. Diese in den Motiven[12] formulierte und später gern übersehene Einschränkung kann nur so verstanden werden, daß bei der Überprüfung von Verfahrensverstößen das Revisionsgericht an tatrichterliche Feststellungen nicht gebunden sein soll. Dies ist bei der Auslegung des später häufiger zitierten und etwas zu allgemein geratenen Satzes in den Motiven zu beachten: „Die Aufgaben des höheren Richters bestehen nur in der *rechtlichen* Beurtheilung der Sache"[13]. Dieser Satz schließt nach der Gesamtkonzeption der Revision nicht aus, daß der Revisionsrichter ohne Bindung an tatrichterliche Feststellungen selbst überprüft, ob ein Verfahrensverstoß vorliegt oder nicht. Der Beschwerdeführer muß zur Begründung der Verfahrensrüge konkrete Tatsachen angeben (§ 384 II 2 i.d.F. 1877 ist identisch mit dem heutigen § 344 II 2). Da der Gesetzgeber ferner erkennbar davon ausging, daß nur ein „bewiesener" Verfahrensverstoß zur Aufhebung des Urteils führt (von der Beruhensfrage einmal abgesehen)[14], hatte das Revisionsgericht selbstverständlich den Auftrag, nachzuprüfen, ob die vom Beschwerdeführer behauptete Tatsache zutrifft oder nicht[15].

Diese Konzeption des Rechtsmittels der Revision ist aus damaliger Sicht in sich schlüssig. Das Postulat der Bindung an die tatsächlichen Feststellungen im Urteil und das Postulat der vollen Nachprüfbarkeit von Verfahrensrügen berührten sich in keiner Weise. Verfahrensvorschriften, die die inhaltliche Richtigkeit und Vollständigkeit der tatsächlichen Feststellungen betreffen und deren Verletzung mit der Revision gerügt werden kann, lagen damals außerhalb der Vorstellung des Gesetzgebers und (lange Zeit noch) auch der Rechtsprechung und des wissenschaftlichen Schrifttums[16]. Und was die Nachprüfbarkeit

---

12 Motive, a.a.O. (Fn. 11), S. 249 f.

13 Motive, a.a.O. (Fn. 11), S. 250 (zu §§ 299–319); Hervorhebung im Original.

14 Vgl. Motive, a.a.O. (Fn. 11), S. 253.

15 Davon ging die Rechtsprechung des Reichsgerichts von Anfang an im Grundsatz auch aus; so formuliert z. B. RGSt 4, 388, 389: „Denn nur in Bezug auf die Thatfrage selbst hat die Strafprozeßordnung die freie Beweiswürdigung und die Feststellung des thatsächlichen Ergebnisses des Beweises in die Hand des Instanzrichters gelegt, während sie keinen Anhalt dafür bietet, daß auch hinsichtlich des Vorhandenseins oder Nichtvorhandenseins für die angefochtene Gesetzmäßigkeit prozessualer Vorgänge erheblicher Thatsachen die Annahme des Instanzrichters für den Revisionsrichter bindend sein soll."

16 Vgl. z. B. RGSt 5, 353; 49, 316; *Löwe*, Die Strafprozeßordnung für das Deutsche

von Verfahrensverstößen betrifft, so hatten Gesetzgeber und frühe Reichsgerichtsrechtsprechung grundsätzlich nur den Nachweis durch das Hauptverhandlungsprotokoll im Auge[17]. Wenn im Laufe der Zeit auch über das Protokoll hinaus Beweismöglichkeiten zugelassen wurden[18], so hat dies nichts daran geändert, daß der Nachweis von Verfahrensverstößen niemals mit der Bindung an die tatsächlichen Feststellungen in Konflikt geraten konnte.

Daß die Konstruktion der Revision von 1877 möglicherweise einen verborgenen „Konstruktionsfehler“ aufweist, hat sich erst Jahrzehnte später, im Grunde genommen erst in den letzten 30 Jahren herausgestellt. Gemeint ist die 1877 noch unvorstellbare Entwicklung, welche die Verfahrensvorschriften des § 244 II und des § 261 durchlaufen haben. Um mit dem Ergebnis dieser Entwicklung zu beginnen: Heute ist allseits anerkannt, daß § 261 dem Richter nicht nur eine Freiheit garantiert, sondern auch Bindungen enthält: So ist der Tatrichter verpflichtet, alle Beweisvorgänge in der Hauptverhandlung bei der Überzeugungsbildung zu berücksichtigen, und es ist ihm verboten, sich auf Beweise zu stützen, die nicht zum Gegenstand der Hauptverhandlung gemacht worden sind; ferner muß seine Würdigung überhaupt eine ausreichende Tatsachengrundlage haben. Handelt er dieser Verpflichtung und diesem Verbot zuwider, begeht er jeweils einen Verfahrensverstoß, er „verletzt“ § 261[19]. Solche verfahrensrechtlichen Verpflichtungen waren dem Gesetzgeber unbekannt; in der Rechtsprechung sind sie erst später entwickelt worden[20]. Selbst der

---

Reich, 1888, S. 687, 692; *von Schwarze*, in: *von Holtzendorff*, Handbuch des deutschen Strafprozeßrechts, Bd. 2, 1879, S. 291.

17 Motive a.a.O. (Fn. 11), S. 256 ff. zu § 314 des Entwurfs (diese damals in das Revisionsverfahren eingeordnete Vorschrift entspricht dem heutigen § 274); ferner *von Schwarze*, a.a.O. (Fn. 16), S. 313; vgl. auch noch RGSt 35, 164.

18 Vgl. z. B. RGSt 37, 370; 44, 120; 55, 231; 59, 56; 71, 261; *Löwe*, a.a.O. (Fn. 16), S. 691; *Schwarz*, Strafprozeßordnung, 16. Aufl. 1953, vor § 333, Anm. B; *Kleinknecht/Müller/Reitberger*, Strafprozeßordnung, 1950, § 337, Anm. 4 b.

19 *Hürxthal*, in: Karlsruher Kommentar, § 261, Rn. 20, 45, 52 f.; *Kleinknecht/Meyer*, § 261, Rn. 2, 5 f., 38; *Paulus*, in: KMR, § 261, Rn. 30–36; *Gollwitzer*, in: *Löwe/Rosenberg*, § 261, Rn. 2–5, 13, 14, 56; *Fezer*, Strafprozeßrecht, 1986, Bd. II, 17/53 f.; *Sarstedt/Hamm*, Die Revision in Strafsachen, 5. Aufl. 1983, Rn. 313.

20 Eine Ausnahme stellt die Entscheidung RGSt 1, 82 dar: Dort ist von einer Verletzung des § 260 a.F. (= § 261 n.F.) in einem Fall die Rede, wo der Tatrichter eine Beweisaufnahme gänzlich unterlassen hat.

BGH hat in BGHSt 15, 347 noch nicht auf § 261 abgestellt (sondern ein der Sache nach gegen § 261 verstoßendes Vorgehen als Verletzung des § 252 behandelt), in BGHSt 21, 149 werden in einem Parallelfall §§ 252 und 261 nebeneinander genannt, und erst in BGHSt 22, 26, 28 und BGHSt 29, 18 wird eine Verletzung des § 261 in aller Deutlichkeit formuliert[21].

Was § 244 II betrifft, so wird die Amtsaufklärungspflicht heute so verstanden, daß der Tatrichter verpflichtet ist, alle Beweismittel zu gebrauchen, die eine weitere Aufklärung nahelegen, insbesondere alle Beweismittel in der Hauptverhandlung auszuschöpfen. Handelt er dieser Verpflichtung zuwider, „verletzt" er § 244 II[22]. Auch diese Erkenntnis hat sich erst spät durchgesetzt[23]: Bis Ende der 20er Jahre konnte der Angeklagte seiner Verurteilung nicht entgegenhalten, daß der Tatrichter es unterlassen habe, weitere Beweise zu erheben. Denn wenn der Tatrichter aufgrund der Hauptverhandlung von der Schuld des Angeklagten überzeugt war, konnte ihm angesichts des damaligen Verständnisses des § 261 nicht vorgehalten werden, er habe den Sachverhalt nicht genügend aufgeklärt; es wurde also schon eine entsprechende Aufklärungspflicht verneint. Die Verpflichtung des Tatrichters, ein Beweismittel auszuschöpfen, einem Zeugen etwa alle zur Sachverhaltsaufklärung erforderlichen Fragen zu stellen, war ersichtlich erst nach 1945 Gegenstand einer Entscheidung[24].

Solche Verfahrensvorschriften, die Anforderungen an den Inhalt und die Vollständigkeit der Beweisaufnahme stellen, passen nicht in die Konstruktion der Revision von 1877. Denn das Postulat der Bindung an die aufgrund mündlich-unmittelbarer Hauptverhandlung getroffenen tatsächlichen Feststellungen kann man nicht mehr neben das Postulat der vollen Nachprüfbarkeit der Verfahrensverstöße durch das Revisionsgericht stellen, ohne daß es zu einem System-

---

21 Vgl. ferner BGH StrV 1988, 138 m. Anm. Schlothauer, StrV 1989, 423.

22 *Kleinknecht/Meyer*, § 244, Rn. 80; *Herdegen*, in: Karlsruher Kommentar, § 244, Rn. 19, 35 ff.; *Paulus*, in: KMR, § 244, Rn. 110, 592 ff.; *Gollwitzer*, in: *Löwe/Rosenberg*, § 244, Rn. 39 ff.; 339 ff.; *Fezer*, Strafprozeßrecht, Bd. II, 12/170 ff.; *Alsberg/Nüse/Meyer*, Der Beweisantrag im Strafprozeß, 5. Aufl. 1983, S. 25.

23 Vgl. *Sarstedt/Hamm*, a.a.O. (Fn. 19), Rn. 244 ff.; *Gollwitzer*, in: *Löwe/Rosenberg*, § 244, Rn. 45; *Alsberg/Nüse/Meyer*, a.a.O. (Fn. 22), S. 23; OGHSt 2, 98 (102) noch wie die alte Rechtsprechung.

24 Nämlich OGHSt 3, 59; dazu nachstehend im Text.

bruch kommt. Gestattet man dem Revisionsgericht, einen Verstoß gegen §§ 244 II oder 261 voll nachzuprüfen, dann werden die tatrichterlichen Feststellungen ihrem Inhalt nach zum Gegenstand der revisionsgerichtlichen Überprüfung, so daß insoweit eine Bindung entfallen muß. Hält man dagegen ausnahmslos an dieser Bindung fest, kann die Einhaltung dieser verfahrensrechtlichen Verpflichtungen – im Gegensatz zu anderen – vom Revisionsgericht nicht oder nicht voll überprüft werden.

## III.

Daß dieser Systembruch nicht ins allgemeine Bewußtsein gedrungen ist, daß in der Rechtsprechung und im wissenschaftlichen Schrifttum bei jeweiligem ersten Auftreten des Konflikts ohne weiteres der Bindung, d. h. der Unüberprüfbarkeit der Vorrang gegeben wurde, lag vor allem daran, daß insbesondere die Rechtsprechung die revisionsgerichtlichen Aufgaben und Möglichkeiten selbst dort nicht richtig beurteilt hat, wo eine Bindung auch ohne Systembruch hätte verneint werden können.

Es handelt sich um Verfahrensvorschriften, die (aus heutiger Sicht formuliert) einen unbestimmten Rechtsbegriff mit einem Beurteilungsspielraum enthalten (Beispiele: „genügende Vorstellung vom Wesen und der Bedeutung des Eides“ in § 60 Nr. 1; „der Beteiligung verdächtig“ in § 60 Nr. 2; „nicht zu beseitigende Hindernisse“ i.S.d. § 251 I Nr. 3; „nicht genügend entschuldigt“ in § 329 I; Verhandlungsfähigkeit des Angeklagten etc.). Was die revisionsgerichtliche Kontrolle solcher Vorschriften betrifft, so gibt es bereits von 1879 an eine reichhaltige Rechtsprechung des Reichsgerichts und später des BGH[25]. Das Reichsgericht hatte zwar von Anfang an hervorgehoben, daß der Revisionsrichter zu eigener Prüfung berechtigt und verpflichtet ist[26], soweit es um die tatsächlichen Voraussetzungen eines Verfahrensverstoßes geht. Eine Grenze für diese Befugnis wurde aber dort gesehen, wo das Gesetz dem Tatrichter ein „freies Ermessen“

25 Auf die Zusammenstellung und Auswertung von *Herdegen*, in: FS f. *Kleinknecht* (Fn. 6), S. 182 ff. wird an dieser Stelle bereits hingewiesen; vgl. auch die Übersicht bei *Pfitzner*, a.a.O. (Fn. 10), S. 165 ff.

26 Besonders deutlich bereits RGSt 4, 388.

eingeräumt habe. Mit dieser Formulierung war – in Abweichung vom heutigen Gebrauch des Ermessensbegriffs – gemeint, daß die Rechtsanwendung eine Würdigung konkreter Tatumstände durch den Tatrichter voraussetze[27]. Dieses Gebiet habe der Gesetzgeber der „Überzeugung" des Tatrichters überwiesen. Zur Begründung wurde insbesondere der Grundsatz der freien Beweiswürdigung herangezogen[28]. Solche „auf thatsächlicher Würdigung der Umstände" beruhenden Entscheidungen seien der Nachprüfung durch das Revisionsgericht entzogen[29]. Zur Frage, ob ein Zeuge der Beteiligung „verdächtig" i.S.d. heutigen § 60 Nr. 2 ist, heißt es beispielsweise[30]: Diese Frage sei „in thatsächlicher Beziehung vom Gerichte nach seinem freien Ermessen auf Grund der Ergebnisse der Hauptverhandlung zu beurteilen und das Resultat dieser Prüfung (ist) der Anfechtung in der Revisionsinstanz entzogen".

Diese Linie der Rechtsprechung, die Befugnisse des Revisionsgerichts zu begrenzen, wenn es – verkürzt formuliert – um die tatsächliche Würdigung von verfahrensrechtlich relevanten Tatsachen geht, zieht sich von 1879 an bis heute konsequent durch. So ist noch in BGHSt 31, 140 zur Rüge der Verletzung des § 168c V (Benachrichtigungspflicht) zu lesen: „Das Revisionsgericht kann nicht von sich aus aufgrund einer selbständigen Würdigung der damals vorliegenden tatsächlichen Umstände nachträglich darüber urteilen, ob seinerzeit eine Gefährdung des Untersuchungserfolgs drohte, angesichts derer es zulässig war, von einer Benachrichtigung des Beschuldigten abzusehen. Diese weitgehend auf tatsächlichem Gebiet liegende Beurteilung oblag dem Ermittlungsrichter ... Dem Revisionsgericht ist dies aber verwehrt: Es würde die ihm zugewiesenen Kompetenzen überschreiten, setzte es an die Stelle einer fehlenden oder nicht begründeten Entschließung des Ermittlungsrichters seine eigene Entscheidung."[31]

Der BGH zieht sich also auch heute noch in diesen Fällen auf eine Prüfung zurück, ob die „Ermessensausübung" des Tatrichters recht-

27 Besonders klar RGSt 11, 262.
28 Vgl. insbesondere RGSt 26, 99.
29 RGSt 25, 362.
30 In RGSt 28, 113.
31 BGHSt 31, 140, 143; vgl. dazu auch Anm. *Fezer*, JZ 1983, 355 f.

lich einwandfrei sei[32], ob dieser vor allem sein Ermessen erkannt und ausgeübt habe und ob eine Ermessensüberschreitung vorliege[33]. Nur in solchen Fällen der rechtlich fehlerhaften Ermessensausübung hat die Verfahrensrüge Erfolg. Ob die tatsächlichen Feststellungen wirklich zutreffend sind oder nicht, prüft der BGH in solchen Fällen auch heute nicht nach.

Es ist insbesondere das Verdienst von *Herdegen*, herausgearbeitet zu haben, daß diese Beschränkung der revisionsgerichtlichen Prüfungskompetenz bisher nicht plausibel erklärt wurde und auch nicht plausibel erklärt werden kann[34]. *Herdegen* kommt zur grundsätzlichen Auffassung[35], daß das Revisionsgericht notfalls im Wege des Freibeweises selbst klären muß, ob die vom Revisionsführer zur Begründung der Verfahrensrügen in Fällen vorstehender Art vorgetragenen Tatsachenbehauptungen zutreffend sind oder nicht.

Dies soll hier nicht weiter verfolgt werden. Diese über hundertjährige Rechtsprechungstradition zeigt jedenfalls, daß von Anfang an die klare revisionsrechtliche Systematik verwischt wurde, indem dem Revisionsgericht die Überprüfung tatsächlicher Umstände zum Nachweis von Verfahrensrügen auch dort vorenthalten wurde, wo diese nicht die Grundlage des Schuldspruchs bildeten. Die Revisionsgerichte hatten daher auch nach 1945 von vornherein nicht den freien Blick, die im Regelungsbereich der §§ 244 II und 261 sich allmählich konkretisierenden neuartigen Verfahrenspflichten revisionsrechtlich zu bewältigen.

---

32 Sehr deutlich z. B. BGH MDR 1980, 630.

33 Solche Entscheidungen, wie sie etwa *Herdegen*, FS f. *Kleinknecht* (Fn. 6), S. 186, Fn. 75 zitiert, stehen entgegen *Herdegen* m.E. auch nicht in Widerspruch zur Grundaussage dieser Rechtsprechung. Auch soweit die tatsächliche Grundlage bei der Anwendung einer Verfahrensnorm beanstandet wird, stellt dies nach Auffassung der Rechtsprechung eine *rechtliche* Überprüfung der Ermessensausübung dar. Eine eigene Tatsachenfeststellung nimmt das Revisionsgericht auch in diesen Fällen nicht vor.

34 *Herdegen*, FS f. *Kleinknecht* (Fn. 6), S. 184 ff.; ebenso im Erg. *Paeffgen*, „Ermessen" und Kontrolle, in: FS f. *Karl Peters*, 1984, S. 61, 89.

35 *Herdegen*, FS f. *Kleinknecht* (Fn. 6), S. 186 ff.; anders immer noch die überwiegende Meinung im Schrifttum, die weiterhin die Linie der Rechtsprechung verfolgt, vgl. z. B. *Hanack*, in: *Löwe/Rosenberg*, § 337, Rn. 87 ff. (anders aber Rn. 39–41 zur Frage der Verhandlungsfähigkeit); *Pikart*, in: Karlsruher Kommentar, § 337, Rn. 31; *Paulus*, in: KMR, § 337, Rn. 23 ff.; *Kleinknecht/Meyer*, § 337, Rn. 16.

## IV.

Die Analyse der wenigen einschlägigen Entscheidungen offenbart die aus heutiger Sicht beträchtlichen Argumentationsschwierigkeiten und -brüche:

*OGHSt 3, 59:* Dies ist (soweit ersichtlich) die erste Entscheidung, in der die Rüge der „Nichtausschöpfung" eines Beweismittels in der Hauptverhandlung zu behandeln war. Der Rüge der Verletzung des § 261 lag die Beanstandung zugrunde, das Gericht habe zwei Zeugen eine bestimmte Frage nicht gestellt. Der OGH steht bei der Einordnung dieser Rüge noch ganz in der Tradition des Reichsgerichts: Diese Rüge ziele darauf ab, „das Schwurgericht habe die Grenzen der richterlichen Überzeugungsfreiheit durch Verletzung der richterlichen Aufklärungspflicht überschritten". Im Anschluß an die (nicht weiter zitierte) Reichsgerichtsrechtsprechung zum Aufklärungsverstoß heißt es weiter: „Schon der Rüge, daß der Richter hätte weitere Beweismittel benutzen müssen, hat die Rechtsprechung mit Recht enge Grenzen gezogen, weil die Überzeugungsfreiheit des Tatrichters gewahrt bleiben muß. Das gilt erst recht dann, wenn, wie hier, gerügt wird, der Richter hätte aus den *benutzten* Beweismitteln ein bestimmtes weiteres Ergebnis erzielen können und müssen. Während nämlich im ersten Fall feststeht, daß das betreffende Beweismittel nicht benutzt ist, kann das Revisionsgericht im zweiten Falle oft – so auch hier – gar nicht erkennen, ob der Tatrichter den vermißten Aufklärungsversuch nicht bereits vergeblich unternommen hat."

Insgesamt wird die Unüberprüfbarkeit mit dem Grundsatz des § 261 begründet und darüber hinaus mit der fehlenden Nachweismöglichkeit, weil im Urteil nicht festgehalten sei (und auch nicht festgehalten werden müsse), ob der Richter an den Zeugen eine bestimmte Frage gestellt hat. Eine Nachprüfung über die Urteilsgründe hinaus lag also jenseits der Vorstellungen des OGH[36].

*BGHSt 15, 347:* Die Revisionsrüge hatte folgenden Inhalt: Der Ermittlungsrichter habe sich in der Hauptverhandlung auf einen formfreien Vorhalt hin nicht erinnert. Trotzdem habe das Gericht den Inhalt der vorgehaltenen Vernehmungsniederschriften verwendet (wobei einem Urkundenbeweis § 252 entgegenstehe). Gerügt wird

36 Diese Entscheidung hat in der BGH-Rechtsprechung keine Fortwirkung erlebt.

hier nach Auffassung des BGH die Verletzung des § 252, in Wirklichkeit handelt es sich aber um die Verletzung des § 261: Wären die vom Beschwerdeführer vorgetragenen Tatsachen zutreffend, hätte der Tatrichter ein Beweisergebnis verwertet, das nicht auf zulässige Weise zum Gegenstand der Hauptverhandlung gemacht wurde. Ein solches Vorgehen verbietet § 261, so daß ein Verfahrensverstoß vorliegen würde. Zu dessen Nachweis wäre folgende Beweisaufnahme geboten: Vernehmung der Verfahrensbeteiligten (u. U. unter Verwendung ihrer privaten Aufzeichnungen) darüber, ob sich der Ermittlungsrichter an das ihm Vorgehaltene erinnerte oder nicht.

Der BGH läßt diese Beweiserhebung nicht zu. Die Begründung liegt schon im Ansatz schief: Die Revision erhebe nicht den Vorwurf, „die Strafkammer habe die Beweiserhebung als solche nicht dem Gesetz entsprechend durchgeführt". Gerade darum geht es aber in Wirklichkeit: § 261 schreibt nämlich dem Tatrichter vor, daß er seine Überzeugung aus dem Inbegriff der Hauptverhandlung zu schöpfen habe und verbietet ihm, Beweise zu berücksichtigen, die nicht (auf zulässige Weise) zum Gegenstand der Hauptverhandlung gemacht worden sind. Wenn der Tatrichter diese nicht beachtet, dann hat er die Feststellung der Tatsachen nicht dem Gesetz entsprechend vorgenommen. Der BGH fährt nun fort: Das Beweisvorbringen ziele dahin, durch eine Art Wiederholung und Ergänzung eines Abschnitts der Beweisaufnahme darzutun, daß der Tatrichter das Ergebnis der Hauptverhandlung unrichtig gewürdigt und festgestellt habe. Einer solchen Überprüfung stehe § 261 entgegen: Über das Ergebnis der Beweisaufnahme entscheide allein der Tatrichter nach seinen freien „aus dem Inbegriff der Verhandlung" (!) geschöpften Überzeugung. Das so gewonnene Beweisergebnis sei auch für das Revisionsgericht bindend.

Diese Überlegung wird zunächst einmal der Verfahrensvorschrift des § 261 nicht gerecht: Sie gewährt dem Tatrichter nicht nur die Freiheit der Würdigung, sondern sie schreibt ihm auch vor, daß er nichts berücksichtigen darf, was nicht zum Inbegriff der Hauptverhandlung gehört und daß er auf der anderen Seite *alles* berücksichtigen muß, was Gegenstand der Hauptverhandlung war. Erst damit ist die rechtlich einwandfreie Grundlage für eine „freie Würdigung" geschaffen. Der Hinweis auf die Bindung des Revisionsrichters an das allein vom Tatrichter gem. § 261 in freier Würdigung festzustellende

Ergebnis der Hauptverhandlung stellt noch einmal einen „Rückfall" dar in die Vorstellung, durch § 261 sei die Beweisaufnahme inhaltlich jeder Kontrolle (auch was ihre Vollständigkeit betrifft) entzogen. Vor allem argumentiert der BGH wieder aus der Perspektive der generellen Bindung des Revisionsgerichts an die tatrichterlichen Feststellungen, die einen direkten Angriff gegen die Richtigkeit der Feststellungen verbiete. Aber um einen *solchen* Angriff geht es vorliegend nicht.

In dem parallel gelagerten Fall BGHSt 21, 149 hat der BGH die Verfahrensrüge („Verstoß gegen §§ 252, 261 StPO") nur deswegen für zulässig erachtet, weil aus den Urteilsgründen selbst zu entnehmen war, daß das Gericht nicht auf die Bekundungen des Ermittlungsrichters, sondern unmittelbar auf die polizeiliche Aussage des zeugnisverweigerungsberechtigten Zeugen zurückgegriffen hatte.

*BGHSt 17, 351:* Die Verfahrensrüge hatte folgenden Inhalt: Das Gericht habe in der Hauptverhandlung einem Zeugen dessen abweichende frühere polizeiliche Aussage nicht vorgehalten. Gerügt wird damit die Verletzung des § 244 II: Danach ist der Tatrichter auch verpflichtet, einem Zeugen dessen abweichende polizeiliche Aussage in der Hauptverhandlung vorzuhalten, wenn das Verhalten des Zeugen in der Hauptverhandlung oder Widersprüche in den Aussagen Bedenken hinsichtlich der Glaubwürdigkeit erzeugen. Zum Nachweis der Verletzung des § 244 II wäre folgende Beweisaufnahme geboten: Vernehmung der Verfahrensbeteiligten (und eventuell dienstliche Äußerungen), ob dieser Vorhalt erfolgt ist.

Der BGH hat eine solche revisionsgerichtliche Beweisaufnahme über Einzelheiten der tatrichterlichen Beweisaufnahme, also über Vorgänge in der Hauptverhandlung, für unzulässig erachtet, weil dies der „Ordnung des Revisionsverfahrens" widerspreche. Was damit gemeint ist, wird nicht erläutert. Der folgende Satz ist dann strukturell nicht zutreffend: Die Rüge, der Tatrichter habe einem Zeugen eine bestimmte Frage nicht gestellt, müsse in der Regel schon deswegen erfolglos bleiben, „weil kein Beweis für die Richtigkeit der Behauptung erbracht werden kann". Auch das ist nur auf der Grundlage der Auffassung richtig, für das Ergebnis der Beweisaufnahme sei ausschließlich der Urteilsinhalt maßgebend, eine andere Erkenntnisquelle komme nicht in Betracht. Das ist wiederum eine Aussage, die die Bindung des Revisionsgerichts an die tatsächlichen Feststellungen (im Urteil geschildert) vorschreibt.

Deutlicher wird dieses Mißverständnis noch in BGHSt 21, 149, 151: Was im Urteil „über das Ergebnis der Hauptverhandlung zur Tat- und Schuldfrage festgehalten ist, bindet das Revisionsgericht. Darüber ist kein Gegenbeweis zulässig (§ 337 StPO; ...)“[37]. Aus der Perspektive der Sachrüge ist diese Formulierung konsequent, insoweit kann auch § 337 herangezogen werden. Aus § 337 ergibt sich aber nicht, daß der Revisionsrichter im Rahmen einer Verfahrensrüge an den Inhalt der Urteilsgründe gebunden ist. Im Fall BGHSt 17, 351 wurde dann doch ausnahmsweise die Rüge für zulässig erachtet, weil der fehlende Vorhalt sich bereits aus den Urteilsgründen ergab[38].

*BGHSt 29, 18:* Die Rüge hatte folgende Inhalt: Aufgrund des Radarfotos könne nicht festgestellt werden, daß die abgebildete Person der Angeklagte sei. Das Foto lasse die vom Gericht getroffenen Feststellungen nicht zu. Gerügt wird damit ein Verstoß gegen § 261: Wäre die behauptete Tatsache wahr, würde der Überzeugungsbildung die notwendige äußere Grundlage fehlen (so BGHSt 29, 21 selbst). Folgende Beweisaufnahme wäre geboten: Das Revisionsgericht betrachtet das Radarfoto und überprüft dessen Eignung für ein vergleichendes Erkennen.

Nach Auffassung des BGH ist es dem Revisionsgericht jedoch nicht erlaubt, ein Radarfoto zu betrachten, sei es auch nur, um seine Eignung für eine Identitätsfeststellung zu überprüfen. Daß der Tatrichter die Verfahrensvorschrift des § 261 verletzen kann, sieht nun auch der BGH (Überzeugungsbildung dürfe nicht willkürlich sein, sie müsse die Beweise erschöpfend würdigen und aus dem Inbegriff der Hauptverhandlung, d. h. dem dort ausgebreiteten Beweismaterial gewonnen werden, sie müsse auch die „notwendige äußere Grundlage“ haben). Aber eine entsprechende Rüge sei nur zulässig, wenn der Verfahrensverstoß „ohne Rekonstruktion der Beweisaufnahme“ nachgewiesen werden könne (das sei z. B. der Fall, wenn eine protokollierte Aussage oder eine Urkunde abweichend von deren Wortlaut im Urteil gewürdigt werde). Das Radarfoto dürfe das Revisionsgericht nicht betrachten, weil damit ein Teil der Hauptverhandlung nachvollzogen werden müßte; eine eigene Auswertung des Fotos sei

37 Nach dieser Entscheidung können den Urteilsgründen nicht einmal anderslautende dienstliche Erklärungen der Hauptverhandlungsrichter entgegengehalten werden.

38 Ebenso neuerdings BGH StrV 1989, 423; KG StrV 1988, 518.

dem Revisionsgericht verschlossen. Eine nähere Begründung für das Verbot der „Rekonstruktion der Hauptverhandlung" wird nicht gegeben, insbesondere wird nicht plausibel, warum zwar eine Urkunde gelesen, aber kein Lichtbild betrachtet werden darf. Der Sache nach kommt im Verbot der Rekonstruktion der Hauptverhandlung wieder die Bindung an die Feststellungen zum Ausdruck, wie sie der Kontrolle des sachlichen Rechts angemessen ist.

Zusammenfassend ist zur bisherigen Rechtsprechung zu bemerken:

- In den ersten Entscheidungen ist es der Rechtsprechung noch schwergefallen, die in § 261 angelegten Bindungen und Verpflichtungen hinsichtlich der zulässigen oder gebotenen Würdigungs*grundlagen* von der Freiheit des Würdigungs*vorgangs* zu trennen. Mit dieser Freiheit wird eine Überprüfung des tatsächlichen Rahmens oder der Grundlage der Würdigung für unvereinbar gehalten.
- Die Rüge, bei der Beweisaufnahme sei eine konkrete Verfahrensvorschrift verletzt worden, wird gleichgesetzt mit einem generellen Angriff gegen die Richtigkeit und Vollständigkeit der tatrichterlichen Feststellungen. Die Unüberprüfbarkeit dieser Feststellungen bzw. die generelle Bindung des Revisionsrichters an sie wird im Grunde genommen von der Sachrüge unbewußt auf die Verfahrensrüge übertragen. Anders ist das nicht weiter begründete „Rekonstruktionsverbot" nicht zu erklären.
- Ausnahmsweise wird die Rüge der Verletzung des § 244 II oder des § 261 für zulässig gehalten, soweit sich der Verfahrensverstoß aus den Urteilsgründen ergibt. Im übrigen wird wegen fehlender Nachweisbarkeit eine Unzulässigkeit der Rüge angenommen.
- Der in BGHSt 17, 351 verwendete Begriff der „Ordnung des Revisionsverfahrens" wird nicht näher erläutert. Er taucht in dieser Entscheidung (soweit ich sehe) erstmals auf und kann eine Begründung für die Unzulässigkeit des Nachweises eines Verfahrensverstoßes nicht ersetzen[39]. In BGHSt 31, 140 wird der Widerspruch gegen die Ordnung des Revisionsverfahrens in der unzulässigen (teilweisen) Wiederholung der tatrichterlichen Verhandlung er-

39 Kritisch auch *Pfitzner*, a.a.O. (Fn. 10), S. 50.

blickt[40]. Aber auch in dieser Entscheidung wird nicht begründet, warum eine solche Wiederholung auch zum Nachweis eines Verfahrensverstoßes verboten sein soll.

- Nicht ohne weiteres konsequent ist die Berücksichtigung des Urteilsinhalts (oder von Urkunden): *Falls* dadurch eine Nachweismöglichkeit besteht, soll offenbar auch eine Ausnahme von der grundsätzlichen Unüberprüfbarkeit gemacht werden[41].

Die Betrachtung der historischen Entwicklung in der Rechtsprechung legt den Schluß nahe, daß der im System des Revisionsrechts in jüngerer Zeit zutage getretene Konflikt zwischen der Bindung an tatrichterliche Feststellungen und der Kontrolle von Verfahrensverstößen auch in tatsächlicher Hinsicht einseitig zugunsten einer Prüfungsbeschränkung der Revisionsgerichte gelöst wurde. Eine Erweiterung der Perspektive erscheint notwendig, d. h. mitzuberücksichtigen ist die Prüfungs*verpflichtung* des Revisionsgerichts[42]. Gemäß § 337 kann die Revision – ohne jede Einschränkung – auch darauf gestützt werden, daß der Tatrichter eine Verfahrensnorm nicht oder nicht richtig angewendet hat. Gemäß § 344 II 2 muß der Beschwerdeführer allerdings hierfür eine konkrete Tatsache angeben. Wenn die behauptete Tatsache zutrifft und sich aus ihr ergibt, daß der Tatrichter nicht im Einklang mit einer Verfahrensnorm gehandelt oder entschieden hat, ist die Verfahrensrüge begründet.

Der gesetzliche Prüfungsauftrag des Revisionsgerichts umfaßt also die Nachprüfung, ob die vom Revisionsführer behauptete verfahrensrechtlich relevante Tatsache zutrifft oder nicht. Die *Befugnis* eigener Tatsachenfeststellungen gehört genauso wesensmäßig zur Überprüfung des Verfahrensrechts, wie die *Bindung* an die tatrichterlichen Feststellungen wesensmäßig zur Überprüfung der *materiellen*

40 Ähnlich BGH StrV 1984, 185, 186: „Es würde der Ordnung des Revisionsverfahrens widersprechen, den Inhalt der Schlußvorträge ... zu rekonstruieren ...“.

41 Nicht konsequent ist es auch, den Nachweis der Verletzung des § 261 „mit anderen Mitteln“ zuzulassen, sofern dieser Verfahrensverstoß gleichzeitig eine Verletzung des Art. 103 I GG beinhaltet. Nach Auffassung von BGHSt 22, 26, 28 ff. ist „kein Grund ersichtlich, der es rechtfertigen könnte, deshalb die Entscheidung über das Vorliegen des Verfahrensmangels dem Bundesverfassungsgericht vorzubehalten“. Zustimmend zu dieser Entscheidung *Hanack*, JZ 1972, 315; JZ 1973, 729 (vgl. auch in: *Löwe/Rosenberg*, § 337, Rn. 75).

42 In dieser Richtung auch *Peters*, JR 1980, 170 zu BGHSt 29, 18.

Rechtsanwendung gehört[43]. Beides hat prinzipiell nichts miteinander zu tun. Wer die Bindung an die tatsächlichen Feststellungen im Bereich der Sachrüge in Frage stellt, der erlaubt die – an keine Verfahrensrüge gebundene – Beanstandung, die Feststellungen seien falsch oder unvollständig, und begründet damit eine entsprechende revisionsgerichtliche Überprüfungsbefugnis. Dies würde zu einer wesensmäßigen Veränderung der Revision hin zur Berufung führen. Wer auf der anderen Seite bei bestimmten Verfahrensrügen den Revisionsrichter an die tatsächlichen Feststellungen binden, ihm also eigene Tatsachenfeststellungen nicht erlauben will, verhindert damit eine vollständige Überprüfung der Verfahrensvorschriften mit der Folge, daß der Tatrichter Verfahrensverstöße begehen kann, ohne daß er insoweit revisionsgerichtlicher Kontrolle unterliegt. Mit einer Bindung an die tatrichterlichen Feststellungen kann eine solche Prüfungsbegrenzung prinzipiell nicht gerechtfertigt werden, und zwar[44] auch nicht bei Vorschriften, die nicht die äußere Form für eine Beweiserhebung regeln, sondern die inhaltliche Richtigkeit und Vollständigkeit der Beweisaufnahme garantieren sollen, wie insbesondere §§ 244 II, 261.

Auch wenn sich der Gesetzgeber von 1877 entsprechende tatrichterliche Verpflichtungen und also auch entsprechende Verfahrensverstöße nicht vorstellen konnte, bleibt es doch zumindest bei der in den Motiven getroffenen Einschränkung, daß Feststellungen den Revisionsrichter binden, *soweit* sie verfahrensrechtlich einwandfrei zustande gekommen sind. Sonst wäre der Revisionsrichter – überspitzt formuliert – an das gebunden, was er überprüfen soll. Mit der Rüge der Verletzung des § 244 II oder des § 261 ist also die Beanstandung verbunden und darf auch verbunden werden, daß die tatrichterlichen Feststellungen in einem ganz *konkreten Punkt* nicht einwandfrei sind. Mit einer (in der Tat unzulässigen) *generellen*, d. h. außerhalb einer konkreten Verfahrensrüge liegenden Beanstandung, die tatrichterli-

43 Zu dem Ergebnis auch *Pfitzner*, a.a.O. (Fn. 10), S. 143. Dagegen erscheint der Vorschlag von *Paeffgen*, a.a.O. (Fn. 34), S. 89 f., die tatsächlichen Feststellungen – jedenfalls unter bestimmten Voraussetzungen – über die *Sachrüge* der Revision zugänglich zu machen, verfehlt.

44 Entgegen meiner früheren Auffassung in: Strafprozeßrecht, Bd. II, 20/45 ff. und in NStZ 1983, 278.

chen Feststellungen seien inhaltlich nicht richtig, hat dies wiederum prinzipiell nichts zu tun[45]. Insgesamt liegt also die Einseitigkeit der Entwicklung der revisionsgerichtlichen Rechtsprechung darin, daß diese bei vielen Verfahrensrügen (auch über §§ 244 II, 261 hinaus) von vornherein die Bindung an die tatrichterlichen Feststellungen postuliert, anstatt zunächst einmal vom Prüfungsauftrag des Revisionsgerichts her nach der *Befugnis* zu fragen, eine inhaltliche Begrenzung der revisionsgerichtlichen Prüfung vorzunehmen. Eine solche Befugnis oder wenigstens die unumgängliche Notwendigkeit dieser Prüfungsbegrenzung hat die Rechtsprechung bisher nicht begründen können[46].

## V.

Wenden wir uns nun wieder *Hanack* zu, der zwar im Ergebnis den einschlägigen Entscheidungen grundsätzlich zustimmt, der aber doch (erstmals) versucht, das sog. Rekonstruktionsverbot vom System des Rechtsmittelrechts her zu rechtfertigen und – im Sinne eines Verbots des „Gegenbeweises" – einzuschränken und wesentlich zu konkretisieren. Danach ist eine Beweisaufnahme durch das Revisionsgericht

45 Dies trennt auch *Herdegen*, in: FS f. *Kleinknecht* (Fn. 6), S. 189 nicht richtig: Nach seiner Auffassung greifen Rügen, mit welchen z. B. geltend gemacht wird, ein Vorhalt sei nicht gemacht worden, die Urteilsfeststellungen als falsch oder lückenhaft an, richten sich also „unmittelbar gegen diese Feststellungen". Ein Verstoß gegen verfahrensrechtliche Bestimmungen werde dem Tatrichter in diesem Fall nicht vorgeworfen. Genau dies geschieht doch aber bei einer Rüge der Verletzung des § 244 II oder des § 261!

46 Auch *Gössels* Ansatz zur Begründung einer Prüfungsbeschränkung erscheint nicht überzeugend (Die Nachprüfung von Tatsachenfeststellungen in der Revisionsinstanz in Strafsachen, in: *Schlosser* u. a., Tatsachenfeststellung in der Revisionsinstanz, 1982, S. 117 ff.). Er leitet aus seiner teleologischen Auslegung des § 261 die These ab (S. 128 ff.), daß die von den Beweismitteln ausgehenden unmittelbaren Eindrücke und Wirkungen, die den dezisionistisch-irrationalen Teil der Überzeugungsbildung maßgeblich beeinflußten, nicht vom Revisionsgericht überprüfbar seien. Daraus folgert er, daß die faktische Wahrnehmung der Beweismittel sowie die faktische Würdigung stets von der Revision ausgeschlossen sei. *Gössel* vernachlässigt mit diesem Ansatz die gebotene Trennung von Würdigungs*grundlagen* und Würdigungs*vorgang*. Die Freiheit der Beweiswürdigung hat nichts damit zu tun, daß etwaige Mißverständnisse des Tatrichters bei der „faktischen Wahrnehmung" von Zeugenaussagen usw. nicht überprüfbar sein sollen.

nicht verboten, soweit sie sich auf die *Form* und das äußere Geschehen der tatrichterlichen Hauptverhandlung bezieht, sondern nur, soweit über den *Inhalt* der tatrichterlichen Beweisaufnahme Beweis erhoben werden soll; nur insoweit ist also ein „Gegenbeweis" nicht zulässig.

1. *Hanacks* zentraler Begründungsansatz[47] lautet zusammengefaßt etwa so[48]: Die Beweisaufnahme zur Aufklärung von Verfahrensrügen habe dort ihre Grenze, wo sie zum *Gegenbeweis* gegen die Urteilsfeststellungen über die Ergebnisse der Beweisaufnahme (nicht über die benutzten Beweismittel) führen müßte. Das Revisionsgericht sei für die Beweisaufnahme zur Schuld- und Straffrage weder zuständig noch kompetent, und es dürfe eine solche Beweisaufnahme daher nicht auf dem Weg über die Verfahrensrüge in der Form des Gegenbeweises vornehmen. Die Ergebnisse der Beweisaufnahme festzustellen und zu würdigen, sei nach der Struktur des Verfahrensrechts Sache des Tatrichters, der sich darüber im Urteil zu äußern habe. Was in ihm zur Schuld- und Straffrage festgestellt sei, binde daher insoweit bei der Verfahrensrüge das Revisionsgericht[49]. Eine andere Auffassung müßte zu einer tatrichterlichen Entscheidungskompetenz führen, die in dieser Form seinen Aufgaben widerstreite. Aufgabe des Revisionsgerichts sei es, die tatrichterliche Entscheidung auf Rechtsfehler hin zu überprüfen. Diese Aufgabenstellung folge aus dem gesetzlichen Charakter des Rechtsmittels[50]. So verstanden beruhe die Einrichtung der Revision auch auf einer Art Arbeitsteilung zwischen Tatrichter und Revisionsgericht: Die Aufgabe, das Tatsächliche festzustellen, sich eine Überzeugung von der Schuld oder Nichterweislichkeit der Schuld des Angeklagten zu bilden, sei allein dem Tatrichter gestattet. Nur er habe hierzu die Macht und auch die zuverlässigen Mittel. Darum trage er für diesen Bereich auch die Verantwortung. Das Revisionsgericht, das nicht aus dem Inbegriff der Hauptverhandlung schöpft, könne und dürfe sie ihm nicht abnehmen.

Dazu ist folgendes anzumerken: Diese Begründung belegt zu-

47 In: *Löwe/Rosenberg*, § 337, Rn. 77f.; vor § 333, Rn. 5.

48 Auf weitere Argumente ist anschließend unter 3. noch einzugehen.

49 Zitiert werden an dieser Stelle folgende Entscheidungen: BGHSt 17, 351; 21, 149; 29, 18; 31, 139.

50 *Hanack* verweist dabei auf Rn. 2 vor § 333, wo er auch die Motive zitiert.

nächst einmal die Notwendigkeit der Bindung des Revisionsrichters an die tatrichterlichen Feststellungen, soweit es um die Überprüfung des materiellen Rechts geht. Der Revisionsrichter kann nicht von anderen Feststellungen ausgehen oder durch eigene Beweiserhebung andere Feststellungen treffen (er würde sich sonst wirklich „tatrichterliche Kompetenzen" anmaßen). Insoweit ist die Bindung an die tatrichterlichen Feststellungen systematisch unerläßlich; denn damit wird die Grenze zwischen Berufung und Revision gezogen.

Nach wie vor nicht nachgewiesen erscheint mir aber die *Notwendigkeit* der Bindung an den vom Tatrichter im Urteil dargestellten Inhalt der Beweisaufnahme, wenn es um den Nachweis von Verfahrensverstößen geht. Ich frage mich, ob es insoweit eine Arbeitsteilung oder Verantwortungsteilung geben kann: Was die Einhaltung der Verfahrensvorschriften[51] betrifft, so trägt der Revisionsrichter auf entsprechende Rüge hin die letzte Verantwortung; er kann sie nicht mit dem zu Kontrollierenden teilen. Vielmehr wird er gehindert, seine Kontrollaufgaben zu erfüllen, wenn ihm bei manchen Verfahrensrügen eine Beweisaufnahme, d. h. eine Nachweismöglichkeit nicht gestattet wird. Wenn er über Vorgänge in der Hauptverhandlung Beweis erhebt (etwa wissen will, wer welche Worte gesprochen hat), stellt dies m.E. auch keinen „Gegenbeweis" gegen die tatrichterlichen Feststellungen dar. Diese Formulierung ist nicht geeignet, das Verbot der Rekonstruktion zu begründen, denn dies setzt voraus, daß auf *derselben Ebene*, auf der die „Beweisführung" – nämlich zur Tat- und Schuldfrage – erfolgt, eine („Gegen"-)Beweiserhebung zur Entkräftung der erhobenen Beweise stattfindet. Ein solcher unzulässiger Gegenbeweis würde z. B. dann vorliegen, wenn der Revisionsführer – ganz generell – vorträgt, die tatrichterlichen Feststellungen seien falsch, und er für diese Behauptung Beweise anbietet. Soll jedoch mit der Rekonstruktion der Hauptverhandlung ein konkreter Verfahrensverstoß nachgewiesen werden, so ist dies eine Beweiserhebung auf anderer Ebene, die sich nicht unmittelbar „gegen" die tatsächlichen Feststellungen richtet. Falls der Verfahrensverstoß bewiesen wird, kann dies allerdings dazu führen, daß sich die Feststellungen als unrichtig herausstellen. Von solchen Feststellungen könnte dann aber auch keine „Bindungswirkung" ausgehen.

51 Kritisch zum Aspekt der Verantwortungsteilung auch *Rieß*, GA 1978, 270.

Voraussetzung für eine Bindung an die tatrichterlichen Feststellungen ist somit, daß sie verfahrensrechtlich einwandfrei zustande gekommen sind. Der Nachweis eines Verfahrensfehlers stellt für mich keine unzulässige Umgehung des Verbotes des Gegenbeweises dar. Vielmehr erhebt der Revisionsrichter nachträglich Beweis über Hauptverhandlungsvorgänge, (nicht um zu beweisen, daß die Feststellungen falsch sind, sondern) um zu beweisen, daß der Tatrichter bei der Herstellung der Beweisgrundlage einen Verfahrensfehler begangen hat. Er maßt sich dabei keine tatrichterliche Entscheidungskompetenz an, sondern macht von seiner ausschließlichen und unteilbaren Prüfungskompetenz Gebrauch. Ein Verbot der Rekonstruktion der Hauptverhandlung behindert den Prüfungsauftrag des Revisionsgerichts bei manchen Verfahrensrügen beträchtlich – einen systematisch zwingenden Grund für diese Behinderung vermag ich auch *Hanacks* Begründungsansatz nicht zu entnehmen.

2. *Hanack* stützt sich zum Nachweis seiner Grundthese ferner auf die – auch sonst häufig apostrophierte – relative Unzuverlässigkeit des Freibeweisverfahrens[52]: Mit den Mitteln des Freibeweises sei es „allzuoft nicht sicher möglich", die tatrichterlichen Feststellungen zur Schuldfrage „im Sinne des Gegenbeweises" zuverlässig zu rekonstruieren. Den Inhalt der Beweisaufnahme (also insbesondere, welche Fragen der Vorsitzende bei einer Vernehmung dem Angeklagten oder einem Zeugen gestellt hat und was diese Personen geantwortet haben) nachträglich mittels dienstlicher Äußerungen der Verfahrensbeteiligten zu überprüfen, ist für *Hanack* (wie für viele andere auch) „unannehmbar". Nur: Den Inhalt einer tatrichterlichen Beweisaufnahme vor dem Revisionsgericht zu rekonstruieren, mag zwar tatsächlich schwierig sein, von vornherein und prinzipiell unmöglich ist das jedoch nicht. Nur eine völlig fehlende Nachweismöglichkeit könnte aber ein selbständiges Argument für ein „Rekonstruktionsverbot" darstellen. Die bloßen faktischen Schwierigkeiten, die mit einer freibeweislichen Beweisaufnahme vor dem Revisionsgericht verbunden sind, können eine aus rechtssystematischen Gründen zulässige und gebotene Überprüfung von Verfahrensvorschriften nicht verbieten.

---

52 *Hanack*, in: *Löwe/Rosenberg*, § 337, Rn. 78; vgl. auch *Herdegen*, in: Karlsruher Kommentar, § 244, Rn. 39; ferner *Willms*, in: Ehrengabe f. *Bruno Heusinger*, 1968, S. 404.

Allein aus der Unterschiedlichkeit zwischen Strengbeweisverfahren und Freibeweisverfahren kann das Verbot nicht hergeleitet werden[53]; im übrigen ist in der Vergangenheit dieser Gegensatz im Sinne einer Idealisierung des Strengbeweisverfahrens und im Sinne einer Unterbewertung des Freibeweisverfahrens gelegentlich übertrieben dargestellt worden. Das Freibeweisverfahren ist nicht von vornherein auf eine qualitativ schlechtere Beweiserhebung beschränkt. Wenn der auch den Revisionsrichter verpflichtende Amtsaufklärungsgrundsatz[54] es gebietet, muß auch das Revisionsgericht von der qualitativ besten Beweismöglichkeit Gebrauch machen, und das wären mündliche Vernehmungen in der Revisionshauptverhandlung.

Wenn *Hanack* im Zusammenhang mit der angeblichen großen Unzuverlässigkeit der revisionsgerichtlichen Nachweismöglichkeiten von Verfahrensfehlern darauf hinweist, daß die sachliche Richtigkeit der Urteilsaufhebungen schwerwiegend gefährdet wäre, so ist ihm folgende revisionsrechtliche Vergleichssituation entgegenzuhalten: Wird im Anwendungsbereich der sog. „Darstellungsrüge" ein Urteil aufgehoben, dann ist prinzipiell fraglich, ob hinter den „Darstellungsfehlern" auch ein inhaltlicher Fehler des tatrichterlichen Urteils steht[55]. Würde dem Revisionsgericht über die bisherige Restriktion insbesondere bei der Aufklärungsrüge hinaus eine direkte Überprüfung eines Verfahrensfehlers zugänglich gemacht, dann wäre damit – trotz aller faktischer Beweisprobleme – eine zuverlässigere Aufhebungsgrundlage geschaffen.

Letztlich ist es *Hanack* auch nicht ganz widerspruchsfrei gelungen, sein rechtsmittelsystematisches Hauptargument eines Verbots des Gegenbeweises und das unter dem Stichwort „Freibeweisverfahren" geführte Nebenargument nebeneinander zu verwenden. *Hanack* beschränkt das Verbot des Gegenbeweises auf eine Beweisaufnahme darüber, was Inhalt der Beweisaufnahme in der Hauptverhandlung war, was also die dort ausgebreiteten Beweismittel (wozu auch die

53 Ebenso im Ergebnis *Pfitzner*, a.a.O. (Fn. 10), S. 145; vgl. auch *Paulus*, in: KMR, § 244, Rn. 360.

54 Auf den *Herdegen*, in: FS f. *Kleinknecht* (Fn. 6), S. 187 in diesem Zusammenhang zu Recht hinweist; vgl. im einzelnen *Pfitzner*, a.a.O. (Fn. 10), S. 37–42.

55 Insoweit gibt die gegenwärtige revisionsgerichtliche Praxis der sog. Darstellungsrüge auch Anlaß zu Bedenken, die *Hanack* selbst teilt (vgl. in: *Löwe/Rosenberg*, § 337, Rn. 129 f. und insbes. Rn. 82 zum Zusammenhang mit der „Protokollrüge").

Einlassung des Angeklagten gehört) erbracht haben[56]. Zulässig soll eine revisionsgerichtliche Rekonstruktion des äußeren Geschehens in der Hauptverhandlung sein, also etwa des Vortrags von Verteidiger und Staatsanwalt[57] – obwohl sich hier im Prinzip dieselben faktischen Nachweisschwierigkeiten zeigen wie bei Zeugenaussagen[58]. Auf der anderen Seite will es *Hanack* dem Revisionsrichter erlauben, den Inhalt einer in der Hauptverhandlung verlesenen Urkunde mit deren Wiedergabe im Urteil zu vergleichen (etwa um nachzuprüfen, ob der Tatrichter von einem zutreffenden Urkundeninhalt ausgegangen ist)[59]. Der Sache nach handelt es sich hier aber auch um eine inhaltliche Rekonstruktion der Beweisaufnahme, die wohl wegen der ausnahmsweise gegebenen Zuverlässigkeit des Nachweises zugelassen wird[60].

3. Schließlich begründet *Hanack* das Rekonstruktionsverbot mit dem Hinweis darauf, daß tatrichterliche Feststellungen zur Schuld- und Rechtsfolgenfrage selbst gegenüber der Freibeweisprüfung des Revisionsgerichts bei *Verfahrensvoraussetzungen* Vorrang genießen[61]. *Hanack* selbst rechtfertigt die Bindung des Revisionsgerichts an sog. doppelrelevante Tatsachen zunächst wieder mit dem Grundsatz der Verantwortungsteilung zwischen Tatrichter und Revisionsrichter, kann also für das Rekonstruktionsverbot insoweit noch ein weiteres Argument entwickeln. Zusätzlich weist er aber auf den Gesichtspunkt der „Widerspruchsfreiheit" hin. Hieran wird jedoch deutlich, daß die Bindungsproblematik bei doppelrelevanten Tatsachen eine andere ist als bei der Überprüfung von Verfahrensrügen: Bei der Feststellung etwa zur Tatzeit würde eine eigene Beweiserhebung des Revisionsgerichts *neben* die (u. U. verfahrensrechtlich ein-

---

56 *Hanack*, in: *Löwe/Rosenberg*, § 337, Rn. 75.

57 *Hanack*, in: *Löwe/Rosenberg*, § 337, Rn. 80.

58 Auch eine revisionsgerichtliche Beweisaufnahme darüber, ob der Vorsitzende dem Angeklagten einen unzulässigen Vorhalt gemacht hat, soll zulässig sein, soweit es die „Form der Beweisaufnahme" betrifft (*Hanack*, in: *Löwe/Rosenberg*, § 337, Rn. 75); welche Fälle hiermit gemeint sind, wird nicht ganz klar.

59 *Hanack*, in: *Löwe/Rosenberg*, § 337, Rn. 84.

60 Wie überhaupt *Hanack* – über die Rechtsprechung hinaus (und im Ergebnis zu Recht) – den Inhalt der Sitzungsniederschrift (gem. § 273 II und III) dem Revisionsgericht zum Vergleich mit den Urteilsgründen zugänglich machen will.

61 *Hanack*, in: *Löwe/Rosenberg*, § 337, Rn. 78 unter Hinweis auf Rn. 35.

wandfreie) Beweiserhebung des Tatrichters treten, so daß es zu einem Widerspruch kommen kann. Um diesen zu vermeiden, läßt sich eine Bindung durchaus rechtfertigen. Entscheidend aber ist, daß hier die Beweiserhebung nicht erfolgt, um nachzuprüfen, ob die Feststellungen des Tatrichters verfahrensrechtlich einwandfrei zustande gekommen sind. Die Problematik der Bindung an doppelrelevante Tatsachen liegt also gerade nicht darin, daß sich die Bindung auf solche Beweisergebnisse erstrecken soll, deren rechtmäßiges Zustandekommen durch das Revisionsgericht erst zu überprüfen ist.

## VI.

Wenn sich nach alledem das sog. Rekonstruktionsverbot nicht zwingend begründen läßt, wenn also die Befugnis des Revisionsgerichts, zum Nachweis der Verletzung der §§ 244 II und 261 auch über Vorgänge in der Hauptverhandlung Beweis zu erheben, nicht eingeschränkt werden darf, dann hat dies *praktische Auswirkungen*, vor denen die Augen nicht verschlossen werden dürfen[62]. Es ist eine Fülle von (bisher als unzulässig erachteten) Rügen denkbar, die an den Inhalt der Beweisaufnahme, insbesondere an einzelne Äußerungen in der Hauptverhandlung anknüpfen: Die Wiedergabe einer Aussage decke sich nicht mit ihrem wirklichen Inhalt (insbesondere: ein Zeuge habe sich erinnert / habe sich nicht erinnert), eine Einzelheit einer Aussage sei nicht bei der Urteilsfindung berücksichtigt worden oder habe den Tatrichter nicht veranlaßt, weitere Fragen zu stellen oder weitere Beweise zu erheben, der Vorsitzende habe bestimmte Vorhalte nicht gemacht oder bestimmte Fragen nicht gestellt etc. Zwar muß nicht jede dieser Rügen zwingend eine entsprechende Beweisaufnahme zur Folge haben, weil sie erst einmal eine Zulässigkeitsprüfung zu bestehen haben[63]. Aber es ist gar keine Frage, daß mit dem Wegfall des „Rekonstruktionsverbots" eine Arbeitsbelastung auf die

62 Diese Auswirkungen unterschätzt *Pfitzner*, a.a.O. (Fn. 10), S. 153 ff., der dem Revisionsgericht eine Beweisaufnahme (z. B. über den Inhalt einer Zeugenaussage) zum Nachweis von Verfahrensfehlern erlauben will, im Ergebnis also ein Rekonstruktionsverbot ebenfalls ablehnt (S. 150–162).

63 Die bekanntermaßen insbesondere bei der Aufklärungsrüge sehr streng sind, vgl. z. B. *Gollwitzer*, in: *Löwe/Rosenberg*, § 244, Rn. 345.

Revisionsgerichte zukäme, die kaum zu bewältigen wäre[64] und im Einzelfall (bei einer entsprechenden Rügenhäufung) auf den Versuch des Revisionsführers hinauslaufen könnte, praktisch eine Wiederholung der tatrichterlichen Hauptverhandlung vor dem Revisionsgericht zu erzwingen. Die Furcht vor solchen Folgen (die bisher unausgesprochen die Rechtsprechung bestimmt hat) darf allerdings nicht daran hindern, die strukturell gebotenen Konsequenzen zu ziehen, sonst bleibt es beim eingangs festgestellten „verborgenen" Systembruch im Revisionsrecht. Hier ist das revisionsrechtliche System dadurch wiederherzustellen, daß es die Existenz der Verfahrensrügen „Verletzung des § 244 II" und „Verletzung des § 261" und das damit verbundene Überprüfungsbedürfnis offen berücksichtigt. Und das bedeutet: In Fortführung der 1877 begonnenen Systematik muß erreicht werden, daß der Nachweis auch dieser (neuartigen) Verfahrensverstöße soweit wie möglich durch das Hauptverhandlungsprotokoll erfolgen kann, daß insbesondere also auch der *Inhalt* der Beweisaufnahme vollständig dokumentiert wird. Dann entfällt die den Verfahrensrügen prinzipiell unangemessene Bindung an die tatsächlichen Feststellungen im Urteil, die Urteilsgründe verlieren ihren (ebenfalls systematisch unangemessenen) „Anspruch", den Inhalt der Beweisaufnahme verbindlich zu dokumentieren[65]. Dann wird auch die sog. Darstellungsrüge zum Teil ihre Bedeutung einbüßen, die die Grenzen zwischen Sachrüge und Verfahrensrüge bedenklich verwischt hat[66].

Die in dieser Situation gebotene Forderung nach einem sog. Wortprotokoll ist vor allem im Zusammenhang mit den verschiedenartigen Überlegungen zur großen Rechtsmittelreform immer wieder erhoben worden[67]; sie ist mit dem (vorläufigen) Abschluß dieser Reformdis-

---

64 Vgl. z. B. *Dahs/Dahs*, Die Revision im Strafprozeß, 4. Aufl. 1987, Rn. 394 a.E.

65 Demgegenüber legt *Pfitzner*, a.a.O. (Fn. 10), S. 130 ff. nach wie vor das Schwergewicht auf die größtmögliche Ausführlichkeit der Urteilsgründe, ohne auf das Protokollierungsbedürfnis einzugehen.

66 Vgl. dazu *Hanack*, in: *Löwe/Rosenberg*, Rn. 10 ff. vor § 333; ferner *Gössel*, a.a.O. (Fn. 46), S. 123, 137.

67 Vgl. zusammenfassend *Fezer*, Möglichkeiten einer Reform der Revision in Strafsachen, 1975, S. 223 ff., 249 ff.; *Peters*, Gutachten C zum 52. DJT, 1978, 95 ff.; Sitzungsbericht L zum 52. DJT, 1978, S. 18; zur neueren Reformdiskussion vgl. Alternativentwurf, Novelle zur Strafprozeßordnung – Reform der Hauptverhandlung,

kussion (leider) verstummt. Angesichts der heutigen und künftigen technischen Möglichkeiten der elektronischen Datenverarbeitung müßte die Frage des Wortprotokolls ohnedies neu gestellt werden.

Eine vollständige Dokumentation des Inhalts der Beweisaufnahme würde eine eigene Beweiserhebung durch das Revisionsgericht zum Nachweis der Rüge der Verletzung des § 244 II und des § 261 überflüssig machen, soweit es darum geht, ob ein bestimmtes, im Urteil ersichtlich verwertetes Beweisergebnis tatsächlich auch Gegenstand der Hauptverhandlung war, bzw. ob eine im Urteil wiedergegebene Aussage eines Zeugen, Sachverständigen oder Angeklagten tatsächlich so in der Hauptverhandlung gemacht worden ist. Soweit eine fehlerhafte Überzeugungsbildung gerügt wird, weil der Tatrichter eine konkrete Beweistatsache nicht berücksichtigt, nicht richtig verstanden oder etwa falsche Schlüsse gezogen habe, müßte allerdings weiterhin auf die Urteilsgründe als allein maßgebliche Dokumentation des Überzeugungsbildungsvorgangs zurückgegriffen werden. Insoweit verbietet sich eine revisionsgerichtliche Beweisaufnahme über den „eigentlichen“ Erkenntnisbildungsvorgang, also etwa eine Vernehmung des Tatrichters darüber, ob er eine konkrete Beweistatsache gedanklich mitberücksichtigt hat oder nicht. Denn zum einen ist schon kaum möglich, den richterlichen Entscheidungsvorgang so zu rekonstruieren, wie er „wirklich“ war. Nur der Tatrichter selber käme hier als Beweismittel in Betracht; er hätte im Hinblick auf eine konkrete Revisionsrüge stets die Möglichkeit, seine – fehlerhafte – Urteilsbegründung nachträglich „nachzubessern“. Das widerspräche der Funktion der Urteilsgründe, Rechtssicherheit zu gewährleisten und eine Richtigkeitskontrolle zu ermöglichen[68]. Zum anderen ist der Tatrichter auch aus prinzipiellen Gründen gar nicht in der Lage, alle Faktoren, die seine Überzeugungsbildung tatsächlich beeinflußt haben, darzulegen, da der Entscheidungsvorgang stets von außerjuristischen Determinanten mitbeeinflußt wird, über die sich der Richter in

1985, § 273 (S. 79ff.): Inhaltsprotokoll zur „Verbesserung der Kommunikationsstruktur in der Hauptverhandlung“; die Konsequenzen für das Revisionsrecht werden hier nur angedeutet (S. 83).

68 Vgl. allgemein zur Funktion juristischer Entscheidungsbegründungen *Koch/Rüßmann*, Juristische Begründungslehre, 1982, S. 112ff.

der Regel gar nicht bewußt ist[69]. Vor allem aber ist die Frage, ob die Urteilsgründe den „wahren" Prozeß der Überzeugungsbildung wiedergeben, im Hinblick auf eine juristische Überprüfung auch irrelevant; intersubjektiv überprüfbar und damit als Maßstab für die Richtigkeit einer gefundenen Entscheidung tauglich sind nur die mitgeteilten Entscheidungsgründe[70].

69 Vgl. etwa *Rottleuthner*, Richterliches Handeln, 1973; zum Vorgang der Überzeugungsbildung, der sich nicht als vollständig rationaler Deduktionsvorgang beschreiben läßt, vgl. *Käßer*, Wahrheitsfindung im Strafprozeß, 1974, insbes. S. 18 ff.; *Hetzer*, Wahrheitsfindung im Strafprozeß, 1982, insbes. S. 227 ff.

70 *Koch/Rüßmann*, a.a.O. (Fn. 68), S. 116.

*Peter Rieß*

# Hinweise an den Tatrichter bei der Zurückverweisung durch das Revisionsgericht

## I. Einleitung

Bei Revisionsentscheidungen des BGH, die die Sache gemäß § 354 Abs. 2 StPO an den Tatrichter zur erneuten Verhandlung und Entscheidung zurückverweisen, finden sich auch bei den in der sog. amtlichen Sammlung abgedruckten Entscheidungsgründen Passagen, in denen das Revisionsgericht dem neuen Tatrichter „Ratschläge" erteilt[1]. In den Fachzeitschriften abgedruckte Entscheidungsgründe zeigen ein ähnliches Bild. Es kommen auch Fälle vor, in denen die eigentlich „veröffentlichungswürdigen" Rechtsmeinungen in diesen Ratschlägen stecken[2]; sonderlich häufig ist dies freilich nicht. Bei der regelmäßigen Lektüre aller, auch der unveröffentlichten Entscheidungen oder Begründungspassagen, entsteht der Eindruck, daß solche Hinweise häufig und in recht differenzierter Form vorkommen. Soweit ersichtlich, haben sie im revisionsrechtlichen Schrifttum bisher keine sonderliche Beachtung erfahren[3]; rechtlich gesehen handelt es

1 Vgl. z. B. (aus den Bänden 34 bis 36, Heft 2) BGHSt. 34, 15 (21); 34, 29 (33); 34, 82 (83 letzter Satz); 34, 204 (208 unter 4); 34, 221 (222 f unter III); 34, 329 (333); 35, 6 (11); 35, 21 (27); 35, 172 (177); 35, 184 (187 letzter Absatz); 35, 333 (339 letzter Absatz); 36, 1 (20 unter E); 36, 21 (26 unter III); 36, 68 (73 unter 4).

2 Vgl. z. B. BGHSt. 34, 221 (222 unter III) – Konkursstraftaten des Geschäftsführers; 35, 172 (177) – Anrechnung ausländischer Strafe (wo der 2. Leitsatz im Hinweis begründet wird); BGH NStZ 1988, 272 – Verwendung von Scheinrechnungen (Beschränkung des veröffentlichten Teils der Entschädigung auf den Hinweis); BGH NStZ 1989, 17 = JR 1989, 336 m. Anm. *Blau* – indizielle Bedeutung des Blutalkoholwertes; BGH NJW 1989, 2479 (2481 unter III) – Verhältnis von Notwehr und Notstand.

3 Vgl. aber die kurze Erwähnung bei *LR-Hanack* 24. Aufl., 1986, § 358 Rdn. 8; *KK-Pikart*, 2. Aufl., 1987, § 358 Rdn. 6 (m.w.N. zur grundsätzlich fehlenden Bindungs-

sich wohl um einen Teilbereich der nicht im Sinne des § 358 Abs. 1 StPO bindenden sog. obiter dicta in einem, wie vermutet werden kann, spezifischen und näher klärungsbedürftigen Funktionszusammenhang.

In der nachfolgenden Studie soll dem Phänomen solcher Hinweise des Revisionsgerichts an den Tatrichter auf einer empirischen und eher induktiven Basis näher nachgegangen werden. Es soll danach gefragt werden, wie oft solche Hinweise vorkommen, in welchen Zusammenhängen sie stehen und welche Zielrichtung und welchen Inhalt sie haben. Daraus soll der Ansatz einer mehr deskriptiven Phänomenologie entstehen; eine vollständige systematische Erfassung ist nicht beabsichtigt.

Wegen der Vielgestaltigkeit solcher Hinweise ist bei einer rein quantitativen Erfassung nur eine Zuordnung zu eher allgemeinen und groben Variablen und auch dabei gelegentlich nicht ohne subjektive Wertung möglich, die das Phänomen für sich allein nicht vollständig erfaßt. Die mehr quantitative Analyse wurde deshalb durch eine mit Beispielen angereicherte eher intuitive Gruppenbildung ergänzt. Sozialwissenschaftlich gesehen handelt es sich daher vielfach eher um „weiche" als um „harte" Daten. Repräsentativität ist nur insoweit angestrebt worden, als für die beiden Untersuchungszeiträume das in Betracht kommende Material, nämlich zurückverweisende Revisionsentscheidungen aller Strafsenate des BGH, vollständig erfaßt worden ist[4].

---

wirkung; dazu auch BGHSt. 33, 172, 174); ferner *Rieß*, Statistische Bemerkungen und Hinweise zur Revisionstätigkeit des BGH in Strafsachen, in: Die revisionsgerichtliche Rechtsprechung der Strafsenate des BGH, Schriftenreihe der AG Strafrecht im DAV, Bd. 3, 1986, S. 49 und Tab. 55.

4 Über die Revisionsentscheidungen der Oberlandesgerichte sagt die Untersuchung nichts aus; daß auch bei diesen eine vergleichbare Hinweispraxis vorhanden sein dürfte, zeigt sich freilich in den veröffentlichten Entscheidungen. Allerdings entsteht – ohne exakte Untersuchung – dabei der Eindruck, daß Hinweise wohl seltener vorkommen.

## II. Begriff und Erscheinungsformen der Hinweise

1. In einem sehr weitgespannten Sinne enthält (fast) jede revisionsgerichtliche Entscheidung (mindestens) in ihrer Begründung[5] Hinweise (auch) an den Tatrichter. Bestätigt das Revisionsgericht das angefochtene Urteil, so kann der Tatrichter bei erhobener Sachrüge darin den generellen Hinweis erblicken, daß das Revisionsgericht seine sachlich-rechtliche Rechtsanwendung und die Tatsachenfeststellung, soweit dem Revisionsgericht über die Sachrüge deren Kontrolle möglich ist[6], nicht beanstandet; das mag ihm Veranlassung geben, in gleichgelagerten Fällen ähnlich zu verfahren. Bei erfolglos erhobenen zulässigen Verfahrensrügen kann der Tatrichter in ihrer Zurückverweisung jedenfalls dann eine Bestätigung seiner Verfahrensweise sehen, wenn das Revisionsgericht diese ausdrücklich billigt; anders ist es, wenn lediglich das Beruhen ausgeschlossen wird.

Rechtliche Ausführungen in einem bestätigenden Urteil, namentlich solche grundsätzlicher Art, entspringen der rechtsfortbildenden und rechtsvereinheitlichen Aufgabe des Revisionsgerichts; sie enthalten Hinweise an die Fachöffentlichkeit und damit auch an den Tatrichter, der freilich für künftige Entscheidungen vor einem Rechtsprechungswandel ebenso wenig gefeit ist wie vor der Gefahr der Fehlinterpretation.

2. In diesem weiten Sinne soll der Hinweisbegriff hier nicht verstanden und das Phänomen der Hinweise nicht untersucht werden. Gemeint sind nur diejenigen Äußerungen des Revisionsgerichts, die dem Tatrichter für das konkrete jeweilige Verfahren Handlungsanweisungen übermitteln, deren Intensität, Charakter und Verbindlichkeit hier noch offen bleiben soll. Hinweise dieser Art beschränken sich notwendigerweise auf die Fälle, in denen das angefochtene Urteil (mindestens teilweise) aufgehoben und die Sache (mindestens teilweise) an den Tatrichter zurückverwiesen wird. Auch insoweit sind

---

5 Anders liegen die Dinge bei dem verhältnismäßig großen Anteil (vgl. *Rieß* – Fn. 3 –, S. 42, 45 f.) der Beschlußverwerfungen nach § 349 Abs. 2 StPO, die regelmäßig vom BGH nicht begründet zu werden pflegen.

6 Vgl. zur Kontrolle der Tatsachenfeststellungen mit Hilfe der sachlich-rechtlichen Überprüfung und den Grenzen m.w.N. *LR-Hanack*, § 337 Rdn. 120 ff.; *Rieß* NStZ 1982, 49 ff.

aber noch drei unterschiedliche Grundmuster errkennbar, die ich als inzidente, explizite und apokryphe Hinweise bezeichnen möchte.

a) Als *inzidenter Hinweis* läßt sich all das bezeichnen, was mit der Aufhebung notwendigerweise zusammenhängt und vom Tatrichter entweder kraft Gesetzes beachtet werden muß oder doch beachtet werden sollte. Dazu gehört zunächst einmal, wenn man diese Fälle überhaupt der Kategorie der Hinweise zurechnen will, die für den Tatrichter nach § 358 Abs. 1 StPO bindende rechtliche Beurteilung, die der Aufhebung zugrunde liegt. In der gegenwärtigen Aufhebungspraxis interessanter sind aber diejenigen Fälle, in denen das Revisionsgericht das Urteil aufhebt und die Sache zurückverweist, weil die tatrichterlichen Feststellungen die sachlich-rechtliche Subsumtion nicht tragen oder für sich allein unter dem Aspekt der Darstellungs- oder Feststellungsrüge[7] zu revisionsrechtlichen Beanstandungen Anlaß geben.

Hier läßt sich wohl vielfach in der Zurückverweisung selbst der Hinweis an den Tatrichter sehen, sich um Feststellungen zu bemühen, die einer revisionsgerichtlichen Überprüfung standhalten würden. Denn angesichts einer verhältnismäßig großzügigen Praxis zur eigenen Durchentscheidung des Revisionsgerichts[8] dürfte in der Zurückweisung nicht selten die revisionsgerichtliche Erwartung stecken, eine neue tatrichterliche Verhandlung könnte eine rechtlich unangreifbare Subsumtion ergeben. Diese mit den tragenden Aufhebungsgründen verbundenen und ihnen immanenten Hinweise nehmen gelegentlich konkretere Formen an, wenn das Revisionsgericht im einzelnen darlegt, um welche nach dem Sachverhalt in Betracht kommende Feststellungen sich der Tatrichter hätte bemühen müssen oder was alles für die Überzeugungsbildung noch hätte gewürdigt werden sollen[9]. Das läßt sich bisweilen aus dem jeweiligen Gesamtzusammen-

---

7 Vgl. zu dieser *LR-Hanack*, § 337 Rdn. 120 ff.; *Rieß*, NStZ 1982, 49 ff. (auch mit statistischem Material).

8 Vgl. hierzu, insbesondere zur sog. „Schuldspruchberichtigung" m.w.N. *LR-Hanack*, § 354 Rdn. 15; Angaben zur zahlenmäßigen Häufigkeit bei *Rieß*, (Fn. 2) S. 48 und Tab. 51, 52.

9 Als (beliebig herausgegriffene) Beispiele mögen etwa die einzelfallbezogenen Ausführungen in BGHSt. 34, 53 ff.; 35, 90 ff. (zur Versuchsproblematik) und in BGHSt. 36, 21 ff. (insbes. Abschnitt II 2 zur verdeckten Gewinnausschüttung) dienen. Ähn-

hang heraus als Anregung von unterschiedlicher Intensität an den neuen Tatrichter interpretieren, das Versäumte nachzuholen.

b) Als *explizite Hinweise*, die im Mittelpunkt der nachfolgenden Untersuchung und Darstellung stehen, sind diejenigen Begründungspassagen bezeichnet, die unter eindeutigem Hinweis auf die neue Hauptverhandlung dem Tatrichter empfehlen oder nahelegen, irgend etwas, sei es auch unter bestimmten Voraussetzungen, zu prüfen oder zu beachten. Sie unterscheiden sich bei gelegentlich fließenden Übergängen, von den impliziten Hinweisen durch ihre sprachliche und stilistische Trennung von den tragenden Aufhebungsgründen. Typische und im einzelnen variierende Wendungen sind etwa: „Für die neue Hauptverhandlung wird auf folgendes hingewiesen" oder „der neu entscheidende Tatrichter wird Gelegenheit haben ..."[10]. Gelegentlich sind sie mit konditionalen Verknüpfung von der Art „für den Fall, daß der neue Tatrichter wiederum ..., wird darauf hingewiesen" verbunden.

c) Unter der Bezeichnung *apokrypher Hinweis* soll ein Phänomen zur Diskussion gestellt und mit Beispielen belegt werden, dessen Charakter als Hinweis nicht in allen Fällen als unzweifelhaft angesehen werden kann. Gemeint sind unauffällige Wendungen in den Entscheidungsgründen des Revisionsgerichts, die vom Tatrichter dahin verstanden werden können und möglicherweise auch so verstanden werden sollen, daß das Revisionsgericht ein bestimmtes Ergebnis im angefochtenen Urteil an sich billigt oder nicht beanstandet oder umgekehrt, daß bestimmte Verfahrensweisen oder Sachergebnisse nicht unbedenklich erscheinen.

3. Funktionell kann wohl in manchen Fällen auch die *Hilfs- oder Doppelbegründung* mit den Hinweisen verglichen werden, wenn sie auch, anders als der explizite Hinweis, nicht als obiter dictum erscheint, sondern als tragender Grund und deshalb an der Bindungswirkung des § 358 Abs. 1 StPO teilnimmt. Denn wenn das Revisionsgericht, was eher selten vorkommt, die Aufhebung auf zwei voneinander unabhängige Rechtsfehler stützt, so wird dahinter oft die Tendenz stehen, den neuen Tatrichter vor der Wiederholung beider Feh-

lich inzidente Hinweise finden sich verhältnismäßig häufig bei der Aufhebung freisprechender Urteile wegen einer „überzogenen Beweiswürdigung".

10 Auch in der bestimmteren Form „wird zu beachten haben".

ler zu bewahren, eine Absicht, die vielfach auch mit den Hinweisen verbunden ist.

## III. Materialbasis, Häufigkeit der Hinweise

1. Es war das Ziel der Untersuchung, eine von Verzerrungen durch die Veröffentlichungspraxis freie, hinreichend große und damit einigermaßen repräsentative Grundgesamtheit von Hinweisen zu gewinnen, die jedenfalls hinsichtlich der expliziten Hinweise quantitative Aussagen über deren Häufigkeit und ihre Verteilung auf bestimmte Aufhebungsgründe und Zurückverweisungsmodalitäten und ihre innere Beschaffenheit ermöglichte sowie Anhaltspunkte für eine beschreibende Phänomenologie dieser Hinweise bot.

Bei kontinuierlicher Durchsicht aller vom BGH in Strafsachen erlassenen Entscheidungen[11] wurden für einen Zeitraum von etwa 3 bis 4 Monaten in der zweiten Jahreshälfte 1986 und Ende 1988 bis Anfang 1989 als Grundgesamtheiten für die weitere Untersuchung alle Entscheidungen erfaßt, die mindestens teilweise die Sache zur erneuten Verhandlung an den Tatrichter zurückverwiesen. Sie sind in der ersten Gruppe im ersten Halbjahr 1986, in der zweiten Gruppe im zweiten Halbjahr 1988 ergangen[12]. Es handelte sich insgesamt um 505 zurückverweisende Entscheidungen[13]. Sie wurden zunächst nach dem Aufhebungsgrund differenziert, ferner grob nach dem Zurückverweisungsumfang[14], nämlich dahingehend, ob sie auch den Schuldspruch[15]

11 Ohne die nicht weiter begründeten Beschlußverwerfungen nach § 349 Abs. 2 StPO, aber einschließlich der Beschlußaufhebungen nach § 349 Abs. 4 StPO und der kombinierten Beschlüsse. Da die reinen Beschlußverwerfungen keine Zurückverweisungsfälle enthalten, wird die Repräsentativität dadurch nicht beeinträchtigt.

12 Auf eine an sich mögliche getrennte quantitative Darstellung und Detailauswertung beider Zeitabschnitte, zwischen denen ein Zeitabstand von 30 Monaten liegt, wurde verzichtet, weil sich bei einer Grobauswertung keine signifikanten Unterschiede gezeigt haben.

13 256 aus der ersten und 249 aus der zweiten Erhebungsgruppe.

14 Es betrafen 247 Zurückverweisungen (mindestens teilweise) auch den Schuldspruch, 258 (mindestens teilweise) nur den Rechtsfolgenausspruch, was seinen Grund sowohl darin haben kann, daß der Schuldspruch unangefochten oder unbeanstandet blieb, als auch darin, daß er vom Revisionsgericht selbst geändert wurde.

15 Einschließlich der Fälle, in denen der Schuldspruch nur teilweise aufgehoben wurde.

oder nur den Rechtsfolgenausspruch[16] betrafen. Schließlich wurden sie nach dem erkennenden Senat unterschieden. Die Entscheidungen mit expliziten Hinweisen und die als apokryphe Hinweise näher zu diskutierenden Phänomene wurden zur näheren Analyse gesondert erfaßt.

Bei den die Aufhebung (im Umfang der Zurückverweisung) tragenden Gründen wurde zwischen verfahrensrechtlichen Aufhebungen (insgesamt 74), materiell-rechtlichen Aufhebungen im engeren Sinne (insgesamt 349) und den die Darstellung und Beweiswürdigung betreffenden Aufhebungen vom Typ der „Feststellungsrüge“[17] (insgesamt 73) unterschieden[18]; wobei die Abgrenzung zwischen den beiden letzten Gruppen nicht immer trennscharf und ohne subjektive Wertung möglich ist.

2. Von den 505 zurückverweisenden Entscheidungen enthielten 161 (= 31,9%) explizite Hinweise, darunter eine Reihe von Entscheidungen mehrere voneinander selbständige[19], so daß die Zahl der Hinweise 205 beträgt[20]. Bei einer Differenzierung nach Senaten zeigt sich, daß die Möglichkeit des expliziten Hinweises an den Tatrichter von allen 5 Strafsenaten, wenn auch in unterschiedlichem Umfang[21], genutzt wird.

Die Unterschiede in der Hinweishäufigkeit sind bei den einzelnen Aufhebungsgründen nicht sehr erheblich; die Quote beträgt bei der

---

16 Einschließlich der Fälle, in denen der Rechtsfolgenausspruch nur teilweise aufgehoben wurde.

17 Vgl. zur Abgrenzung z. B. *Rieß*, NStZ 1982, 49ff.; ferner *Hanack*, Festschr. für Tröndle, 1989, S. 508 Fn. 53. Der Bereich dieses Aufhebungsgrundes – und korrespondierend des Hinweisgegenstandes – wurde gegenüber den materiell-rechtlichen Aufhebungsgründen eng interpretiert.

18 9 weitere (nur die Rechtsfolgen betreffende) Zurückverweisungen sind atypisch; es handelt sich überwiegend um die Anwendung der §§ 154, 154a StPO durch das Revisionsgericht; vgl. dazu auch unten bei Fn. 83.

19 Mehrfache Hinweise betreffen teilweise das gleiche Thema (verbundene Hinweise), teilweise stehen sie aber auch völlig unabhängig nebeneinander, so etwa, wenn neben einen den Schuldspruch betreffenden Hinweis, der mit dem Aufhebungsgrund verbunden ist, ein davon ganz unabhängiger Strafzumessungshinweis tritt.

20 Bei der quantitativen Einzelauswertung war es regelmäßig nicht möglich, die Hinweise vollständig zuzuordnen, so daß die jeweilige Grundgesamtheit meist unter 205 liegt.

21 Die Hinweisquote schwankt zwischen 16% und 41%.

verfahrensrechtlichen Aufhebung 28,4%[22], bei der Aufhebung aus materiell-rechtlichen Gründen im engeren Sinne 31,2%[23] und bei der aus Gründen der Beweiswürdigung 39,7%[24]. Etwas ausgeprägter ist die Differenz beim Umfang der Zurückverweisung. Ist von dieser auch der Schuldspruch betroffen, so beträgt die Hinweisquote 38,9%[25], ist nur der Rechtsfolgenausspruch erfaßt, so beläuft sie sich lediglich auf 25,2%[26].

## IV. Explizite Hinweise

1. Was die mit den Hinweisen verbundene Absicht der Revisionsgerichte angeht, so läßt sich wohl generell sagen, daß der BGH sie mehr im Interesse der Einzelfallgerechtigkeit als zur Rechtsfortbildung einsetzt. Fälle, in denen der Hinweis eindeutig grundsätzliche oder rechtsfortbildende Bedeutung hat und möglicherweise vorrangig deshalb vorgenommen wird, kommen im Untersuchungsmaterial zwar vor[27], sind aber eher vereinzelt.

2. a) Der Hinweis kann eine Beziehung zum Aufhebungsgrund haben (*Zusammenhangshinweis*) oder als *Zusatzhinweis* ein anderes Thema betreffen. Von den insoweit auswertbaren 199 Hinweisen waren 106 (53,3%) Zusammenhangshinweise, 93 (46,7%) Zusatzhinweise. Bei diesen dominiert der allein die Rechtsfolgenzumessung betreffende Hinweis (68 = 73,1%) gegenüber dem den Schuldspruch allein betreffenden oder mit umfassenden Hinweis (25 = 26,9%) stär-

---

22 21 von 74 Entscheidungen.

23 109 von 349 Entscheidungen.

24 29 von 73 Entscheidungen.

25 96 von 247 Entscheidungen.

26 65 von 258 Entscheidungen.

27 Zu erwähnen sind in diesem Zusammenhang namentlich BGHSt. 36, 1 (20) – zu den Grenzen der Generalprävention; BGH NJW 1986, 1699 (1700) – keine Strafrahmenverschiebung nach §§ 21, 49 Abs. 1 StGB, wenn wegen Anwendung des § 21 StGB ein besonders schwerer Fall verneint wird; BGH NStZ 1986, 312 – zur Berechnung des Strafübels in den Fällen des § 51 Abs. 4 Satz 2 StGB; BGH NJW 1989, 1043 (1044) = NStZ 1989, 17 = JR 1989, 336 m. Anm. *Blau* – zur Berechnung der Blutalkoholkonzentration; BGH NStZ 1989, 113 = JR 1989, 379 m. Anm. *Kröber* – Spielsucht als krankhafte seelische Störung; BGH wistra 1989, 19 (22 unter III) – Betrug beim Handel mit Warenterminoptionen. Weitere Beispiele, die außerhalb der untersuchten Zeiträume liegen, in Fn. 2.

ker als bei allen Hinweisen[28]. Es handelt sich häufig um Fallkonstellationen, bei denen das Revisionsgericht auf selbständige Unstimmigkeiten oder Begründungsmängel bei der ohnehin wegen der Schuldspruchaufhebung erledigten Rechtsfolgenzumessung erkennbar in der Absicht aufmerksam macht, eine Wiederholung zu vermeiden.

b) In diese Kategorie gehören auch manche auf das Verfahren bezogene Hinweise bei materiell-rechtlichen Aufhebungsgründen, beispielsweise daß es sich in der neuen Hauptverhandlung empfehlen könne, zu einer bestimmten Frage einen Sachverständigen heranzuziehen[29], daß Beweisanträge mit unzureichender Begründung abgelehnt worden seien[30], daß es sich empfehle, bestimmte Umstände näher aufzuklären, wobei oft der Aufklärungsweg näher präzisiert wird[31], oder daß vor der strafschärfenden Verwertung nach § 154a

---

28 Vgl. unten IV 4.

29 Beispiel: „Da die Voraussetzungen dafür von einem medizinischen Laien nur schwer zu erkennen sind, wird der Tatrichter sich sachverständig beraten lassen müssen, wenn, wie hier, altersbedingte verminderte Schuldfähigkeit nicht ohne weiteres auszuschließen ist." Bei der in BGHSt. 34, 63 – ohne den Hinweis – abgedruckten Entscheidung weist der BGH darauf hin, daß in früheren Verfahren ein bestimmter Sachverständiger hinzugezogen worden sei, und empfiehlt, ihn auch im neuen Verfahren heranzuziehen. In einer anderen Entscheidung heißt es: „... weist der Senat darauf hin, daß es sich empfehlen könnte, einen Sachverständigen dazu zu hören, ob das ungewöhnliche Verhalten der Frau bei der gynäkologischen Untersuchung ... der Glaubhaftigkeit ihrer Aussage ... entgegensteht. Der Gynäkologe mag ein derartiges Verhalten zwar gelegentlich beobachtet haben; zur Bewertung dieses Verhaltens in bezug auf die Glaubwürdigkeit würde ihm aber die Fachkompetenz fehlen."

30 Teilweise auch in eher indirekter Form; „Der Senat weist jedoch darauf hin, daß das LG, falls es in der neuen Hauptverhandlung wiederum die Ablehnung von Beweisanträgen wegen Verschleppungsabsicht in Betracht zieht, die einschlägige Rechtsprechung des BGH zu beachten haben wird (vgl. ...)", womit wohl zum Ausdruck gebracht werden soll, daß das LG dies bisher nicht getan habe.

31 Beispiele: „... weist der Senat darauf hin, daß sich der Versuch einer genaueren Überprüfung der in den frühen Morgenstunden im Herbst bei fast bedecktem Himmel gegebenen Lichtverhältnisse ... entweder durch Einnahme eines Augenscheins oder durch Anhörung eines hiermit beauftragten Sachverständigen empfehlen könnte" (Zusammenhangshinweis) oder (als Zusatzhinweis) „Für die neue Hauptverhandlung könnte sich allerdings die Hinzuziehung eines Sachverständigen zur Aufklärung des von der Angeklagten behaupteten Krankheitszustandes zur Tatzeit empfehlen."; ferner „Der Senat empfiehlt, in der neuen Hauptverhandlung vor allem zu klären, ob der Zeuge ... beim Bezug eines neuen Originalmotors ...

StPO eingestellter Tatteile ein Hinweis an den Angeklagten erforderlich sei. Umgekehrt finden sich auch bei verfahrensrechtlichen Aufhebungsgründen Hinweise auf materiell-rechtliche Situationen oder die Überzeugungsbildung betreffende Umstände, die der Tatrichter zu berücksichtigen haben werde[32].

c) Bei den Zusammenhangshinweisen dominieren (83 = 78,3%) diejenigen, die in einer in sich sehr unterschiedlichen Form den Aufhebungsgrund verstärken, erläutern oder ergänzen, die also entweder in die Richtung des Aufhebungsgrundes wirken oder insoweit neutral sind. Das reicht von eher kurzen und knappen Rechtsprechungshinweisen oder Erläuterungen des Aufhebungsumfangs bis hin zu breit gefächerten, teilweise sehr ausführlichen Entscheidungshilfen mit „Alternativprogrammen" je nach den zu erwartenden Feststellungen[33]. Die Übergänge zu den tragenden Aufhebungsgründen und den inzidenten Hinweisen sind bisweilen fließend und gelegentlich ent-

---

mit einer Kulanzregelung hätte rechnen können. Hierzu wird es der Feststellung des Baujahres und des damaligen Kilometerstandes des Fahrzeugs bedürfen."

32 Beispiel (nach Aufhebung wegen Verstoßes gegen § 244 Abs. 3 StPO): „Für die neue Hauptverhandlung ist jedoch darauf hinzuweisen, daß es sich empfiehlt, im einzelnen zu erörtern, ob die Voraussetzungen des § 264 Abs. 6 und 7 StGB erfüllt sind und insoweit ... den Wortlaut des Bewilligungsbescheids ... mitzuteilen. Auch der Mindestschuldumfang muß unmißverständlich festgestellt werden. Ausführungen wie ... werden diesem Erfordernis nicht gerecht."

33 Beispiel (für einen in diesem Zusammenhang eher knappen Hinweis): „weist der Senat darauf hin, daß die in Betracht kommenden Schuldformen klarer als bisher zu untersuchen sein werden. Für die Anwendung des § 226 Abs. 1 StGB reicht es aus, daß die Körperverletzung, durch die der Täter fahrlässig (§ 18 StGB) den Tod des Verletzten verursacht hat, mit bedingtem Vorsatz begangen worden ist. Sollte eine solche vorsätzlich begangene Körperverletzung nicht erweislich sein, bliebe zu prüfen, ob der Angeklagte dadurch, daß er in der von ihm selbst geschilderten Weise das Tatopfer ins Treppenhaus trieb, sich der fahrlässigen Tötung (§ 222 StGB) schuldig gemacht hat"; oder (bei Rauschtatanklage und Freispruch wegen mangelnder Vorhersehbarkeit) „... Mit sachverständiger Hilfe wird außerdem geklärt werden müssen, ob nicht die Alkoholaufnahme in Verbindung mit der aufgrund eines organischen Hirnschadens herabgesetzten Alkoholintoleranz schon ohne die affektive Erregung zur Schuldunfähigkeit ... geführt hat. Bejahendenfalls käme es nicht mehr darauf an, ob der Angeklagte den Eintritt der affektiven Erregung voraussehen konnte ... Es empfiehlt sich des weiteren, die Akten zur Vorstrafe heranzuziehen ... Schließlich wird die Strafkammer sich um Aufklärung der Frage bemühen müssen, ob es ... bei den ‚gelegentlichen Streitigkeiten' ... insbesondere der ‚ernsten Auseinandersetzung' bereits zu Tätlichkeiten gekommen war."; ferner

steht der Eindruck, daß es eher der stilistische Zufall ist, ob solche Ratschläge an den Tatrichter besonders als Hinweis herausgehoben oder unauffälliger in der Begründung untergebracht werden.

d) Davon deutlich ab hebt sich eine nicht ganz unbedeutende (19 = 17,9%) Gruppe, die man als *„gegensteuernde Hinweise"* bezeichnen könnte. Ihnen ist gemeinsam, daß sie einen Weg aufweisen oder andeuten, wie der Tatrichter in beanstandungsfreier Weise zu den gleichen oder ähnlichen Ergebnissen kommen könnte wie die aufgehobene Entscheidung. Dazu gehört beispielsweise der mehrfach vorkommende Fall der Aufhebung, weil der aufgrund von Trinkmengenangaben festgestellte Blutalkoholgehalt die Verneinung der §§ 20 oder 21 StGB nicht rechtfertige, der mit dem Hinweis verbunden wird, daß der Tatrichter sich kritischer mit den Trinkmengenangaben des Angeklagten auseinandersetzen müsse und diese nicht ungeprüft zu übernehmen brauche[34]. Gelegentlich tritt der BGH in diesem Zusammenhang einer allzu skrupulösen Überzeugungsbildung des Tatrichters entgegen[35], oder er zeigt aufgrund der bisherigen Feststellungen Anhaltspunkte für andere Wege der Überzeugungsbildung[36]. Es ist erkennbar der Sinn solcher Hinweise, dem Tatrichter zu verdeutlichen, daß das Revisionsgericht zwar den Weg zur Entscheidung beanstandet, damit aber nicht notwendigerweise das Ergebnis (zumin-

---

BGH wistra 1989, 19 (22) unter III 1 sowie (dort nur auszugsweise abgedruckt, BGHSt. 34, 15 (21 f.).

34 Beispiel: „Andererseits wird sich das Landgericht in der neuen Hauptverhandlung kritischer als bisher mit den Angaben des Angeklagten über die von ihm getrunkene Alkoholmenge, aufgrund derer allein die Blutalkoholkonzentration festgestellt ist, auseinandersetzen müssen. Sein im Urteil näher geschildertes insgesamt unauffälliges Verhalten könnte ... zu Zweifeln daran Anlaß geben, ob der Angeklagte tatsächlich so viel getrunken hat, wie er behauptet."; ebenso mit mehreren gegensteuernden Hinweisen z. B. BGHSt. 34, 29 (33 f.).

35 So z. B. in BGH NStZ 1989, 223 f. = JR 1989, 430 m. Anm. *Bottke* (unter III 2) – Bordellbesuch und Bestechlichkeit.

36 Beispiel: „... weist der Senat auf folgenden Gesichtspunkt hin: Bei der ... Prüfung, ob der Angeklagten ... das Unrechtsbewußtsein ... fehlte, wird zu berücksichtigen sein, daß ... die beiden letzten Vorverurteilungen auf gleichliegenden Betrügereien beruhen. Die Annahme, trotz ihrer möglicherweise verringerten Einsichtsfähigkeit hätten ihr diese Verurteilungen ... die Erkenntnis des Unrechts solchen Verhaltens verschafft, liegt jedenfalls nicht fern; sie würde allerdings eine Auseinandersetzung mit der Frage notwendig machen, ob die Angeklagte in der Lage war, nach dieser Einsicht zu handeln ..."; s. ferner das 2. Beispiel in Fn. 53.

dest tendenziell) verwirft, sondern es mit einer anderen Begründung möglicherweise für tragfähig halten würde. Gegensteuernde Hinweise dieser Art finden sich auch in erfolgreichen Revisionen der Staatsanwaltschaft, so beispielsweise wenn das Nichtvorliegen der Voraussetzung des § 213 Abs. 1 StGB zwar erfolgreich gerügt wird, der Aufhebungsgrund also straferschwerend wirkt, zusätzlich aber darauf hingewiesen wird, daß generalpräventive Erwägungen im konkreten Fall eine Strafverschärfung nicht rechtfertigen, der Hinweis also strafmildernden Charakter hat. Auch hierin wird man eine Tendenz sehen können, einer allzu ergebnisorientierten Überinterpretation der Urteilsaufhebung entgegenzuwirken.

Im weiteren Sinne lassen sich zu den gegensteuernden Hinweisen auch die Fälle rechnen, in denen der Tatrichter daran erinnert wird, daß und unter welchen Voraussetzungen eine Verurteilung nach einem anderen (meist milderen) Straftatbestand in Betracht kommt[37]. Gelegentlich wird der gegensteuernde Hinweis mit Warnsignalen versehen, sozusagen als Gegensteuern im Gegensteuern. So wird beispielsweise darauf hingewiesen, daß zusätzliche Feststellungen erforderlich seien[38].

3. Weder bei den Zusatz- noch bei den Zusammenhangshinweisen sind Aufhebungsgrund und *Gegenstand des Hinweises* voll identisch, allerdings zeigt sich eine gewisse Übereinstimmung. Von den insoweit eindeutig zuordbaren 192 Hinweisen betrafen 129 (= 67,2%) das materielle Strafrecht, 40 (= 20,8%) das Verfahren und 23 (= 12,0%) die Beweiswürdigung. Setzt man dies in Beziehung zu den Aufhebungsgründen, so zeigt sich, daß bei den 132 materiell-rechtlichen Aufhebungen 93 Hinweise (= 70,5%) das materielle Recht, 26 (19,7%) das Verfahren und 13 (9,8%) die Beweiswürdigung betrafen, bei den 31 die Beweiswürdigung betreffenden Aufhebungen betrafen 20 Hinweise (64,5%) das materielle Recht, 8 (= 25,8%) die Beweiswürdigung und 3 (9,7%) das Verfahren, bei den 28 verfahrensrechtlichen Aufhebungen bezogen sich 16 Hinweise (57,1%) auf das materielle Recht, 10 (35,7%) auf das Verfahren und 2 (7,1%) auf die Beweiswürdigung.

4. Zwischen dem Aufhebungsumfang und der *Reichweite des Hin-*

37 Vgl. z. B. BGHSt. 34, 329 (333 f.); 35, 333 (339).
38 So etwa die Schlußpassage des Beispiels in Fn. 36.

*weises* besteht insoweit ein Zusammenhang, als ein an den Tatrichter für die erneute Hauptverhandlung gerichteter Hinweis sinnvollerweise nur den Gegenstand betreffen kann, der dem Tatrichter noch zur Entscheidung offensteht; ist nur noch über die Rechtsfolgen zu befinden, so kann der Hinweis auch nur die Rechtsfolgenzumessung zum Inhalt haben[39]. Daß von den hier auswertbaren 185 Hinweisen 102 (55,1%) die Rechtsfolgenzumessung betrafen[40], erklärt sich teilweise schon daraus. Aber auch bei den 121 Aufhebungen und Zurückverweisungen auch im Schuldspruch bezog sich der Hinweis in 38 Fällen (31,4%) nur auf die Rechtsfolgenzumessungen, bei den 53 Aufhebungen, die den Rechtsfolgenausspruch vollen Umfangs betrafen, bezogen sich 14 Hinweise (26,4%) nur auf engere Teilaspekte[41]. Darin wird deutlich, daß solche Hinweise vielfach Urteilsteile betreffen, die aus logisch vorrangigen Gründen keinen Bestand haben können und daß der Hinweis die Funktion hat, den Tatrichter vor der Wiederholung des Fehlers zu bewahren.

5. a) Die *Hinweisintensität* ist sehr unterschiedlich; bei einer groben und von der subjektiven Einschätzung mit beeinflußten Kategorisierung lassen sich die ausführliche Darlegung, der Hinweise von mittlerer Intensität und die knappe Bemerkung unterscheiden. Letztere dominiert mit 95 von 202 auswertbaren Hinweisen (47,0%), gefolgt von den 68 Hinweisen mittlerer Intensität (33,7%) und den 39 ausführlichen Darlegungen (19,3%). Die Verteilung bei den materiell-rechtlichen Hinweisen entspricht etwa dem Gesamtbild. Dage-

39 Im Material findet sich ein eigenartiger Sonderfall. Bei einer Strafmaßaufhebung (wegen unzureichender Prüfung des Vorliegens der Voraussetzungen eines besonders schweren Falles nach § 29 Abs. 3 BtMG) gibt der BGH dem Tatrichter zu prüfen auf, ob das Verfahrenshindernis des Strafklageverbrauchs oder der anderweitigen Rechtshängigkeit vorliege, verbunden mit dem Hinweis, daß die Unanfechtbarkeit des Schuldspruchs dem nicht entgegenstehe. Hier war das Revisionsgericht rechtlich nicht gehindert, diese Prüfung selbst vorzunehmen und bejahendenfalls daraus die verfahrensrechtliche Konsequenz der Einstellung zu ziehen.

40 Und zwar 67 (36,2%) vollen Umfangs und 35 (18,9%) einzelne Elemente.

41 Beispielsweise auf den Anrechnungsmaßstab bei im Ausland erlittener Untersuchungshaft (§ 51 Abs. 4 Satz 2 StGB); die Berücksichtigung der Leistungen zur Erfüllung der Bewährungsauflage bei der Gesamtstrafenbemessung (unter Hinweis auf BGH NStZ 1986, 162); die Höhe der Gesamtstrafe; die Anordnung des Verfalls oder die Reihenfolge der Vollstreckung von Strafe und Maßregel (§ 67 Abs. 2 StGB).

gen sind bei den die Beweiswürdigung betreffenden Hinweisen die ausführlicheren, bei den das Verfahren betreffenden die kurzen Bemerkungen deutlich überrepräsentiert[42].

b) Extremfälle der kurzen Hinweise sind bloße *Verweisungen* auf die (veröffentlichte) Revisionsrechtsprechung[43]. Sie sind in dieser stark verkürzten Form nicht eben häufig; häufiger ist eine knappe inhaltliche Beschreibung verbunden mit Hinweisen auf Rechtsprechung oder Literatur. Der BGH sieht namentlich nach aktuellen Rechtsprechungsänderungen Veranlassung zu kurzen Hinweisen, vermutlich immer dann, wenn sich aus dem ersten tatrichterlichen Urteil Anhaltspunkte dafür ergeben, daß die tatrichterliche Praxis sie noch nicht zur Kenntnis genommen hat[44].

c) Insgesamt ist die „Zitierfreudigkeit" bei den Hinweisen bei einer generell eher zurückhaltenden Praxis der Strafsenate des BGH nicht auffallend gering. Fast exakt die Hälfte aller Hinweise[45] enthalten *Rechtsprechungs- und Literaturbelege.* Etwa zwei Drittel davon sind reine Rechtsprechungshinweise[46], nur 10% reine Schrifttumshinweise, etwa 25% sind kombinierte Rechtsprechungs- und Schrifttumszitate, wobei sich unter den Schrifttumszitaten häufig verdeckte Rechtsprechungszitate befinden, weil für die Rechtsprechung pauschal auf die Nachweise in einer Kommentarstelle verwiesen wird. In für den Tatrichter bestimmten Hinweisen nicht ganz unproblematisch ist die gelegentlich zu beobachtende Praxis, in diesem Zusammenhang auch auf unveröffentlichte Revisionsentscheidungen Bezug zu nehmen.

---

42 Im einzelnen: Materiell-rechtliche Hinweise (132): ausführlich 29 (22,0%), mittel 46 (34,8%), kurz 57 (43,2%); Beweiswürdigungshinweise (22): ausführlich 6 (27,3%), mittel 9 (40,9%), kurz 7 (31,8%); verfahrensrechtliche Hinweise (39): ausführlich 2 (5,1%), mittel 13 (33,3%), kurz 24 (61,5%).

43 Beispiele: „Der neu entscheidende Tatrichter wird für den Fall der Annahme verminderter Schuldfähigkeit ... auf die Entscheidungen BGHSt. 16, 360, 364; BGH NStZ 1986, 114f. und BGHR StGB § 21 Strafzumessung 1 und 2 hingewiesen" oder „Bei der wörtlichen Wiedergabe von Schriftstücken in einem Urteil sind die Entscheidungen des Bundesgerichtshofes BGHSt. 5, 278 und 11, 159 zu beachten".

44 Im Untersuchungsmaterial der ersten Gruppe wird z. B. wiederholt auf die Rechtsprechungsänderung des BGH zu § 56 Abs. 2 StGB (vgl. dazu *Dreher/Tröndle*, 44. Aufl., 1989, § 56 Rdn. 9d m.w.N.; *Detter*, NStZ 1989, 470f. unter VI) hingewiesen.

45 103 von 204.

46 67 von 103 Hinweisen (65,4%), davon beschränken sich 24 Hinweise auf ein Zitat.

d) Eine (alleinige oder ergänzende) *Bezugnahme auf das Revisionsvorbringen* der Prozeßbeteiligten[47] kommt quantitativ nicht besonders häufig[48], aber in sehr unterschiedlicher Form vor. In einer Reihe von Fällen ersetzt die Entscheidung den eigenen Hinweis durch eine Verweisung auf die Stellungnahme des Generalbundesanwalts[49] oder sie verweist statt eigener Rechtsprechungsnachweise oder einer näheren Begründung auf dessen Ausführungen. Auch das außerhalb des durchgreifenden Revisionsgrundes liegende Revisionsvorbringen wird in die Hinweise einbezogen, etwa in der Form, daß die Bedenken der Revision als „beachtlich" bezeichnet werden, daß auf eine in der Revisionsbegründung „eingehend abgehandelte Frage" aufmerksam gemacht wird, daß dem Tatrichter aufgegeben wird, eine bestimmte Frage „unter Berücksichtigung der Ausführung der Revision" nochmals zu prüfen oder daß pauschal wegen bestimmter Bedenken auf die Revision verwiesen wird[50]. All diese Fälle dürften als Hinweis an den Tatrichter zu verstehen sein, daß das Revisionsvorbringen, käme es darauf an, mindestens möglicherweise der Revision ebenfalls zum Erfolg verholfen hätte. Doch begegnet in einer Entscheidung auch der umgekehrte Hinweis, daß von der Revision angegriffene Ausführungen rechtlich nicht zu beanstanden seien[51].

6. Ohne Anspruch auf strenge Systematisierung lassen sich von

47 Im weiteren Sinne, also neben der Revisionsbegründung und einer etwaigen Gegenerklärung vor allem die Stellungnahme des GBA.

48 Insgesamt in 19 der 205 Hinweise.

49 Beispielhaft und in dieser und ähnlicher Form wiederholt: „In der neuen Hauptverhandlung wird der neue Tatrichter auch die Hinweise zu beachten haben, die der GBA in seiner Antragsschrift aufgeführt hat" oder „Auf die in der Stellungnahme des GBA weiter enthaltenen sachlich-rechtlichen Gesichtspunkte wird hingewiesen" (bei einer Aufhebung aus verfahrensrechtlichen Gründen).

50 Beispiele: „Auf die von der Revision vorgetragenen rechtlichen Bedenken gegen die Strafzumessungserwägungen ... braucht der Senat danach im einzelnen nicht einzugehen; er verweist insoweit auf die Ausführungen zur Revision"; oder „In der neuen Hauptverhandlung wird das LG ... die von der Revision angesprochenen Grundsätze zu beachten haben"; ferner (in etwas ausführlicherer Form) „Die neu erkennende Strafkammer wird Gelegenheit haben, sich mit den Einwänden der Revision zu der Frage zu befassen, welche Auswirkungen die im angefochtenen Urteil festgestellte Spielleidenschaft des Angeklagten auf seine Steuerungsfähigkeit hatte (vgl. hierzu ...)."

51 Im konkreten Fall allerdings dahingehend ergänzt, daß die weiteren Ausführungen des Tatrichters einen Verstoß gegen den Zweifelsgrundsatz besorgen ließen.

ihrer Funktion her die vielfältigen Erscheinungsformen der expliziten Hinweise unterschiedlichen und teilweise einander überschneidenden Gruppen zuordnen. Nachfolgend werden einige die bisherige Darstellung ergänzende Aspekte herausgehoben.

a) Bei den Hinweisen, die mit dem Aufhebungsgrund in enger Beziehung stehen und an die Aufhebungsansicht des Revisionsgerichts anknüpfen, wird vielfach deutlich, daß sie dem neuen Tatrichter *inhaltliche Entscheidungshilfen* für die neue Hauptverhandlung vermitteln wollen. Dabei wird in teilweise recht ausführlichen Darlegungen an die bisherigen Ergebnisse angeknüpft. Dem neuen Tatrichter wird – vergleichbare Feststellungen unterstellt – angesonnen, sie stärker als im alten Urteil in seine Beweiswürdigung und Überzeugungsbildung einzubeziehen[52]. Der BGH macht auf bisher unbeachtet gebliebene oder nicht ausreichend gewürdigte Umstände aufmerksam[53] und

52 Beispiel (auszugsweise bei einer erfolgreichen Revision von StA und Nebenkläger): „Der neue Tatrichter wird zu beachten haben: Das LG hat hinsichtlich des ersten Teils des Tatgeschehens ... ausführlich den äußeren Tatablauf gewürdigt ..., hat aber zur inneren Tatseite kaum Ausführungen gemacht. Festgestellt wird lediglich ... Die Prüfung der Frage, ob die Täter ... nicht auch den Tod ihres Opfers billigend in Kauf genommen haben, ist dagegen unterblieben. Dies wäre angesichts der tödlichen Verletzung ... erforderlich gewesen, und zwar umso mehr, als die Strafkammer feststellt, die Täter hätten ... erkennen können, daß derartige Fußtritte geeignet sind, den Tod herbeizuführen ... Auch beim zweiten Sachverhaltsabschnitt ... begegnet das Urteil im Hinblick auf die subjektive Tatseite durchgreifenden Bedenken. Nicht in die Beweiswürdigung eingeflossen ist die Feststellung ...“

53 Beispiele: „Sollte sich in neuer Verhandlung wiederum Tötungsvorsatz ergeben, wird die Frage des Rücktritts neu zu prüfen sein. Sie ist ... nicht rechtsfehlerfrei behandelt. Weder ist einwandfrei dargetan, daß der Angeklagte ... nur einen Messerstich führen wollte ... (hiermit ist das nach dem Zustechen an den Tag gelegte ... feindselige Verhalten des Angeklagten nicht ohne weiteres zu vereinbaren), noch ist festgestellt, welche Vorstellung der Angeklagte von dem gesundheitlichen Zustand des Geschädigten hatte, als er von ihm abließ ...“ oder (nach Aufhebung einer Betrugsverurteilung wegen nicht ausreichender Feststellungen zur Überschreitung des Marktwertes) „Bei der neuen Verhandlung wird allerdings ... nicht allein auf ein objektives Mißverhältnis zwischen Marktwert und auch Verkaufswert abzustellen, sondern unter Würdigung aller Umstände ... auch auf die Frage einzugehen sein, ob die in Wahrheit höhere Kilometerleistung zu einer verminderten Brauchbarkeit zu dem vertraglich vorausgesetzten Zweck ... führte“ oder „Jedoch wird der neue Tatrichter sein Augenmerk insbesondere darauf zu richten haben, was die Zeugin ... zu diesem Punkte bekundet. Angesichts dessen, was im angefochtenen Urteil über ihre Aussage mitgeteilt ist ..., liegt es nicht fern, daß sie auch Angaben

weist auf allgemeinkundige, insbesondere gerichtskundige Tatsachen oder wissenschaftliche Erkenntnisse hin[54]. Dem Tatrichter wird aufgegeben, die in Betracht kommenden Schuldformen klarer zu untersuchen und zu unterscheiden[55]; er wird darauf aufmerksam gemacht, daß nach den Feststellungen des ersten tatrichterlichen Urteils eine andere rechtliche Würdigung in Frage komme[56], oder der Tatrichter wird veranlaßt, bestimmte näher bezeichnete Aufklärungen vorzunehmen[57].

Wiederholt wird der Tatrichter darauf hingewiesen, daß der Sachverhalt unter anderen rechtlichen Gesichtspunkten zu würdigen sei;

---

darüber zu machen vermag, ob nach dem, was ihr der Angeklagte erzählt hatte, die Eigentümer des ... von der geplanten Brandlegung wußten und wie sie sich ggfs. dazu stellten."

54 Beispiel: „Die neu mit der Sache befaßte Strafkammer wird der Frage nachzugehen haben, ob der außerordentlich hohe Trunkenheitsgrad des Tatopfers ... zum Tode geführt haben kann, bevor die festgestellten Verletzungsfolgen sich auswirkten (vgl. hierzu *Grüner* in Ponsold, Lehrbuch der Gerichtlichen Medizin, 3. Aufl. S. 464/465). Nach den bisherigen Feststellungen ist dies nicht ausgeschlossen ..."

55 S. das Beispiel in Fn. 33; ferner (in etwas anderem Zusammenhang): „Der neue Tatrichter wird auch die Voraussetzungen des § 21 StGB erneut zu prüfen und so eingehend darzulegen haben, daß sie der Überprüfung durch das Revisionsgericht zugänglich sind."

56 Beispiele (nach Aufhebung wegen eines Verfahrensmangels auf Revision des Angeklagten): „Für die neue Verhandlung weist der Senat darauf hin, daß die bisherigen Feststellungen nicht den Schluß zulassen, der Angeklagte habe seine Frau durch Unterlassen getötet. Wer sich in Kenntnis dessen, daß seine Ehefrau getötet werden soll, zur richtigen Zeit an den Tatort begibt und dort im Einvernehmen mit dem anderen Täter zuschaut und die Tat geschehen läßt, obwohl er sie durch einen, auch nur verbalen Widerspruch, verhindern könnte ..., leistet seinen Tatbeitrag durch aktives Tun und nicht durch Unterlassen ..."; ferner (Aufhebung, weil Mordversuch mit nicht nachvollziehbarer Begründung verneint) „Falls auch die neu entscheidende Strafkammer Tötungsvorsatz ... des Angeklagten verneinen sollte, wird sie sein späteres Verhalten unter dem Gesichtspunkt einer versuchten Unterlassungstat zu würdigen haben (vgl. ...). Sollte sich dabei ergeben, daß der Angeklagte den möglichen Tod des Opfers nicht gewollt und auch nicht billigend in Kauf genommen hat, wäre sein Verhalten unter dem rechtlichen Gesichtspunkt der unterlassenen Hilfeleistung (§ 323c StGB) zu prüfen (vgl. BGHSt. 14, 282)."

57 Beispiel: „Es wird sich empfehlen, näher aufzuklären und im Urteil darzustellen, auf welche Weise das die Kundenkarte ausstellende Unternehmen die Kreditwürdigkeit ... prüft, wie hoch der Kreditrahmen ... war, wie im einzelnen die Kaufbelege in einer Monatsrechnung erfaßt werden und wann diese bedingungsgemäß gezahlt werden muß".

ihm wird nahegelegt, sich – erforderlichenfalls – um entsprechende Feststellungen zu bemühen. Wenn nach der Urteilsaufhebung andere rechtliche Würdigungen naheliegend sind, finden sich in den Hinweisen für die neue Hauptverhandlung Ausführungen zu den dabei zu beachtenden Gesichtspunkten und Grenzen[58]. Mehrfach wird der neue Tatrichter in eher knappen Hinweisen veranlaßt, die Voraussetzungen einer bestimmten Rechtsanwendung näher darzulegen, wenn er erneut so entscheiden wolle[59]. In diesen Fällen wird die mit dem Hinweis verbundene Absicht deutlich, einem erneut fehlerhaften tatrichterlichen Urteil vorzubeugen.

b) Solch präventive Absicht findet sich auch vielfach in Hinweisen, die sich als *Zusatzhinweise* auf die Rechtsfolgenzumessung beziehen. Der Tatrichter wird beispielsweise – einzelfallbezogen – darauf hingewiesen, daß bestimmte, straferschwerend berücksichtigte Gesichtspunkte einer genaueren Feststellung und Darlegung bedürften[60]; er wird – eher generalisierend, aber wohl nicht, ohne daß das aufgehobene Urteil dazu Veranlassung gibt[61] – auf allgemeine Strafzumessungsgesichtspunkte aufmerksam gemacht, etwa, um wiederholt vorkommende Fälle zu erwähnen, auf die Grenzen der straferschweren-

---

58 Mehrfach wird beispielsweise bei Aufhebungen aus anderen Gründen auf die Möglichkeiten eines strafrechtlich relevanten Rücktritts und die neuere Rechtsprechung des BGH hierzu hingewiesen.

59 Beispiele: „Sollte das LG erneut die Strafaussetzung versagen, wäre es angezeigt, das Ausmaß der Schuldminderung durch nähere Darlegung und Würdigung des Sachverständigengutachtens im Urteil mitzuteilen" oder „Falls auch die nun entscheidende Jugendkammer Jugendstrafe verhängt, sind die hierfür maßgebenden Erwägungen (vgl. § 17 Abs. 2 JGG) im Urteil darzulegen."

60 Beispiele: „Falls in der neuen Hauptverhandlung wiederum zu Lasten des Angeklagten gewertet wird, es sei, eine besondere Art des Quälens des Opfers vorgesehen gewesen, bedarf es näherer Darlegung, daß nach der Überzeugung des Gerichts auch die Angeklagten eine dahingehende Absicht hatten. Nach den Feststellungen ... hatte sich lediglich der Mittäter ... in diesem Sinne geäußert." oder (bei Verhängung einer Freiheitsstrafe von 8 Jahren wegen Vergewaltigung) „Der neue entscheidende Tatrichter wird besonders berücksichtigen müssen, daß die dem Angeklagten vorgeworfene Gewaltanwendung in ihrer Intensität an der untersten Grenze tatbestandlicher Gewalt i.S.v. § 177 StGB liegt."

61 Insoweit finden sich teilweise konkretisierende Ergänzungen dahingehend, daß im konkreten Fall die jeweils in Betracht kommenden strafschärfenden Gesichtspunkte nicht gegeben oder (noch) nicht dargelegt seien.

den Berücksichtigung der Generalprävention[62], auf die Anwendbarkeit des § 56 Abs. 2 StGB[63], auf die Reihenfolge des Vollzugs von Strafe und Maßregel (§ 67 Abs. 2 StGB)[64], auf die Notwendigkeit der Bestimmung des Anrechnungsmaßstabs für im Ausland erlittene Freiheitsentziehung (§ 51 Abs. 2 Satz 2 StGB) oder auf die Notwendigkeit strafmildernder Berücksichtigung überlanger Verfahrensdauer[65].

c) Zahlenmäßig häufig sind *Hinweise von vorwiegend klarstellendem Charakter.* Sie befassen sich mit dem Umfang der Aufhebung[66] oder mit den nunmehr dem neuen Tatrichter gesetzten Grenzen. Hingewiesen wird beispielsweise bei Aufhebung nur hinsichtlich der Rechtsfolgen auf die Bindungswirkung der Feststellungen zum

---

62 Beispiele: „Für die neue Hauptverhandlung wird ... hingewiesen: Der Gesichtspunkt der Generalprävention darf nur im Rahmen der schuldangemessenen Strafe zu Lasten des Angeklagten Berücksichtigung finden. Eine schwerere als die sonst angemessene Strafe läßt sich nur rechtfertigen, wenn eine Notwendigkeit für die allgemeine Abschreckung festgestellt ist ...“; sowie – mit deutlicher Akzentsetzung –: „Der neue Tatrichter wird zu beachten haben, daß generalpräventive Erwägungen die Notwendigkeit allgemeiner Abschreckung für den Gemeinschaftsschutz voraussetzen ... Bei Konfliktstaten liegen solche Überlegungen eher fern ...“; ferner BGHSt. 36, 1 (20).

63 Beispiel: „Für den Fall, daß der neue Tatrichter ... erneut auf Freiheitsstrafe von einem bis zu zwei Jahren erkennen sollte, wird ... vorsorglich darauf hingewiesen, daß nach der jüngeren Rechtsprechung des BGH besondere Umstände i.S. von § 56 Abs. 2 StGB nicht erst dann anzunehmen sind, wenn sich der Täter in einer Konfliktlage befunden hat; es genügen vielmehr Gründe, die im Vergleich mit gewöhnlichen, einfachen Milderungsgründen von besonderem Gewicht sind ...“

64 Beispiele: „Das nunmehr entscheidende Tatgericht wird die von der Rechtsprechung in neuerer Zeit zu diesem Problem entwickelten Grundsätze ... [Nachweise] zu berücksichtigen und ferner zu beachten haben, daß § 67 StGB – insbesondere auch Abs. 2 – inzwischen durch das 23. StrÄndG ... geändert worden ist.“ oder (in einem anderen Zusammenhang): „Bei der neueren Entscheidung wird die Strafkammer – auch unabhängig von der Änderung des § 67 Abs. 2 StGB – zu prüfen haben, ob der Angeklagte bis dahin so viel Untersuchungshaft verbüßt hat, daß ihre Dauer und die voraussichtliche Dauer der Unterbringung zusammen mindestens die Hälfte der Strafe ausmachen. In diesem Fall wäre die ... Entlassung ... auch ohne Vorwegvollzug der Strafe möglich (§ 67 Abs. 5 S. 1 n.F. StGB ...).“

65 Vgl. BGH wistra 1989, 19 (22 unter III 2); ferner „... empfiehlt es sich zu erörtern, ob sich Strafmilderungsgründe aus der zwischen Tatbegehung und dem (neuen) Urteil verstrichenen Zeit sowie aus etwaigen, vom Angeklagten nicht zu vertretenden Verfahrensverzögerungen ergeben (vgl. ...).“

66 So wird z. B. ausdrücklich darauf hingewiesen, daß – nach Teileinstellung gemäß § 154 StPO – nur die Gesamtstrafe neu zu bilden sei.

Schuldspruch[67], ferner darauf, daß Feststellungen bereits früher bindend geworden seien[68], in welchem Umfang bei Aufrechterhaltung der Feststellungen dem neuen Tatrichter noch ein Entscheidungsspielraum verbleibt[69] oder daß bei einer allein vom Nebenkläger eingelegten und erfolgreichen Revision die Tat unter allen rechtlichen Gesichtspunkten zu untersuchen sei[70]. Solche Hinweise kommen namentlich bei Besonderheiten des Aufhebungsumfangs vor[71]. Verhältnismäßig häufig sind auch Hinweise auf die durch das Verbot der reformatio in peius dem neuen Tatrichter gesetzten Grenzen, die zum Teil dem Tatrichter ausdrücklich (als Höchstgrenze) angegeben werden[72]. Auch Klarstellungen der Revisionsrechtsprechung selbst werden in Hinweisform gegeben.[73]

---

67 Beispiel: „Bei der neuen Entscheidung wird das Landgericht die Bindungswirkung der zum Schuldspruch gehörenden Feststellungen zu beachten haben. Der Senat verweist insoweit vor allem auf BGHSt. 30, 340, 344 und BGH StrVert. 1983, 140"; vgl. auch (außerhalb des untersuchten Zeitraums) BGH JR 1989, 428 (unter II).

68 Beispiel: „Wegen des Zusammenhangs ... muß die Aufhebung das gesamte Urteil umfassen. Die Feststellungen zum äußeren Tatgeschehen sind schon aufgrund des Senatsbeschlusses vom ... bindend geworden; an dieser Bindung ändert sich nichts."

69 Beispiel: „Während der Strafausspruch, der von einem höheren Vermögensschaden ausgeht, ... aufzuheben ist, bleiben die ihm zugrundeliegenden Feststellungen von dem allein die (rechtliche) Schadensbemessung betreffende Fehler ... unberührt. Der neu zur Entscheidung berufene Tatrichter hat auf ihrer Grundlage ... allein die Strafe neu festzusetzen."

70 BGH NStZ 1986, 453f. (454 unter II).

71 Beispiel: „Vorsorglich weist der Senat darauf hin, daß mit der Aufhebung des Urteils auch die Einziehungsanordnung aufgehoben ist, soweit sie das OLG in Strafverfahren gegen den Angeklagten W, also nicht ausschließlich in dem Strafverfahren gegen Sch., ausgesprochen hat. Welche Gegenstände hiervon erfaßt sind, muß ggf. durch Auslegung ermittelt werden." Vgl. ferner die BGHR, StPO § 353 II Teilrechtskraft 9 abgedruckte und bei *Meyer-Goßner*, NStZ 1989, 300 bei Fn. 25c erwähnte Entscheidung.

72 Beispiele: „Für die neue Hauptverhandlung wird darauf hingewiesen, daß, um den Angeklagten nicht schlechter zu stellen, die aus den jetzt abgeurteilten Taten zu bildende Gesamtstrafe nicht höher als vier Jahre und neun Monate sein darf" oder „Hinsichtlich des Verbots der Schlechterstellung gem. § 358 Abs. 2 Satz 1 StGB, das nur eine Verschärfung der Rechtsfolgen, nicht des Schuldspruchs (also eine Verurteilung wegen versuchten Mordes ...) ausschließt ..., weist der Senat darauf hin, daß das Geschehen nach der Vergewaltigung, das bisher als gefährliche Körperverletzung und versuchter Totschlag rechtlich eingeordnet wurde, mit keiner höheren Strafe als acht Jahren geahndet werden kann ..."

d) In einigen Fällen will der Hinweis einen Weg zeigen, wie das inhaltliche Ergebnis des beanstandeten Urteils erreicht werden kann. So weist der BGH z. B. bei einer unzulässigen Schmerzensgeldverurteilung in Adhäsionsverfahren bei Verurteilung nach Jugendstrafrecht darauf hin, daß in der neuen Hauptverhandlung geprüft werden möge, „ob und inwiefern dem Anliegen des Erstrichters, eine Schmerzensgeldleistung ... sicherzustellen, durch Erteilung geeigneter Auflagen im Rahmen des § 8 Abs. 2, § 15 Abs. 1 Nr. 1 i.V.m. § 105 Abs. 1 JGG Rechnung getragen werden kann".

e) In einigen wenigen Fällen beziehen sich die an den Tatrichter gerichteten Hinweise nicht auf die konkrete, neu zu verhandelnde Sache, sondern sind allgemeiner Art. Die Verfahrensrüge, das Urteil sei nicht unterschrieben, weil die richterlichen Unterschriften nicht den Erfordernissen der Unterschrift entsprechen, wird, obwohl das Urteil aus materiell-rechtlichen Gründen aufgehoben wurde, zwar als unbegründet verworfen, doch werden die beanstandeten Schriftzüge als „in nicht unbedenklicher Weise abstrahiert" bezeichnet[74]. Ferner nimmt der BGH eine Urteilsaufhebung nach § 338 Nr. 5 i.V. mit den §§ 230, 231 StPO zum Anlaß einer allgemeinen Empfehlung zur zurückhaltenden Anwendung der Beurlaubungsvorschriften[75]. Hier handelt es sich um Hinweise allgemeiner Art an einen konkreten Kreis von Tatrichtern.

## V. Apokryphe Hinweise

1. Mit dem hier unter der Bezeichnung apokrypher Hinweis zur Diskussion gestellten Phänomen sind Wendungen gemeint, die teils halb explizit eine bestimmte Wertung durch das Revisionsgericht unzweifelhaft erkennen lassen, teils vom üblichen Sprachgebrauch der Revi-

73 So etwa BGH NStZ 1988, 552 zur Zäsurwirkung der früheren Verurteilung bei Gesamtstrafenbildung.

74 Mit dem Zusatz: „... entsprechen aber nach Meinung des erkennenden Senats noch den von der Rechtsprechung (vgl. BGHSt. 12, 317, 318; OLG Oldenburg NStZ 1988, 145) gestellten Anforderungen."

75 Wortlaut: „Der Senat wiederholt seine schon mehrfach ausgesprochene Empfehlung, von einer vorübergehenden Abtrennung des Verfahrens gegen einzelne Angeklagte oder deren Beurlaubung nur mit großer Vorsicht Gebrauch zu machen, weil diese Verfahrensmaßnahmen leicht einen Revisionsgrund schaffen können."

sionssenate in charakteristischer und eine bestimmte Bewertungsrichtung andeutender Weise abweichen. Sie können als Hinweise an den Tatrichter interpretiert werden, wenn sich dahinter die Zielrichtung verbirgt, diesem eine bestimmte Verfahrensweise oder ein bestimmtes Entscheidungsverhalten nahezulegen oder, entsprechend den gegensteuernden expliziten Hinweisen, eine Fehlinterpretation der aufhebenden Entscheidung durch den neuen Tatrichter zu verhindern[76]. Bei einem Teil der in Betracht kommenden Wendungen ist solche hinweisende Finalität zweifelhaft; die Grenze zu den zufälligen Ausdrucksvarianten ohne Hinweischarakter erscheint fließend und unsicher. Teilweise, besonders bei Grenzfällen zu den expliziten Hinweisen ist die hinweisende Absicht des Revisionsgerichts eindeutig erkennbar. Solche apokryphen Hinweise finden sich bisweilen auch in Entscheidungen, die die Revision verwerfen, das tatrichterliche Urteil also bestätigen.

2. Insgesamt fanden sich im Untersuchungsmaterial Anhaltspunkte für apokryphe Hinweise weitaus seltener als explizite Hinweise; Wendungen, die in dieser Richtung interpretiert werden könnten, waren nur in 36 (von 505) Entscheidungen enthalten, also in weniger als 10%. Die Revisionsentscheidungen enthalten oft regelmäßig gebrauchte Wendungen als Standardformulierungen, die als Hinweise mißverstanden werden könnten, wenn man sie isoliert auf den Einzelfall beziehen würde. Die von den Revisionsgerichten bei der Begründung des Aufhebungsumfangs oder des Beruhens regelmäßig verwendete Formulierung, daß etwas „nicht mit der erforderlichen Sicherheit" ausgeschlossen werden könne, darf nicht als apokrypher Hinweis dahin verstanden werden, daß das Revisionsgericht im konkreten Fall den Zusammenhang ernsthaft bezweifelt hat. Anders können die Dinge möglicherweise liegen, wenn die Formulierung auftaucht, daß etwas nicht „völlig" oder „mit letzter Sicherheit" ausgeschlossen werden könne, die gelegentlich, aber selten verwendet wird, wenn es um die Mitaufhebung an sich rechtsfehlerfreier Einzelstrafen geht.

76 Bei *Sarstedt/Hamm*, Die Revision in Strafsachen, 5. Aufl., Rdn. 520, wird als Beispiel hierfür die auch im Untersuchungsmaterial einmal enthaltene Wendung erwähnt, das Urteil enthalte keine Rechtsfehler, die den Angeklagten beschweren; dies sei der Hinweis, daß es Fehler aufweise, die ihn beschweren. Ob das so uneingeschränkt zutrifft, erscheint zweifelhaft.

3. Gerade bei den Aufhebungen im Strafmaß finden sich verhältnismäßig eindeutige apokryphe Hinweise dahingehend, daß das Revisionsgericht die Strafe nicht von vorneherein beanstandet, aber der umfassenden tatrichterlichen Entscheidung nicht vorgreifen will, so wenn die Strafe als „maßvoll", „durchaus maßvoll", „milde", „an sich nicht zu beanstanden" oder „rechtsfehlerfrei begründet" bezeichnet wird; solche Wendungen erscheinen als verdeckte gegensteuernde Hinweise bei Strafmaßaufhebungen zugunsten des Angeklagten. Der Hinweis auf die für sich gesehen an sich rechtsfehlerfreie, wenn auch aus anderen Gründen mit aufzuhebende Verurteilung oder Feststellung[77] findet sich auch außerhalb der Strafzumessung mehrfach. Manche Wendungen lassen – auch insoweit mit gegensteuernder Tendenz – wohl erkennen, daß das Revisionsgericht nach den bisherigen Feststellungen die beanstandeten Ergebnisse nicht für unwahrscheinlich oder ausgeschlossen, sondern vorwiegend für unzureichend begründet hält und jedenfalls tendenziell ein ähnliches Ergebnis der neuen tatrichterlichen Verhandlung für vertretbar halten würde. Beispiel bieten die Wendung „zwar liegt es nahe"[78], oder „zwar ist gegen ... nichts zu erinnern"[79]. Auf eine andere Verurteilungsmöglichkeit nach der Aufhebung der Verurteilung wegen Betruges weist das Revisionsgericht mit der Wendung hin: „Diese rechtliche Beurteilung, die bereits in der Anklage vorgenommen worden ist, liegt nahe". Verwandt sind die Fälle, in denen die Revisionsentscheidung eine verdeckte Verwerfung der Revisionsbegründung enthält, so wenn eine Verurteilung, als „entgegen der in der Revisionsbe-

77 Zur Problematik und den Möglichkeiten der Nutzung an sich fehlerfreier, aber mit aufzuhebenden Feststellungen (auch de lege ferenda) vgl. *Krauth*, Erwägungen zur Vereinfachung des Strafverfahrens nach der Revision, Festschr. für Tröndle, 1989, 513 ff.

78 Ebenso die umgekehrte Formulierung: „Zwar liegt es angesichts ... eher fern, ist aber nicht mit Sicherheit auszuschließen."

79 Einen komplexen apokryphen Hinweis enthält möglicherweise die Passage: „Die dafür gegebene Begründung ist für sich gesehen vertretbar, allerdings möglicherweise von den noch darzulegenden Mängeln beeinflußt." Einerseits steckt darin der Hinweis, daß die Begründung nicht per se rechtsfehlerhaft ist, andererseits könnte die Wendung „vertretbar" statt des üblicherweise verwendeten „nicht zu beanstanden" ein gewisses Unbehagen andeuten. Doch mag dies schon an der Grenze zur Überinterpretation liegen.

gründung geäußerten Ansicht an sich rechtsfehlerfrei" bezeichnet wird[80].

In die umgekehrte Richtung zielen die in dem Untersuchungsmaterial zahlenmäßig seltener vorkommenden apokryphen Hinweise, die auf eine Verstärkung oder Verdeutlichung des Aufhebungsgrundes hinwirken oder auf Bedenklichkeiten des aus anderen Gründen aufgehobenen tatrichterlichen Urteils aufmerksam machen wollen. Entgegen der verbreiteten Revisionspraxis wird etwa nicht nur zur erneuten Prüfung zurückverwiesen, sondern das dem Revisionsführer günstigere Ergebnis als „nach den bisherigen Feststellungen naheliegend" bezeichnet oder eine günstigere Bewertung dahingehend gekennzeichnet, daß sie „sehr viel näher gelegen hätte". Gelegentlich finden sich auch beanstandungsähnliche Hinweise, auf die es als Aufhebungsgrund nicht mehr ankommt, weil eine andere Beanstandung durchgreift[81] oder weil sie sich auf das Ergebnis nicht ausgewirkt haben[82].

4. In den Formenkreis der apokryphen Hinweise gehören auch die Fälle, in denen das Revisionsgericht den Verfahrensstoff nach den §§ 154, 154a StPO beschränkt und bei der Zurückverweisung wegen des Rechtsfolgenausspruchs dem Tatrichter signalisiert, daß sich in den eingestellten oder ausgeschiedenen Taten oder Tatteilen Rechtsfehler befunden haben[83]. Das hat zwar für die abschließende Erledi-

---

80 Im konkreten Fall wurde die Verurteilung nur deshalb aufgehoben, weil Tateinheit mit einer rechtsfehlerhaften Verurteilung nicht auszuschließen war.

81 Beispiele: „... kann es auf sich beruhen, ob das LG strafschärfend ins Gewicht fallen lassen durfte, daß der Angeklagte mit direktem Vorsatz getötet hat (vgl. ...)" oder „... ob hierin eine (noch) rechtsfehlerfreie Würdigung des Beweisergebnisses liegt, oder ob das LG damit nicht überspitzte Anforderungen an die erforderliche Gewißheit gestellt hat ..., kann indessen dahin gestellt bleiben" oder „Da die Verurteilung keinen Bestand hat, bedarf es keines weiteren Eingehens auf die Frage, ob die Kammer zu Recht von einer vollendeten Erpressung ausgegangen ist oder nur ... vorliegt."

82 So bezeichnet eine Entscheidung die Exploration durch einen Sachverständigen als „fragwürdige Methoden", fügt hinzu, daß dies „die Revision vorgetragen und belegt" habe, geht aber darauf nicht weiter ein, weil die Feststellungen damit „ersichtlich" nicht zusammenhingen.

83 Beispiel: „Das angefochtene Urteil weist – nach der Beschränkung der Verfolgung gemäß § 154a Abs. 2 StPO – keinen Rechtsfehler zum Nachteil des Angeklagten auf ..."

gung des konkreten Falles keine Bedeutung mehr, kann aber doch dem Tatrichter Veranlassung geben, vergleichbare Fehler bei künftigen ähnlichen Fallgestaltungen zu vermeiden.

## VI. Zusammenfassende Bewertung[84]

Schon die Darstellung und knappe Analyse der aus zwei eher kurzen Erhebungszeiträumen stammenden Hinweise zeigt, wie buntscheckig und facettenreich die Hinweispraxis der Strafsenate des BGH ist. Gleichsam unauffällig und ohne ausdrückliche gesetzliche Grundlage haben sie ein differenziertes System der Kommunikation mit dem Tatrichter (und damit mittelbar auch mit den sonstigen Prozeßbeteiligten) entwickelt. Betrachtet man den Charakter der ganz überwiegenden Zahl der Hinweise, so findet die Hinweispraxis ihren Anlaß sicherlich nicht in erster Linie im Bestreben nach Rechtsfortbildung und der Wahrung der Rechtseinheit, sondern in der Sicherstellung einer gerechten Entscheidung des Einzelfalls. Sie dürfte damit, wie manche andere neue Entwicklungen in Revisionsverständnis und Revisionspraxis[85], mit dem Vordringen einer Auffassung in Verbindung stehen, die den vorrangigen Zweck der Revision in der Sicherung der Einzelfallgerechtigkeit sieht.

Damit nimmt die Hinweispraxis allerdings auch teil an der vor allem von *Hanack*[86] eindrucksvoll zusammengefaßten Problematik dieser Entwicklung. Nimmt man einmal die im wesentlichen klarstellenden oder überwiegend auf die neuere Revisionsrechtsprechung verweisenden Hinweise aus, die freilich quantitativ einen beträchtlichen Anteil ausmachen, so verwischen die Hinweise, namentlich solche, die die Überzeugungsbildung und die Beweiswürdigung betreffen, die Grenzen der Verantwortung von Tatrichter und Revisionsrichter. Es ließe sich fragen, ob es der „Ordnung des Revisionsverfahrens" immer entspricht, dem neuen Tatrichter, der ja ein anderer zu sein hat, als der, dessen Urteil aufgehoben ist, ergebnisorientierte Tendenzen aufzuzeigen, und es ließe sich wohl auch fragen, wieweit

84 Die zusammenfassende Beurteilung greift teilweise Anregungen und Gedanken aus der Diskussion auf dem Symposium nach dem mündlichen Vortrag auf.

85 Vgl. *LR-Hanack*, Vor § 333 Rn. 7f.

86 *LR-Hanack*, Vor § 333 Rdn. 9ff.

insoweit der Anspruch von Angeklagtem und Staatsanwaltschaft auf einen „unbefangenen" neuen Tatrichter beeinträchtigt sein könnte. Andererseits könnte man dieser Kritik entgegenhalten, daß es dem Revisionsgericht nicht verwehrt sein kann, jedenfalls dort andeutend und hinweisend tätig zu sein, wo es, hätte der Tatrichter so entschieden, „Rechtsfehler" im Sinne des heutigen Umfangs der Revisibilität beanstanden könnte und müßte. Die hier dargelegte Hinweispraxis ist daher, wie mir scheint, im Grundsätzlichen nicht für sich allein kritisierbar, sondern eine Konsequenz aus dem gegenwärtigen Umfang der Revisibilität, der dogmatisch noch nicht voll ausgelotet ist.

Wie weit sich die neuen Tatrichter von den Hinweisen des Revisionsgerichts beeinflussen lassen, muß hier offenbleiben[87]. Bindend im Sinne des § 358 Abs. 1 StPO sind sie nicht; doch dürften sie schon deshalb nicht ohne Eindruckskraft bleiben, weil bei einer erneuten Revision das Revisionsgericht das „letzte Wort" haben würde.

87 Zu den differenzierten und teilweise zwiespältigen Ergebnissen, auch zur „Beeinflußbarkeit" des Tatrichters durch das Revisionsgericht s. die Untersuchung von *Hanack*, Zum Verfahrensausgang nach erfolgreicher Revision, Festschr. für Tröndle, 1989, S. 495 ff.

*Hans Dahs*

# Bestehenbleibende Feststellungen (§ 353 Abs. 2 StPO) – und ihre Probleme

## I.

Nach § 353 Abs. 2 StPO sind für den Fall, daß eine Revision für begründet erachtet wird, gleichzeitig mit der Aufhebung des angefochtenen Urteils auch die diesem zugrunde liegenden tatsächlichen Feststellungen aufzuheben, sofern diese durch die Gesetzesverletzung betroffen sind.

Noch im Jahre 1958 konstatierte *Seibert*, daß diese „dornenreiche Dornröschen-Vorschrift" ihrem Sinn nach nur schwer zugänglich sei und im Schrifttum eher stiefmütterlich behandelt werde[1]. Nach der Formulierung des Gesetzes („sofern") hat der Gesetzgeber an die Mitaufhebung sämtlicher Feststellungen als Ausnahme und an deren teilweise Aufrechterhaltung als Regelfall gedacht[2]. Es hat jedoch den Anschein, als ob es in der Revisionspraxis lange Zeit so gewesen ist, daß die vollständige Aufhebung der Feststellungen der „Normalfall" gewesen ist[3].

Nach Mitteilung von *Sarstedt* (bezogen auf den Stand des Jahres 1977) ist es so, „daß die Revisionsgerichte seit fast 100 Jahren immer, soweit eine Revision zur Aufhebung führt, alle zugrunde liegenden Feststellungen aufheben. Das ist vom Wortlaut des § 353 Abs. 2 StPO nicht gefordert, wird aber gleichwohl von allen Revisionsgerichten so

1 Seibert, Zur Mitaufhebung der Feststellungen (§ 353 II StPO), NJW 1958, 1076; im gleichen Sinne Eb. Schmidt, Lehrkommentar I, 1957, Anm. 2b und 3b zu § 353 StPO.

2 Hahn, Materialien zur StPO, Neudruck 1983, § 315 (S. 258).

3 Seibert, a.a.O.; Sarstedt, Zur Reform der Revision in Strafsachen, Festschrift Dreher, 1977, 691.

gehandhabt"[4]. Dieser von *Sarstedt* konstatierte Grundsatz der „totalen" Aufhebung von Feststellungen bei einer begründeten Revision ist aber im Laufe der Zeit in Rechtsprechung und Literatur der Ansicht gewichen, daß grundsätzlich – entsprechend dem Wortlaut des § 353 Abs. 2 StPO – die Teilaufhebung von Feststellungen sowohl im Schuldspruch als auch im Strafausspruch der Regelfall sein sollte. So spricht denn auch *K.H. Meyer* davon, daß im Hinblick auf § 353 Abs. 2 StPO bei der Aufhebung wegen sachlich-rechtlicher Mängel „der Grundsatz tunlichster Aufrechterhaltung der von der Gesetzesverletzung nicht berührten Feststellung" gelte[5]. *Pikart* führt aus, daß bei einer Teilaufhebung eines Urteils „generell" nur noch die zugehörigen Feststellungen aufgehoben werden könnten[6]. In jüngster Zeit hat *Krauth* sogar den Vorschlag unterbreitet, daß im Zuge einer Reform zur Vereinfachung des Strafverfahrens nach erfolgreicher Revision die Möglichkeit der Teilaufrechterhaltung von Feststellungen, gleichsam zur „Rettung" scheinbar gesicherter wesentlicher Teilergebnisse, noch ausgebaut werden sollte[7]. Dabei hält *Krauth* es sogar für möglich, daß „anstelle einer wochen- oder monatelangen Wiederholung der Beweisaufnahme nach gehöriger Vorbereitung eine eintägige Hauptverhandlung" zur Abwicklung der erneuten Tatsacheninstanz ausreichen könnte[8].

Grund für diese Tendenzwende ist sicherlich zum einen, daß die Ressourcen der chronisch überlasteten Justiz gebunden sind, und zum anderen, daß die Zahl von Umfangverfahren, vor allem im Bereich der Wirtschaftskriminalität, mit einer Verfahrensdauer von mehr als 2 Jahren und hieraus resultierenden Urteilsbegründungen von mehr als tausend Seiten, ständig zunimmt.

Bei allem Verständnis für diese Beweggründe erscheinen aber die

---

4 Sarstedt, a.a.O.

5 Kleinknecht/Meyer, 39. Aufl., 1989, § 353 Rz. 15 unter Bezug auf die nachstehend behandelte Grundsatzentscheidung BGHSt 14, 30, 35, die zu einer „Wende" in der Auslegung des § 353 Abs. 2 StPO führte.

6 KK-Pikart, 2. Aufl., 1987, § 353 Rz. 24.

7 Krauth, Erwägungen zur Vereinfachung des Strafverfahrens nach der Revision, Festschrift Tröndle, 1989, S. 513; seine Reformvorschläge, die auch zu einer erheblichen Einschränkung und Abschwächung des Beweisantragsrechtes der Verteidigung führen würden, können hier aus Raumgründen nicht näher erörtert werden.

8 Krauth, a.a.O., S. 514.

Schwierigkeiten für die Praxis und hierbei insbesondere die Probleme in der erneuten Tatsacheninstanz nach erfolgreicher Revision für Gericht und Verteidigung so gravierend, daß die derzeitige Rechtspraxis überdacht werden sollte. Nachfolgend soll zunächst die Entwicklung, die zu der „Wende“ geführt hat, skizziert werden, anschließend soll an Hand einer Fallgruppenbildung aus der Rechtsprechung des Bundesgerichtshofs[9] beispielhaft gezeigt werden, in welchen Bereichen eine Teilaufrechterhaltung von Feststellungen praktiziert wird, welche Bindungen hierdurch für den zweiten Tatrichter entstehen und ob und inwieweit dieser mit den aufrecht erhaltenen Feststellungen die „zweite Runde“ bewältigen kann.

## II.

Die grundlegende Änderung der bis dahin herrschenden Interpretation des § 353 Abs. 2 StPO bewirkte der 4. Strafsenat des Bundesgerichtshofs mit seinem Urteil vom 27. November 1959[10]. Bis zu diesem Zeitpunkt war es ständige Rechtsprechung, daß das Revisionsgericht für den Fall einer unbeschränkten Zurückverweisung die Feststellungen nicht teilweise aufrecht erhielt[11]. Insbesondere schien es angesichts der bisherigen Rechtsentwicklung zu diesem Zeitpunkt praktisch ausgeschlossen, daß Feststellungen zur Schuldfrage teilweise aufgehoben und teilweise aufrecht erhalten wurden[12]. Auch in der Literatur bestand Übereinstimmung darin, daß eine Teilaufrechterhaltung der Feststellungen zum Schuldausspruch nicht in Betracht komme, es vielmehr geboten sei, bei Aufhebung des Urteils und Zu-

9 Neben der veröffentlichten Rspr. standen auch einschlägige nicht veröffentlichte Entscheidungen des BGH der Jahre 1981 bis Anfang 1989 dank freundlicher Unterstützung durch Herrn Ministerialdirektor Prof. Dr. Rieß und Herrn Bundesanwalt M. Bruns für die Untersuchung zur Verfügung.

10 BGHSt 14, 30.

11 RGSt 2, 289 führt aus, daß eine solche Trennung nicht möglich sei; ausführlich zu BGHSt 14, 30: Grünwald, Die Teilrechtskraft im Strafverfahren, 1964, 358 ff. m.w.N. zur Rechtsprechung des Reichsgerichts und umfangreichen Nachweisen zur älteren Literatur; zur Rechtsprechung des Reichsgerichts auch Löwe-Rosenberg-Hanack, 24. Aufl., § 353 Rz. 21 Fn. 26; strikt gegen jegliche Aufhebung nur einzelner Feststellungen LR-Meyer, 23. Aufl., § 353 Rz. 21.

12 Grünwald, a.a.O.

rückverweisung die gesamten Feststellungen aufzuheben[13]. Damals gab es nur Stimmen in der Literatur, die der Auffassung waren, daß nur einzelne, tatsächlich tangierte Feststellungen aufgehoben werden sollten[14].

Da die Entscheidung vom 27. 11. 1959 einen Markstein in der Entwicklung des Revisionsrechts darstellt, soll darauf näher eingegangen werden. Der BGH erklärte, für den Fall, daß das Revisionsgericht ein Urteil nur bezüglich mangelnder oder fehlerhafter Prüfung der „Zurechnungsfähigkeit" aufhebt, könne es die Feststellungen zum äußeren Tatgeschehen aufrecht erhalten. Ausgehend vom Wortlaut der Vorschrift des § 353 Abs. 2 StPO führte der BGH aus, daß zugleich mit dem Urteil, welches im vorliegenden Falle im Ganzen aufgehoben wurde, die zugrunde liegenden Feststellungen, soweit sie durch den festgestellten Rechtsfehler betroffen sind, aufgehoben werden müßten. Die Aufhebung müsse „in diesem Umfange, aber auch nur in ihm" erfolgen[15]; die Teilaufhebung der Feststellungen sei die Regel, die gesamte Aufhebung jedoch die Ausnahme. Gerade der Wortlaut des § 353 Abs. 2 StPO zeige, daß die sogenannte „innere Unteilbarkeit der Schuldfrage" einer „gesonderten Behandlung der dem einheitlichen Schuldspruch zugrunde liegenden tatsächlichen Feststellungen nicht" entgegenstehe[16]. Durch das Gesetz werde die unterschiedliche Behandlung der Schuldfrage und der tatsächlichen Grundlagen derselben geradezu gefordert. Daraus ergebe sich dann auch das Gebot der möglichst nur teilweisen Aufhebung der Feststellungen. Dieses Postulat stehe im Einklang mit den das Verfahrensrecht beherrschenden allgemeinen Grundsätzen. Zu diesen sei nämlich auch die prinzipielle Beschränkbarkeit der Revision zu rechnen, wobei ebenfalls eine Bindung an die von der Tatsacheninstanz getroffenen Feststellungen entstehe. Vom Gesetz werde also die Möglichkeit in Kauf genommen, daß bei der erneuten Sachprüfung neue Tat-

13 Zum Beispiel von Hippel, Der deutsche Strafprozeß, 1941, S. 599 Fn. 3; zahlreiche weitere Nachweise bei Grünwald, a.a.O., S. 389 Fn. 15; ausführlich und eindringlich gegen die Teilaufrechterhaltung Seibert, a.a.O., m.w.N.

14 Kern, Strafverfahrensrecht, 6. Aufl., 1960, S. 214; Roxin, Strafverfahrensrecht, 21. Aufl., 1989, ist ein uneingeschränkter Verfechter der Teilaufrechterhaltung von Feststellungen, S. 366.

15 BGHSt 14, 30, 34.

16 BGH, a.a.O., 35.

sachen hervortreten, die mit den nicht angegriffenen Feststellungen in Widerspruch stehen. Schon 1959 werden auch prozeßökonomische Gründe bemüht: „Im Interesse des zügigen Ablaufs des Verfahrens, namentlich zur Vermeidung der Wiederholung von Zeit und Kosten beanspruchenden Beweisaufnahmen wird der Prozeßbeteiligte, der sich beschweren will, auf die Möglichkeit einer Wiederaufnahme des Verfahrens verwiesen“[17]. Darüber hinaus sei Zurückhaltung bei der Aufhebung der Feststellungen auch wegen der Gefahr der Erschwerung der Beweisaufnahme wegen Zeitablaufes geboten; denn bei der Wiederholung von Beweisaufnahmen über geklärte Tatfragen werde die Wahrheitsermittlung gefährdet. Die Wiederholung einer einwandfreien und erschöpfenden Beweisaufnahme sei auch sinnlos. Besonders interessant ist die abschließende Interessenabwägung:

„Zu dem erheblichen Nachteil einer zu weit gehenden Beseitigung der tatsächlichen Grundlagen gehört schließlich die Belästigung oder gar Gefährdung der für die Wiederholung der Beweisaufnahme erforderlichen Zeugen. Mit dieser ist insbesondere in Sittlichkeitssachen zu rechnen, in denen, wie in der hier zu entscheidenden Sache, jede vermeidbare neue Vernehmung jugendlicher Opfer von Übel ist. Diese Nachteile wiegen weit schwerer als die Gefahr, daß der Tatrichter bei der erneuten Verhandlung durch aufrecht erhaltene Feststellungen zum Nachteil des Angeklagten oder der Strafverfolgungsbehörde in seiner Freiheit der Sachverhaltsermittlung beschränkt sein könnte. Einer solchen Gefahr läßt sich durch vorsichtige Prüfung der Selbständigkeit der aufrecht zu erhaltenden Feststellungen begegnen.“[18]

In dieser Passage sind zwei Punkte positiv: Die deutlich ausgesprochene Sorge um die Belastung des Opfer-Zeugen durch eine erneute Beweisaufnahme, die leider erst 30 Jahre später zu entsprechenden gesetzlichen Schutzvorschriften geführt hat (Opferschutzgesetz, § 68a StPO, § 171b GVG). Zum anderen die Mahnung zur Vorsicht bei der Abgrenzung von bestehenbleibenden und aufzuhebenden Feststellungen, die heute so aktuell wie damals ist. Auf Bedenken muß dagegen die Auffassung stoßen, es könne hingenommen werden, daß in erneuter Tatsacheninstanz getroffene Feststellungen, die im Widerspruch zu bestehenbleibenden Feststellungen stehen, für die Entscheidung zur Schuld- und Straffrage unberücksichtigt bleiben müssen. Ergibt sich in der erneuten Beweisaufnahme tatsächlich eine derartige Situation, so indiziert sie sehr häufig, daß die gebotene

---

17 BGH, a.a.O., 36.
18 BGH, a.a.O., 37, 38.

„vorsichtige Prüfung" eben nicht vorsichtig genug war und es an der notwendigen Selbständigkeit der aufrecht erhaltenen Tatsachenfeststellungen mangelt, d. h. die Grenze zwischen dem Sachverhalt, der ohne Schaden für die Neuverhandlung in Rechtskraft erwachsen konnte, und den Tatsachenangaben, die – mindestens vorsorglich – aufgehoben werden sollten, nicht richtig gezogen worden ist. Über eine derartige Konfrontation einander widersprechender Tatsachenfeststellungen im Erkenntnisprozeß und das damit verbundene Manko für die Wahrheitsermittlung und ein gerechtes Urteil hilft das Rechtsinstitut der Wiederaufnahme des Verfahrens nicht hinweg. Nach § 359 Nr. 5 kommt die Wiederaufnahme zugunsten des Verurteilten nur dann in Betracht, wenn „neue" Tatsachen oder Beweismittel vorgebracht werden, die für sich genommen oder in Verbindung mit den früher erhobenen Beweisen einen Freispruch, die Anwendung eines milderen Strafgesetzes oder eine andere Entscheidung über eine Maßregel zu begründen geeignet sind. Entscheidender Zeitpunkt für die Frage der Beurteilung der Neuheit einer Tatsache oder eines Beweismittels ist bei Entscheidungen aufgrund mündlicher Verhandlung der Abschluß der Hauptverhandlung, da zu diesem Zeitpunkt das erkennende Gericht letztmals Sachverhaltsfeststellungen getroffen hat[19]. Mithin sind neu i. S. des § 359 Nr. 5 StPO in diesem Fall lediglich solche Tatsachen und Beweismittel, welche bei Beendigung der letzten mündlichen Verhandlung noch nicht in die Hauptverhandlung eingeführt und also nicht zum Verhandlungsgegenstand gemacht worden waren[20]. Zur Begründung einer Wiederaufnahme dürfen also die „neuen" Tatsachen vor Abschluß der mündlichen Verhandlung nicht bekannt gewesen sein und gerade deshalb keine Berücksichtigung im Urteil gefunden haben[21]. Damit ist es dem Angeklagten, für den sich in der erneuten Tatsacheninstanz entlastende Fakten ergeben, die aber aufgrund der aufrecht erhaltenen Feststellungen nicht berücksichtigt werden dürfen, verwehrt, mit Hilfe dieser entlastenden Tatsachen die Wiederaufnahme anzustreben. Denn das Entlastungsmaterial war sehr wohl vor dem Abschluß der mündli-

19 Kleinknecht-Meyer, § 359, Rz. 28; LR-Gössel, § 359, Rz. 80; auch Wasserburg, Die Wiederaufnahme des Strafverfahrens, Handbuch, 1983, 319.

20 KK-Meyer-Goßner, § 359, Rz. 24; LR-Gössel, § 359, Rz. 80.

21 OLG Düsseldorf, NJW 1987, 2030; Kleinknecht-Meyer, § 359, Rz. 30.

chen Verhandlung bekannt, durfte aber aufgrund der neuen prozessualen Bindungswirkung, die die aufrecht erhaltenen Feststellungen entfalten[22], nicht berücksichtigt werden. Nach den Erfahrungen der Praxis fallen ohnehin viele neue Fakten und Beweismittel durch die im Wiederaufnahmeverfahren besonders kritisch vorgenommene Eignungsprüfung. Indizien zugunsten des Angeklagten, die im Rahmen einer einheitlichen Beweisaufnahme und Überzeugungsbildung des Gerichts entscheidendes Gewicht gewinnen könnten, wirken bei isolierter Betrachtung vor dem Block rechtskräftiger Feststellungen eher blaß und kraftlos, so daß ihnen die Eignung zur Änderung der Entscheidung leicht abgesprochen werden kann.

Es ist verständlich, daß die Entscheidung des Bundesgerichtshofes nicht nur Zustimmung, sondern auch überzeugenden Widerspruch gefunden hat[23]. Insbesondere *Grünwald* hat eindringlich darauf hingewiesen, daß es für die Differenzierung zwischen selbständigen und unselbständigen Feststellungen keine „auch nur einigermaßen sicheren Kriterien" gebe. Es erscheine höchst zweifelhaft, ob sich etwa Feststellungen zum äußeren Tatbestand von denen zur inneren Tatseite wirklich exakt trennen lassen. „Wie soll ein Gericht Beweis darüber erheben, ob der Täter vorsätzlich gehandelt hat, ohne daß dabei die Frage geprüft wird, ob er die festgestellte Handlung vorgenommen hat?"[24] Diese Mahnungen haben sich jedoch in der Rechtsprechung und in der Literatur ebensowenig durchgesetzt, wie die Warnungen von *Seibert*, daß das Bestehenlassen von einzelnen Feststellungen sowohl für das Gericht wie auch für die Beteiligten „meist mehr Schwierigkeiten als Erleichterungen" mit sich bringt[25].

---

22 Kleinknecht-Meyer, § 353, Rz. 21; LR-Hanack, § 353, Rz. 33 m.w.N.

23 Grünwald, a.a.O., 362 ff.

24 Grünwald, a.a.O., 366; auch S. 107 ff., wonach die Berufung auf den Wortlaut des § 353 Abs. 2 angesichts der ursprünglichen Intention des Gesetzgebers keineswegs zwingend ist.

25 Seibert, a.a.O., S. 1077.

## III.

Noch im Jahre 1977 konnte *Sarstedt* befriedigt hervorheben, das BGH-Urteil aus dem Jahre 1959 habe keine Nachfolge gefunden. Dies hat sich alsbald danach gründlich geändert. Seit dem Ende der 70er Jahre läßt sich nämlich eine deutliche Zunahme von Revisionsurteilen feststellen, in denen ein Teil der Tatsachenfeststellungen aufrecht erhalten wird. Auch die Kommentierungen von *K. H. Meyer* und *Pikart* befürworten, wie bereits erwähnt, das Prinzip der möglichst weitgehenden Aufrechterhaltung von Feststellungen. *Hanack* erkennt zwar prinzipiell die Möglichkeit an, daß nur einzelne Feststellungen, sei es im Schuldspruch, sei es im Strafausspruch, vom Revisionsgericht aufgehoben werden[26], mahnt aber zugleich, daß die Teilaufrechterhaltung entgegen BGHSt 14, 35, 36 die Ausnahme bleiben soll, welche „vorsichtig gehandhabt werden muß"[27]. Für heute ergibt sich jedenfalls der Befund, daß sich die Praxis der Aufrechterhaltung von Teilen der Urteilsfeststellungen in der Praxis der Rechtsprechung und in der maßgebenden Kommentarliteratur zur Strafprozeßordnung durchgesetzt hat.

## IV.

Dafür gelten folgende Kriterien: Grundsätzliche Voraussetzung für eine teilweise Aufrechterhaltung von Feststellungen ist die Selbständigkeit und Unabhängigkeit dieser Feststellungen von dem anderen Urteilssachverhalt[28]. Es muß also geprüft werden, ob und in welchem Ausmaß die von der Gesetzesverletzung betroffenen Feststellungen aus dem von der Tatsacheninstanz festgestellten Sachverhalt herausgelöst werden können, ohne daß hierdurch die aufrecht erhaltenen Feststellungen „und sei es auch nur durch Wegfall eines Beweisanzeichens, in Zweifel gezogen werden"[29]. An diesem Erfordernis fehlt es, wenn die Feststellungen „untereinander in einem so engen Zusammenhang stehen, daß dem neuen Tatrichter die Ge-

---

26 LR-Hanack, § 353,Rz. 21.
27 LR-Hanack, § 353, Rz. 21.
28 So bereits BGHSt 14, 30, 38.
29 BGH, a.a.O., 35; KK-Pikart, 2. Aufl., § 353, Rz. 24; LR-Hanack, § 353, Rz. 17.

legenheit gegeben werden muß, eine Entscheidung ohne Bindung an rechtskräftige Feststellungen neu zu treffen"[30]. Ebenso scheidet eine Teilaufrechterhaltung aus, wenn – und hier dürfte der neuralgische Punkt dieses Rechtsinstituts liegen – die Gesamtaufhebung „im Interesse einer einheitlichen Beurteilung und Bewertung des Gesamtgeschehens" angezeigt ist[31] und der neue Tatrichter bei der Feststellung der maßgebenden Tatsachen „freie Hand" haben muß[32].

Ergibt sich nach dieser Prüfung die Möglichkeit der Teilaufrechterhaltung von einzelnen Feststellungen – die von der Rechtsprechung insoweit gebildeten Fallgruppen werden nachstehend erörtert –, so ist die Aufhebung der Feststellungen und ihr Umfang im Tenor auszusprechen[33]. Fehlt diese Entscheidung in der Urteilsformel, so ist für die erneute Tatsacheninstanz davon auszugehen, daß eine Gesamtaufhebung erfolgt ist[34]. Mit der Aufhebung bestimmter Feststellungen wird in der Praxis zugleich der Ausspruch verbunden, daß bestimmte andere Feststellungen aufrecht erhalten bleiben[35]. Dies sieht dann etwa wie folgt aus:

Beispiel 1:
Auf die Revision des Angeklagten wird das Urteil des Landgerichts ... vom ... mit den Feststellungen – ausgenommen die Feststellungen zum äußeren Tatgeschehen – aufgehoben[36].

Beispiel 2:
Auf die Revision der Angeklagten wird das Urteil des Landgerichts ... vom ... mit den zugehörigen Feststellungen aufgehoben. Jedoch bleiben die

30 BGH, U. v. 15. 4. 1980 – 1 StR 107/89 –; BGH, B. v. 20. 7. 1983 – 3 StR 184/83 –; nach BGHSt 24, 185, 187 ist eine getrennte Beurteilung und Aufhebung bei einem inneren Zusammenhang nicht möglich; BGH, 11. 1. 1984, – 2 StR 537/84 –: Trennbarkeit ist entscheidend.

31 Entscheidung des 4. Strafsenates vom 7. 6. 1983 – 4 StR 140/83 –.

32 Entscheidung des 3. Strafsenates vom 30. 5. 1983 – 3 StR 151/83 –.

33 Kleinknecht/Meyer, § 353 Rz. 12; KK-Pikart, § 353 Rz. 24; LR-Hanack, § 353 Rz. 18.

34 Kleinknecht/Meyer, § 353 Rz. 12; KK-Pikart, § 353 Rz. 24; LR-Hanack, § 353 Rz. 18.

35 BGHSt 14, 30, 31.

36 BGH 4. Strafsenat, U. v. 6. 3. 1986 – 4 StR 40/86 –; 1. Strafsenat, B. v. 2. 1. 1990 – 1 StR 643/89 –.

tatsächlichen Feststellungen im Fall II a) der Urteilsgründe zu den Vorwürfen der Steuerhinterziehung aufrecht erhalten[37].

Beispiel 3:
Auf die Revision der Angeklagten wird das Urteil des Landgerichts ... vom ... aufgehoben; mit aufgehoben werden nach Maßgabe der Gründe dieses Beschlusses diejenigen Feststellungen, die sich auf den Verkauf und die Lieferung der Weine an die ... Kellerei und die Weinkommission ... beziehen.
In den Gründen hierzu heißt es dazu:
...
so daß folgende Feststellungen aufzuheben sind:
1. UA S. 14:
   Von Zeile 13 „er hatte inzwischen" bis Zeile 22 „Regreßansprüche der Abnehmer".
2. UA S. 31:
   Von Zeile 14 „nach Erteilung der Prüfungsnummern" bis Zeile 23 „pro Liter entrichtet"
   und
3. UA S. 33:
   Von Zeile 2 „die Firma M" bis Zeile 9 „vorläufig eingestellt worden".[38]

Beispiel 4:
... wird das Urteil mit den Feststellungen aufgehoben; jedoch bleiben die Feststellungen zum äußeren Tatgeschehen hinsichtlich der Position Goldankäufe (vgl. II 1. der Urteilsgründe), Einkünfte aus Zinsen und Kapitalvermögen sowie Spekulationsgewinn (aus II. 2. der Urteilsgründe) bestehen[39].

Diese auszugsweise wiedergegebenen Urteilsformeln sollen verdeutlichen, in welchem Maße die Praxis des Bundesgerichtshofs von einer Differenzierung hinsichtlich der Aufhebung und Aufrechterhaltung von einzelnen Feststellungen Gebrauch macht. Am weitesten geht sicher die Formulierung, daß tatsächliche Feststellungen „nach Maßgabe der Gründe" der Entscheidung aufgehoben werden. Mit einer derartigen Fassung des Tenors wird das Postulat des Schrifttums negiert, daß sich schon aus dem Urteilsausspruch eindeutig ergeben

37 BGH 3. Strafsenat vom 9. 4. 1986 – 3 StR 238/85 –.

38 BGH 2. Strafsenat, B. v. 10. 7. 1987 – 2 StR 185/87 – = NStZ 1987, 513 = MDR 1987, 955.

39 BGH, B. v. 28. 2. 1986 – 3 StR 541/85 –.

muß, in welchem Umfange Teile des aufgehobenen Urteils Bestand behalten sollen. Wenn auch nicht zu verkennen ist, daß im Beispielsfall in den Entscheidungsgründen der Versuch unternommen wird, die aufzuhebenden Feststellungen besonders präzise (nach Zeile und Wort) zu bezeichnen, so wird mit der Aufgabe des Prinzips des aus sich selbst heraus verständlichen und die Grenzen der Neuverhandlung eindeutig markierenden Urteilstenors ein Weg beschritten, der, z. B. bei weniger genauen Abgrenzungen zwischen aufgehobenen und bestehenbleibenden Feststellungen, den Verfahrensbeteiligten der Tatsacheninstanz derartige Schwierigkeiten bereiten kann, daß die erneute Aufhebung des tatrichterlichen Urteils nahezu vorprogrammiert ist.

## V.

In den folgenden Fallgruppen hat der Bundesgerichtshof die Möglichkeit einer Teilaufrechterhaltung von bestimmten Feststellungen angenommen:

Ergibt die Revision im Ergebnis die Aufhebung eines Urteils nur im Strafausspruch, so soll dies regelmäßig dazu führen, daß die Aufhebung nur die Feststellungen ergreift, die sich ausschließlich auf den Strafausspruch beziehen[40]. Dazu werden etwa die Feststellungen zu der Person des Angeklagten gezählt[41]. Demgegenüber sollen alle auch den Schuldspruch tragenden Feststellungen bestehen bleiben. Zu den Feststellungen, die den Schuldspruch ebenfalls mittragen, zählen etwa die für § 213 StGB maßgeblichen tatsächlichen Umstände, von denen die Feststellungen zur Schuldfrage nicht zu trennen sind[42]. Insbesondere gilt dies aber für die sogenannten doppelrelevanten Tatsachen, d. h. solche Umstände, welche sowohl für den Schuldspruch als auch für den Strafausspruch relevant sind. Liegen solche doppelrelevanten Tatsachen vor, sind zugleich die diesbezüglichen Feststellungen des Schuldspruchs mit aufzuheben[43]. Zu solchen doppelrelevanten Tatsa-

40 BGHSt 24, 274, 275; KK-Pikart, § 353 Rz. 25.

41 BGH, MDR 1978, 460 (H); KK-Pikart, § 353 Rz. 25.

42 BGH, B. v. 6. 12. 1984 – 1 StR 696/84 –.

43 BGH vom 8. 9. 1981 – 1 StR 326/81 –; vom 8. 12. 1982 – 3 StR 458/82 –; vom 26. 11. 1988 – 2 StR 166/88 –.

chen zählen etwa die Erschwerungsgründe des § 243 Abs. 1 Satz 2 Nr. 1 StGB, denn sie beschreiben insoweit ebenfalls die Tatmodalitäten. Deshalb bedarf es bei Fehlern im Strafausspruch in diesem Bereich auch der Aufhebung der diesbezüglichen Feststellungen zum Schuldspruch[44]. Im übrigen hat der Bundesgerichtshof mehrfach ausgesprochen, daß bei Feststellungen hinsichtlich des Strafausspruchs, die auch den Tatablauf und folglich den Schuldumfang mitbestimmen, auch der Schuldspruch einschließlich der dazugehörigen Feststellungen aufgehoben werden muß[45].

Eine weitere große Gruppe, in welcher der Bundesgerichtshof zur Trennbarkeit von Feststellungen des erstinstanzlichen Urteils kommt, ist die von ihm getroffene Differenzierung zwischen dem inneren und dem äußeren Tatgeschehen[46]. Innerhalb dieser Gruppe geht der Bundesgerichtshof – soweit ersichtlich – davon aus, daß sich die innere und äußere Tatseite „ohne weiteres“[47] dann trennen lassen, wenn allein die Schuldfähigkeit, mithin die §§ 20, 21 StGB, fehlerhaft oder gar überhaupt nicht vom erstinstanzlichen Gericht geprüft wurde[48]. Weitere Fallgruppen, bei denen die Trennbarkeit der Feststellungen bezüglich des äußeren und des inneren Tatbestandes angenommen wird, sind der Verbotsirrtum nach § 17 StGB[49], die Prüfung des Vorliegens des bedingten Vorsatzes[50], das Mordmerkmal der niedrigen Beweggründe nach § 211 StGB[51] und die Fehlerhaftigkeit

---

44 BGH vom 26. 11. 1988 – 2 StR 166/88 –.

45 BGH, U. v. 1. 2. 1983 – 5 StR 762/82 –; U. v. 19. 5. 1988 – 2 StR 166/88 –; B. v. 30. 5. 1983 – 3 StR 151/83 –; B. v. 11. 3. 1988 – 1 StR 331/88 –.

46 BGH vom 24. 1. 1986 – 3 StR 545/85 –; vom 4. 2. 1986 – 1 StR 665/85 –; vom 6. 3. 1986 – 4 StR 40/86 –; vom 11. 3. 1986 – 1 StR 21/86 –; vom 25. 3. 1986 – 1 StR 76/86 –; vom 27. 5. 1986 – 4 StR 204/86 –; vom 10. 6. 1986 – 1 StR 294/86 –; vom 22. 7. 1988 – 3 StR 262/88 –; vom 5. 11. 1988 – 1 StR 358/88 –; vom 26. 10. 1988 – 3 StR 297/88 –; vom 12. 7. 1988 – 1 StR 57/88 –; vom 5. 3. 1986 – 3 StR 151/86 –; vom 14. 6. 1988 – 1 StR 179/88 –; StrVert 1983, 360; MDR 1985, 626 (H).

47 So ausdrücklich KK-Pikart, § 353 Rz. 29.

48 So schon BGHSt 14, 30, 34; ferner BGH vom 4. 2. 1986 – 1 StR 665/85 –; vom 6. 3. 1986 – 4 StR 40/86 –; vom 25. 3. 1986 – 1 StR 76/86 –; vom 27. 5. 1986 – 4 StR 204/86 –; vom 26. 10. 1988 – 3 StR 297/88 –; vom 5. 3. 1986 – 3 StR 51/86 –; vom 2. 1. 1990 – 1 StR 643/89 –; Kleinknecht/Meyer, § 353 Rz. 15 m.w.N.

49 OLG Hamburg, NJW 1967, 213; Kleinknecht/Meyer, § 353 Rz. 15.

50 BGH, StrVert 1983, 360.

51 BGH GA 1980, 24; vom 24. 1. 1986 – 3 StR 545/85 –.

oder sogar das vollständige Fehlen von Feststellungen zum subjektiven Tatbestand bei § 142 und § 316 StGB[52].

Darüber hinaus kommt nach der Rechtsprechung eine Aufrechterhaltung von einzelnen Feststellungen innerhalb des Schuldspruches in Betracht[53]. Nach Ansicht des Bundesgerichtshofs kann ein Revisionsgericht für den Fall, daß es die Verurteilung wegen zweier tateinheitlich verbundener Delikte aufhebt, wenn es das Vorliegen des einen Delikts aus Rechtsgründen verneint und daher in der Sache selbst entscheidet, solche Feststellungen innerhalb des Schuldspruches aufrecht erhalten, die von den festgestellten Rechtsfehlern nicht berührt sind[54]. Ebenso können bei der Verurteilung wegen einer Fortsetzungstat die Feststellungen zu den rechtsfehlerfrei festgestellten Einzelakten bestehen bleiben[55].

Schließlich kommt eine Aufrechterhaltung eines Teiles der Feststellungen zum Strafausspruch in Betracht. Insbesondere sollen diese dann teilweise aufrecht erhalten bleiben, wenn § 59 StGB unzutreffend und fehlerhaft angewendet worden ist[56].

## VI.

Bei der teilweisen Aufrechterhaltung der Feststellungen tritt für den neuen Tatrichter eine innerprozessuale Bindungswirkung ein. Demzufolge ist eine Beweisaufnahme in dem Umfang, in dem Feststellungen aufrecht erhalten wurden, ausgeschlossen[57]. Das Problem für den neuen Tatrichter ist dabei, daß neu festgestellte Tatsachen, z. B. zum Schuldspruch, die den aufrecht erhaltenen Feststellungen widersprechen, nach der Rechtsprechung des Bundesgerichtshofs bei der Urteilsfindung nicht berücksichtigt werden dürfen; dies selbst dann,

---

52 BayObLG DAR 1987, 316; Kleinknecht/Meyer, § 353 Rz. 15.

53 BGH vom 11. 3. 1986 – 1 StR 71/86 –; vom 28. 2. 1986 – 3 StR 541/85 –; vom 15. 4. 1980 – 1 StR 107/80 –; vom 10. 6. 1987 – 2 StR 155/87 – = NStZ 1987, 513 = MDR 1987, 955.

54 BGH vom 10. 6. 1987 – 2 StR 155/87 – = NStZ 1987, 513 = MDR 1987, 955.

55 BGH MDR 1980, 107; BGH vom 10. 6. 1986 – 1 StR 294/86 –; Kleinknecht/Meyer, § 353 Rz. 15; LR-Hanack, § 353 Rz. 24.

56 BGH NJW 1983, 1024; BGH vom 1. 3. 1988 – 1 StR 584/87 –; Kleinknecht/Meyer, § 353 Rz. 16.

57 Kleinknecht/Meyer, § 353 Rz 21 m.w.N.

wenn die neue Verhandlung zur zweifelsfreien Überzeugung des Gerichts die Unrichtigkeit der aufrecht erhalten gebliebenen Feststellungen ergeben hat[58]. Vollends zum gordischen Knoten wird die neue Beweisaufnahme und Entscheidung durch das Postulat, die in der neuen Tatsacheninstanz getroffenen Feststellungen müßten mit den aufrecht erhaltenen ein einheitliches und widerspruchsfreies Ganzes bilden[59]. In der erneuten Verhandlung darf der Tatrichter die aufrecht erhalten gebliebenen Feststellungen zwar „ergänzen", diese ergänzenden Feststellungen dürfen jedoch ebenfalls den bindend gewordenen nicht widersprechen[60]. Dabei binden sogar solche Feststellungen aus dem Schuldspruch den neuen Tatrichter, die das Tatgeschehen lediglich näher beschreiben[61]. Die Bindungswirkung besteht auch dann, wenn in der ersten Instanz Feststellungen im Wege des Grundsatzes „in dubio pro reo" getroffen worden sind[62]. Somit ist eine solche Bindungswirkung sogar für ungeklärt gebliebene Tatsachen gegeben. Hier drängt sich die Frage auf, ob die Selektierung der aus einer (erneuten) einheitlichen Beweisaufnahme gewonnenen Sachverhaltserkenntnisse mit Hilfe des ausgeklügelten revisionsrechtlichen Rasters bestehen gebliebener oder aufgehobener oder ergänzbarer Feststellungen vor der Auswertung in dem endgültigen Überzeugungsprozeß nicht geradezu eine „juristische Persönlichkeitsspaltung" vom Richter verlangt, der einen Teil – vielleicht gerade den ihn überzeugenden Teil – der Beweisaufnahme (z. B. eine Zeugenaussage) aus seinem Gedächtnis streichen und den Versuch unternehmen soll, nur den verbleibenden Rest für die Entscheidung „aus dem Inbegriff der Hauptverhandlung" (§ 261 StPO) zu verwenden. Selbst wenn man Berufsrichtern einen derartigen Akt intellektueller Selbstverleugnung noch zutrauen möchte – wie sollen Laienrichter eigentlich von einer solchen Methode der Rechtsfindung überzeugt werden?

Führt die Revision nur zur Aufhebung des Urteils im Strafausspruch mit den zugehörigen Feststellungen, so bleiben, wie erwähnt,

58 BGHSt 14, 30, 36.

59 BGHSt 7, 283, 287; 10, 71, 72; 24, 274; 28, 119 = JR 1979, 229 mit Anm. Grünwald; BGH StrVert 1986, 142.

60 BGHSt 30, 340 = BGH NJW 1982, 1295 = StrVert 1982, 211.

61 BGHSt 30, 340 = BGH NJW 1982, 1295 = StrVert 1982, 211.

62 BGH NStZ 1988, 88 = BGHR StPO, § 353 Abs. 2 Teilrechtskraft 4 = NStE, § 353 Nr. 2; BGHR StPO, § 353 Abs. 2 Teilrechtskraft 5.

die sogenannten doppelrelevanten Tatsachen, welche auch den Schuldspruch betreffen, bestehen. An diese ist der neue Tatrichter dann ebenfalls gebunden[63]. Andererseits ist für den Fall, daß der Tatrichter den Angeklagten aufgrund einer nicht ausschließbaren Schuldunfähigkeit freigesprochen und das Revisionsgericht das Urteil insoweit, als nicht eine Maßregel nach § 63 StGB angeordnet worden ist, aufgehoben hat, der Tatrichter dazu verpflichtet, die für § 63 StGB erforderlichen Feststellungen zu treffen, daß nämlich jemand eine rechtswidrige Tat im Zustand der Schuldunfähigkeit oder der verminderten Schuldfähigkeit begangen hat. Folglich umfaßt die Aufhebung des Maßregelausspruches mit den zugehörigen Feststellungen hier also auch die auf die rechtswidrigen Taten bezogenen[64].

Hingegen tritt bei der Verneinung eines Vereidigungsverbotes gem. § 60 Nr. 2 StPO durch den Erstrichter keine Bindung für die zweite Instanz ein, da die hierzu gehörigen Feststellungen nicht zum Tatgeschehen gehören[65].

## VII.

Die von der Rechtsprechung des Bundesgerichtshofs zunehmend genutzte Möglichkeit, die Aufhebung der Feststellungen auf einzelne, mehr oder weniger exakt benannte oder benennbare Tatumstände zu beschränken, wirft für die zweite Tatsacheninstanz vielfach mehr Schwierigkeiten auf als eine vollständige Aufhebung der Feststellungen. Betroffen von der extensiven Auslegung des § 353 Abs. 2 StPO sind so fundamentale strafprozeßrechtliche Grundsätze wie das Prinzip der Einheit der Beweisaufnahme und der freien Beweiswürdigung nach § 261 StPO, wonach das Gericht über das Ergebnis der Beweisaufnahme nach seiner freien, aus dem „Inbegriff" der Verhandlung geschöpften Überzeugung entscheidet, sowie das Recht des Angeklagten auf eine wirksame Verteidigung in einem fairen Verfahren.

63 BGHSt 24, 274, 275; 30, 340, 344; BGH bei Miebach in NStZ 1988, 214 Nr. 25 = NStE Nr. 1 zu § 353; BGH StrVert 1981, 607; BGH vom 23. 2. 1979 – 2 StR 728/78 –; vom 15. 7. 1983 – 2 StR 14/83 –.

64 BGH NStE Nr. 3 zu § 353 StPO = BGHR StPO, § 353 Abs. 2 Teilrechtskraft 6; NStZ 1989, 84 = BGHR StPO § 353 Abs. 2 Teilrechtskraft 8.

65 BGH NStZ 1985, 183 = StrVert 1985, 89.

Welche Schwierigkeiten die teilweise Aufrechterhaltung von Feststellungen mit sich bringt, mögen folgende Beispiele näher verdeutlichen:

Beispiel 1:
Die Revision rügt, daß die Vernehmung eines im Ausland lebenden Zeugen mit unzureichender Begründung abgelehnt worden sei. Daraufhin hebt der Bundesgerichtshof das Urteil auf, läßt jedoch sämtliche Feststellungen zum Schuldspruch bestehen. In der darauf folgenden neuen Tatsacheninstanz ergeben die Bekundungen des nunmehr zusätzlich gehörten Zeugen zum einen, daß – sollten die Aussagen des Zeugen stimmen – der in erster Instanz Verurteilte unschuldig war, und zum anderen das Erfordernis, die jetzt vorliegende Zeugenaussage zum Gegenstand eines Vorhaltes an die anderen, bereits gehörten Zeugen, zu machen.

Entsprechendes gilt, wenn der nur „ergänzend" zu hörende Zeuge durch seine Aussage den schlüssigen und für das Tatgericht zweifelsfreien Nachweis erbringt, daß die Aussagen z. B. zweier anderer Zeugen, die die aufrecht erhaltenen Feststellungen in diesem Punkte tragen, unzutreffend sind.

Die Möglichkeit, Vorhalte an die früher gehörten Zeugen zu machen, ist wegen der Bindung der neuen Tatsacheninstanz, die eine Vernehmung dieser Zeugen nicht zuläßt, ausgeschlossen. Daß dies besonders für die Verteidigung eine ebenso verzweifelte wie aussichtslose Situation ist, erscheint evident. Hier stellt sich in aller Schärfe die Frage, wie die neu entscheidenden Tatrichter eine verantwortliche Beweiswürdigung vornehmen sollen. Müssen sie etwa die Aussage des von ihnen gehörten Zeugen „aus ihrem Gedächtnis streichen", weil die Bekundungen dieses Zeugen, dessen Vernehmung ihnen vom Revisionsgericht ausdrücklich aufgegeben worden ist, den bestehen bleibenden Feststellungen widersprechen? Wie soll eine Abwägung und Würdigung des Beweismittels erfolgen, wenn das Gegenteil der neuen tatrichterlichen Überzeugung durch das Revisionsgericht schon festgeschrieben ist?[66]

Beispiel 2:
Der Angeklagte ist in erster Instanz wegen Betruges verurteilt worden, im wesentlichen auch deshalb, weil das Gericht in dem Datum eines bestimmten Briefes ein entscheidendes Indiz für die subjektive Tatseite gesehen hat. Die Revision gegen das Urteil hat zwar Erfolg, jedoch werden die Feststellungen

66 Das erste Beispiel stammt von einem ausgesprochenen Befürworter einer extensiven Auslegung des § 353 Abs. 2 nämlich Krauth, a.a.O., S. 513, 514.

zum äußeren Tatgeschehen, d. h. auch zum Inhalt dieses Schreibens, aufrecht erhalten. In der neuen Tatsachenverhandlung stellt sich heraus, daß dem ersten Tatrichter ein Datumsfehler unterlaufen ist und der Brief in Wirklichkeit ein Jahr später geschrieben wurde.

Aufgrund dieser Erkenntnis müßte das Gericht den Angeklagten an sich freisprechen, weil das entscheidende Indiz für den subjektiven Tatbestand weggefallen ist. Daran wird es jedoch durch die aufrecht erhalten gebliebenen Feststellungen zum äußeren Tatgeschehen gehindert. Dies ist im übrigen einer der typischen Fälle, in denen der Hinweis auf die Möglichkeit der Wiederaufnahme des Verfahrens ins Leere geht, weil der Brief kein „neues“ Beweismittel ist. Wird hier den auf Recht und Gerechtigkeit verpflichteten Berufs- und Laienrichtern also revisionsrechtlich zugemutet, „sehenden Auges“ einen Unschuldigen zu verurteilen? Ein solches Ergebnis revisionsrechtlicher Logik dem Angeklagten und der Rechtsöffentlichkeit verständlich zu machen, dürfte von dem betroffenen Gerichtsvorsitzenden als die „Quadratur des Kreises“ empfunden werden[67].

Beispiel 3:
In einem Mordprozeß verurteilte das Schwurgericht den Angeklagten unter Bejahung des Mordmerkmals „niedrige Beweggründe“. Auf die Revision des Angeklagten wurde das Urteil aufgehoben, jedoch blieben die Feststellungen zum äußeren Tatgeschehen bestehen.

Zur Feststellung dieses Mordmerkmales ist eine umfassende Gesamtwürdigung von Tat und Täter unbedingt erforderlich. Wie soll eine solche stattfinden, wenn das neue Gericht an die Feststellungen zum äußeren Tatgeschehen gebunden ist?

Beispiel 4:
In einem Verfahren wegen unerlaubten Handeltreibens mit Betäubungsmitteln hob der Bundesgerichtshof das Urteil eines Landgerichts auf. Die getroffenen Feststellungen hingegen blieben bestehen. Der BGH führte insoweit aus, daß „nur ergänzende Feststellungen“ zum Ausmaß des BTM-Handels zu treffen seien[68].

Was aber, wenn diese ergänzenden Feststellungen, die ja der Tatrichter nach Anweisung des BGH unbedingt treffen soll, in nicht auflös-

---

67 So geschehen in der erneuten Tatsacheninstanz nach Aufhebung durch Beschluß des BGH vom 24. 1. 1986 – 3 StR 545/85 –.

68 BGH vom 26. 6. 1986 – 1 StR 293/86 –.

barem Widerspruch zu den aufrecht erhaltenen Feststellungen stehen?

Beispiel 5:
Das Landgericht hatte einen Angeklagten unter anderem wegen sexueller Nötigung und wegen Vergewaltigung zu einer Freiheitsstrafe verurteilt. Auf seine Revision hin wurde das Urteil zwar aufgehoben, jedoch blieben die Feststellungen zum äußeren Tatgeschehen aufrecht erhalten. Nach dem Urteil des Bundesgerichtshofs waren die Darlegungen der Tatsacheninstanz hinsichtlich der subjektiven Tatseite und der Frage der Schuldfähigkeit nicht frei von Rechtsfehlern. Dabei habe das Landgericht insbesondere nicht die beim Angeklagten möglicherweise vorliegende seelische Abartigkeit hinreichend geprüft. Nach den Ausführungen des BGH neige der Angeklagte dazu, eigene Erwartungshaltungen in das Verhalten Dritter hineinzuprojizieren. Entscheidend sei, ob eine solche Situationsverkennung möglicherweise auch in dem zur Last gelegten Verhalten gelegen habe. Eine solche Situationsverkennung liege „angesichts des massiven Vorgehens des Angeklagten eher fern", sei „jedoch nicht mit Sicherheit auszuschließen"[69].

Vor diesem Hintergrund wird deutlich, daß das Maß des geleisteten Widerstandes des Opfers für die Frage der Schuldfähigkeit des Angeklagten entscheidend ist. Da aber die Feststellungen zum äußeren Tatgeschehen aufrecht erhalten wurden, fragt sich, was denn nun die neue Tatsacheninstanz zu dieser Frage aufklären darf und muß.

Die skizzierte Rechtsprechung und die sich daraus für die erneute Tatsachenverhandlung ergebenden Konsequenzen sind vor dem Hintergrund der fast 120 Jahre alten Fassung des § 353 Abs. 2 StPO – Bezeichnung bis 1924 § 393 – und mit der dem Revisionsrecht eigenen besonderen Logik natürlich zu erklären und auch als insoweit dogmatisch schlüssig nachzuweisen. Die Analyse von Realität revisionsrichterlicher Urteile und ihrer Folgen für die erneute Tatsachenprüfung läßt aber doch starke Zweifel daran aufkommen, ob die puzzleartige Aufgliederung des Urteilssachverhalts und die daraus folgende differenzierte Vorgabe für Beweisaufnahme und richterliche Erkenntnis mit den ebenso grundlegenden wie unverzichtbaren Verfahrensprinzipien der Einheit der Beweisaufnahme und des damit untrennbar verbundenen komplexen Erkenntnisprozesses in der Praxis noch in Einklang zu bringen ist. Dabei hilft auch der Vergleich mit

69 BGH U. v. 14. 6. 1988 – 1 StR 179/88 –.

einem nach dem Willen des Beschwerdeführers beschränkten Rechtsmittel nicht weiter. Zum einen korrespondieren die Möglichkeiten einer Rechtsmittelbeschränkung in keiner Weise mit den aufgezeigten Methoden der Beschränkung bei der Aufhebung von Tatsachenfeststellungen; wie gezeigt, geht die Praxis der Aufteilung zwischen bestehenbleibenden und aufgehobenen Feststellungen viel weiter als die – in der Praxis übrigens recht seltene – eher grobe Möglichkeit der Beschränkung des Rechtsmittels auf den Strafausspruch o. a. Gerade bei der Frage der Rechtsmittelbeschränkung hat sich inzwischen auch die Auffassung durchgesetzt, daß „im Zweifel" eine Beschränkung nie erfolgen sollte, weil sich die Abhängigkeit z. B. des Strafausspruchs von Feststellungen, die (auch) den Schuldspruch tragen, kaum einmal ausschließen läßt[70]. Charakteristisch erscheint auch, daß bei Zweifeln über die Beschränkung des Rechtsmittels dieses durchweg als unbeschränkt gewertet wird[71]. Die aufgezeigten Probleme bestätigen die Berechtigung der Warnung *Hanack's*[72], daß bei der Teilaufrechterhaltung von Feststellungen äußerste Vorsicht geboten ist, will man nicht den Tatrichter vor unlösbare Aufgaben stellen. Besonders die vom Bundesgerichtshof zunehmend vorgenommene Spaltung von innerem und äußerem Tatgeschehen zeigt eine Unterscheidung, die in der Praxis nur schwer, wenn überhaupt zu bewältigen ist. Denn die innere Tatseite läßt sich in den meisten Fällen nur durch Rückschlüsse vom äußeren Tatgeschehen her erschließen.

Besonders auch die Aufrechterhaltung einzelner Beweisergebnisse erscheint angesichts der Tatsache, daß die einzelnen Phasen einer Beweisaufnahme – die Aufeinanderfolge verschiedenartiger Beweismittel – notwendig aufeinander einwirken und erst in ihrer Gesamtschau ein zutreffendes Urteil des Gerichts ermöglichen, sehr problematisch. Durch die Verteilung der Beweisaufnahme auf zwei verschiedene Tatsacheninstanzen infolge der Teilaufrechterhaltung von Feststellungen wird eine solche einheitliche Gesamtschau und interdependente Beweiswürdigung des Beweismaterials unmöglich. Oft steht die Teilaufrechterhaltung von Tatsachen der inneren Unteilbar-

70 Vgl. nur die Warnung bei Dahs, Handbuch des Strafverteidigers, 5. Aufl., 1983, Rz. 757; ders., Die Revision im Strafprozeß, 4. Aufl., 1987, Rz. 340ff., 347.
71 RGSt 58, 372, 373; Kleinknecht-Meyer, § 344, Rz. 2, 3.
72 s. FN 20.

keit der Schuldfrage als solcher entgegen. „Die Straftat ist ein Ganzes, das nicht zerlegt werden kann."[73]

## VIII.

Wenn auch die hier vornehmlich aus der Sicht des Praktikers skizzierte Entwicklung der Rechtsprechung zu § 353 Abs. 2 StPO angesichts der viel zitierten „knappen Ressource Justiz" nicht kurzfristig revisibel erscheint, so sollten doch die Revisionsgerichte im Hinblick auf die nur teilweise Aufhebung von Feststellungen einen stärkeren „self restraint" walten lassen, noch kritischer prüfen, ob überhaupt Feststellungen aufrecht zu erhalten sind und bei deren Abgrenzung für die weitergehende Aufhebung entscheiden. Insbesondere für die Austrennung einzelner Feststellungen oder Gruppen von Feststellungen aus einem komplexen Gesamtgeschehen wird die schon vom 4. Strafsenat im Jahre 1959 und von *Hanack* ausgesprochene Mahnung, äußerste Zurückhaltung walten zu lassen, aktuell bleiben[74].

Für den Strafverteidiger gilt: Erkennt er im Revisionsverfahren, daß das Gericht einer Trennung von Feststellungen zuneigt (Anhaltspunkt dafür kann die Stellungnahme des Generalbundesanwaltes zur Revision sein), sollte er gegen eine „zu enge" Aufhebung von Feststellungen Front machen und auf die Schwierigkeiten für die neue Hauptverhandlung mit den vielfach kaum zu lösenden Problemen hinweisen. Vielleicht sollte er sogar darauf aufmerksam machen, daß gerade die Tatsachen, deren Aufrechterhaltung in concreto in Betracht kommt, sich als unrichtig erweisen und zum Nachteil des eigentlich erfolgreichen Revisionsführers auswirken werden, ohne daß das nunmehr zur Entscheidung berufene Tatgericht dann rechtlich die Möglichkeit hat, die von ihm zugunsten des erfolgreichen Revisionsführers zu klärenden Tatsachen auch zu seinen Gunsten im Urteil zu verwerten[75]. Unterläßt der Verteidiger Anstrengungen in dieser Richtung, so kann eine erfolgreiche Revision – gerade auch im

73 RGSt 1, 83.
74 BGHSt 14, 30, 38; LR-Hanack, FN 20.
75 Stimmen in der Literatur, die für diesen Fall die Bindungswirkung entfallen lassen wollen, sind vereinzelt geblieben und offenbar nach der Entscheidung BGHSt 14, 30 verstummt; siehe hierzu Kleinknecht/Meyer, Rz. 21 m.w.N.

Falle der Schwerstkriminalität mit nur einer Tatsacheninstanz – zu einem Pyrrhus-Sieg werden.

Einen Triumph der überfein ausziselierten Revisionslogik über die materielle Gerechtigkeit sogar noch in der erneuten Tatsacheninstanz kann niemand wünschen, nicht einmal ertragen!

*Jürgen von Gerlach*

# In dubio pro reo und Schuldfähigkeit im Bereich der Alkoholdelinquenz

## I.

Die Anwendung des Grundsatzes in dubio pro reo bei der Feststellung der Blutalkoholkonzentration und ihre Bedeutung für die Schuldfähigkeit hat die Rechtsprechung in jüngster Zeit mehrfach beschäftigt und vor erhebliche Probleme gestellt[1]. Der Bundesgerichtshof geht davon aus, daß bei einer Blutalkoholkonzentration (BAK) von 2‰ an aufwärts erheblich verminderte Schuldfähigkeit und bei einem Wert ab 3‰ Schuldunfähigkeit in Betracht zu ziehen ist[2]. Der Feststellung der BAK kommt infolgedessen für die Beurteilung der Schuldfähigkeit maßgebliche Bedeutung zu. Bei der Ermittlung der Tatzeit-BAK muß nach feststehender Rechtsprechung allerdings dem Grundsatz „im Zweifel für den Angeklagten" Rechnung getragen werden. Das bedeutet, daß bei der Berechnung die dem Täter jeweils günstigsten Werte zugrunde zu legen sind. Ist ihm eine Blutprobe entnommen worden, so ist eine Benachteiligung des Angeklagten nur dann ausgeschlossen, wenn auf die Zeit der Tat mit dem größtmöglichen Abbauwert von 0,2‰ zurückgerechnet wird, wobei zum Ausgleich aller den Angeklagten eventuell benachteiligender Unsicherheiten ein einmaliger Sicherheitszuschlag von 0,2‰ hinzuzurechnen ist[3]. Fehlt hingegen eine Blutentnahme, muß die BAK aus

1 BGHSt 35, 308 in Anm. von *Blau*, Blutalkohol 1989, 1; BGHSt 36, 286; BGHR StGB § 21 Blutalkoholkonzentration 15 m. Anm. von *Blau* JR 1989, 337.

2 BGHSt 34, 29, 31; 35, 308, 312; BGH NStZ 1984, 408; BGH VRS 69, 432; BGHR a.a.O. 4, 7, 13; Nachweise zum Schrifttum bei *Salger*, Festschrift für *Pfeiffer* S. 379, 383.

3 BGHSt 35, 308, 314; *Gechow/Heifer/Schewe/Schwerd/Zink*, Blutalkohol 1985, 77 ff.; *Salger* DRiZ 1989, 174 m.w.N.

der zu sich genommenen Alkoholmenge errechnet werden. Dabei ist von dem geringstmöglichen Abbauwert von 0,1‰ unter Berücksichtigung eines Resorptionsdefizits bis zu 10% auszugehen[4]. Mit Durchschnittswerten, die von medizinischen Sachverständigen gern verwendet werden, darf mit Rücksicht auf den Zweifelssatz nicht gerechnet werden[5].

Bei den von der Rechtsprechung angenommenen Werten handelt es sich um Extremwerte, die verwendet werden, weil individuelle Werte über den Alkoholabbau bei dem jeweiligen Angeklagten nachträglich nicht feststellbar sind[6]. Das hat zur Folge, daß die errechnete BAK mit einer hohen Fehlerquote ausgestattet ist und in einer Vielzahl von Fällen nicht der Wirklichkeit entspricht. Dieses Auseinanderfallen von errechnetem und wahrscheinlichem BAK-Wert wirkt sich mit zunehmender Rückrechnungszeit immer gravierender aus: Je länger die Rückrechnungszeit ist, desto größer wird der Abstand von der wahrscheinlichen BAK zur Tatzeit. Wie sehr sich der über viele Stunden errechnete Maximalwert von der Wirklichkeit entfernen kann, wird deutlich, wenn man ihm den Minimalwert gegenüberstellt, der nach der Rechtsprechung zur Widerlegung von Trinkmengenangaben des Angeklagten heranzuziehen ist[7]. In der Entscheidung BGHSt 36, 286, in der es um eine Rückrechnungszeit von 13 Stunden ging, belief sich der Höchstwert auf 2,4‰, der Mindestwert dagegen auf 0,1‰. Der richtige Wert lag wahrscheinlich in der Mitte und damit weit außerhalb des Bereichs, der für erheblich verminderte Schuldfähigkeit in Betracht gekommen wäre.

Es liegt auf der Hand, daß der mit einer hohen Fehlerquote ausgestattete Maximalwert nicht dieselbe Beweiskraft im Hinblick auf die Voraussetzungen der §§ 20, 21 StGB haben kann wie eine ohne Rückrechnung nur aus der Blutprobe ermittelte BAK. Diese Einsicht gewinnt auf dem Hintergrund der dem BAK-Wert beigemessenen Indizwirkung besondere Bedeutung. Der BGH hat in jüngster Zeit

---

4 BGHSt 34, 29, 32; 36, 286, 288.

5 BGHR StGB § 20 Blutalkoholkonzentration 7 und § 21 Blutalkoholkonzentration 1, 15.

6 BGHSt 34, 29, 32; 36, 286 m.w.N.

7 BGHR StGB § 21 Blutalkoholkonzentration 1, 7; BGH, Beschl. v. 18.7.1989 – 1 StR 151/89.

verschiedentlich ausgesprochen, daß die Schuldfähigkeit bei einer BAK von 2,6‰ mit hoher Wahrscheinlichkeit erheblich vermindert sei, so daß andere indizielle Tatsachen, auf deren Grundlage ein gegenteiliges Ergebnis nur möglich oder wahrscheinlich ist, zur Begründung voller Schuldfähigkeit nicht ausreichen[8]. Eine solche Aussage mag bei einem naturwissenschaftlich gesicherten Wert in der Regel unbedenklich sein, für einen Maximalwert ist sie es sicher nicht. Er verliert mit fortschreitender Rückrechnungszeit immer mehr an indizieller Kraft[9]. Zunehmendes Gewicht gewinnen dann die sonstigen objektiven und subjektiven Umstände, die sich auf das Erscheinungsbild und Verhalten des Täters vor, während und nach der Tat beziehen.

Die Relativierung des Höchstwertes basiert auf der Einsicht, daß der Täter in Anbetracht der hohen Fehlerquote aller Wahrscheinlichkeit nach eine geringere BAK als die errechnete gehabt hat, eine Annahme, die in der Regel durch das von alkoholischer Beeinträchtigung freie Erscheinungsbild und Verhalten des Täters bestätigt wird. Das wirft freilich die Frage auf, ob eine solche Relativierung des Maximalwertes mit dem Zweifelssatz vereinbar ist. Unterläuft man auf diese Weise nicht gerade wieder das wegen des Zweifelssatzes aufgestellte Postulat, bei der Ermittlung der Tatzeit-BAK im Rahmen der Schuldfähigkeitsprüfung die dem Täter günstigsten Werte zugrunde zu legen?

Der Bundesgerichtshof hat sich in mehreren Entscheidungen um eine Klärung dieses Problems bemüht. Nachdem er in einem Urteil vom 9. August 1988[10] zunächst die Vereinbarkeit mit dem Zweifelssatz bejaht hatte, hat er sie wenig später in einer anderen Entscheidung verneint und die Auffassung vertreten, der Zweifelssatz gebiete es, dem berechneten BAK-Wert den Beweiswert einzuräumen, den er als erwiesene Tatsache hätte; ein lediglich mit Hilfe von wahrscheinlichen Abbauwerten ermittelter BAK-Wahrscheinlichkeitswert dürfe nicht zur Widerlegung oder Entkräftung eines zuvor nach dem Zweifelssatz festgestellten BAK-Höchstwertes sowie seiner indiziellen Be-

8 BGH JR 1988, 208 m. Anm. von *Blau* S. 210; BGHR StGB § 21 Blutalkoholkonzentration 11, 13, 15.

9 BGHSt 35, 308, 315; 36, 286.

10 BGHSt 35, 308, 316 m. Anm. von *Blau*, Blutalkohol 1989, 1.

deutung für eine verminderte Schuldfähigkeit verwendet werden[11]. In dem jüngsten Urteil vom 31. Oktober 1989[12] hält er eine differenzierende Betrachtung für geboten je nachdem, ob der BAK-Wert als einziges Beweisanzeichen zur Verfügung steht oder ob daneben noch andere Indizien vorhanden sind, die über die Schuldfähigkeit Aufschluß geben können.

Im ersten Fall soll der Zweifelssatz voll zum Tragen kommen mit der Folge, daß der errechnete Wert mit seiner indiziellen Bedeutung der Beurteilung zugrunde zu legen ist. Im anderen Fall dürfe der BAK-Wert nach den Regeln des Indizienbeweises nicht isoliert gewertet werden, sondern müsse mit anderen Indizien zusammen in eine Gesamtwürdigung eingebracht werden; erst die Gesamtbetrachtung des Beweisstoffes entscheide darüber, ob erhebliche Verminderung oder gar Ausschluß der Schuldfähigkeit anzunehmen sei; erst im Rahmen dieser Gesamtwürdigung komme der Zweifelssatz zur Anwendung.

## II.

Diese Rechtsprechung wirft weitere Fragen auf, die der Klärung bedürfen. Fraglich bleibt insbesondere, ob und in welchem Umfang der Zweifelssatz im Rahmen der §§ 20, 21 StGB überhaupt zum Zuge kommt. Diese Frage ist gerade im Bereich der Alkoholdelinquenz von besonderer Bedeutung, weil man durch die Anwendung des Zweifelssatzes leicht zu Alkoholisierungsgraden gelangt, bei denen nach der Rechtsprechung verminderte Schuldfähigkeit oder Schuldunfähigkeit nicht auszuschließen ist und damit der Zweifelssatz nochmals angewendet wird.

Will man wissen, in welcher Weise der Zweifelssatz bei der Schuldfähigkeitsprüfung anzuwenden ist, muß zunächst eine befriedigende theoretische Antwort darauf gefunden werden, worauf sich der Zweifelssatz im Rahmen der §§ 20, 21 StGB überhaupt bezieht. Die Antwort hängt davon ab, worüber im Bereich der Schuld Beweis erhoben wird und was die unmittelbar entscheidungserhebliche Tatsache ist.

11 BGH JR 1989, 336 m. Anm. von *Blau*.
12 BGHSt 36, 286.

Denn nur was Gegenstand der Beweiserhebung und der Überzeugungsbildung des Gerichts ist, kann auch Gegenstand des Zweifelssatzes sein.

1. Unmittelbar entscheidungserheblich und damit beweiserheblich sind nach allgemeiner Auffassung diejenigen Umstände, die durch sich selbst eine Strafbarkeit begründen oder ausschließen[13]. Dabei liefert der gesetzliche Tatbestand den Rahmen, auf den es für das letztlich entscheidende Feststellungsziel ankommt[14]. Freilich bilden die Merkmale des gesetzlichen Tatbestandes nicht das unmittelbare Feststellungsziel, da es sich insoweit um Rechtsbegriffe handelt, die selbst nicht Gegenstand der Beweisaufnahme sein können. Das gilt selbst für scheinbar so einfache Begriffe wie die Wegnahme beim Diebstahl und die Täuschung beim Betrug. Ob z. B. bei einem beobachteten Warenhausdiebstahl die Ansichnahme eines Gegenstandes durch den Täter unter Bruch fremden und Begründung eigenen Gewahrsams geschieht, ist eine Rechtsfrage, die erst auf Grund einer Fülle von Einzelumständen beurteilt werden kann. Diese Umstände, die in rechtlicher Wertung das jeweilige Tatbestandsmerkmal ergeben, bilden das Feststellungsziel. Nicht auf den Rechtsbegriff, sondern nur auf die ihm zugrunde liegenden Tatsachen bezieht sich die Überzeugungsbildung des Gerichts, und nur sie können infolgedessen Gegenstand des Zweifelssatzes sein.

2. Nichts grundsätzlich anderes gilt im Bereich von Rechtswidrigkeit und Schuld. Auch hier kann es nur darum gehen, unter Beachtung des Zweifelssatzes diejenigen Tatsachen festzustellen, die in rechtlicher Wertung einen Rechtfertigungs- bzw. Entschuldigungsgrund ergeben[15]. Die Schuldfähigkeit selbst ist keine Tatsache, sondern ein Rechtsbegriff. Sie scheidet deshalb als unmittelbar beweiserhebliche Tatsache aus. Der Rechtscharakter des Schuldbegriffes wird in der Rechtsprechung zwar immer wieder betont, jedoch gleichzeitig verkannt, wenn gesagt wird, das Gericht habe sich die Überzeugung von der vollen Schuldfähigkeit des Angeklagten nicht bilden kön-

13 *Roxin*, Strafverfahrensrecht 21. Aufl. S. 144; *Henkel*, Strafverfahrensrecht 2. Aufl. S. 266; *Alsberg/Nüse/Meyer*, Der Beweisantrag im Strafprozeß 5. Aufl. S. 577.

14 *Eb. Schmidt*, Lehrkommentar zur Strafprozeßordnung Teil II S. 100.

15 *Alsberg/Nüse/Meyer* a.a.O. S. 577.

nen[16], oder wenn die volle Schuldfähigkeit gar als die beweiserhebliche Tatsache bezeichnet wird[17]. Ebenso verfehlt ist es, wenn in der Rechtsprechung der Zweifelssatz ohne nähere Differenzierung allgemein auf die Schuldfähigkeit angewendet wird, etwa mit der gängigen Formulierung, das Gericht habe Schuldunfähigkeit bzw. erheblich verminderte Schuldfähigkeit nicht ausschließen können[18].

Die Rechtsprechung hat allerdings von Anfang an den Zweifelssatz im Bereich der Schuld angewandt, die §§ 20, 21 StGB also zum Zuge kommen lassen, wenn deren Voraussetzungen möglicherweise gegeben waren[19]. Unklarheit besteht aber darin, auf was sich der Zweifelssatz im einzelnen bezieht. Die Schwierigkeiten, den Ansatzpunkt für den Zweifelssatz herauszufinden, hängen damit zusammen, daß bei der tatbestandlichen Umschreibung der Schuldfähigkeit medizinisch-empirische und juristisch-normative Elemente ineinanderfließen. Diese Verschränkungen machen es schwer, Tat- und Rechtsfragen voneinander abzugrenzen und eine klare Grenzlinie zwischen denjenigen Schuldelementen zu ziehen, die dem Beweise zugänglich sind, und solchen, die als Rechtsfrage dem normativen Bereich angehören. Klarheit läßt sich nur gewinnen, wenn man an das zweistufige Regelungsschema in § 20 StGB anknüpft und streng zwischen der biologischen und der sog. psychologisch-normativen Komponente der Schuldfähigkeit unterscheidet.

## III.

In den Bereich des Tatsächlichen fallen ohne Zweifel die sog. biologischen Voraussetzungen der Schuldfähigkeit, zu denen das Gesetz die krankhafte seelische Störung, die tiefgreifende Bewußtseinsstörung usw. zählt. Freilich handelt es sich dabei zunächst um Rechtsbegriffe, die mit den medizinischen Begriffskategorien nicht übereinstimmen, was schon daran deutlich wird, daß der Krankheitsbegriff bei Juristen

16 BGHSt 3, 169, 173; BGHSt 36, 286.

17 BGHSt 35, 308, 316.

18 BGHR StGB § 21 Blutalkoholkonzentration 13; BGHR StGB § 20 Affekt 1; BGHR § 21 seelische Abartigkeit 6; BGH NStZ 1982, 376.

19 RGSt 21, 131; 70, 127; OGHSt 1, 369; BGHSt 3, 169, 173; 8, 113, 124; BGH StV 1984, 69.

und Medizinern nach wie vor nicht derselbe ist[20]. So stellt die in § 20 StGB normierte „Bewußtseinsstörung" nur die „juristische Qualifikation eines psychischen Zustandes – nicht etwa ein von der Psychologie oder Psychopathologie definiertes Merkmal" dar[21]. Daraus ergibt sich, daß es in einem ersten Schritt um die Ermittlung der körperlichen und geistig-seelischen Verfassung des Täters geht, aus der im Wege tatrichterlicher Wertung die medizinische Diagnose abzuleiten ist. Erst in einem zweiten Schritt geht es um die Zuordnung des medizinischen Befundes zu den juristischen Begriffen. Gegenstand der Beweisaufnahme und damit unmittelbar entscheidungserhebliche Tatsache ist demnach im Rahmen der ersten Stufe die an den Rechtsbegriffen „krankhafte seelische Störung" usw. ausgerichtete medizinische Diagnose[22]. Nach Auffassung von *Schewe* soll die „psychische Befindlichkeit" des Täters die unmittelbar entscheidungserhebliche Tatsache sein[23]. Das ist sicher richtig in dem Sinne, daß sich die Beweisaufnahme auf die Ermittlung einer Vielzahl von Einzelumständen richtet, aus denen sich ergibt, „wie es zur Zeit der Tat im Innern des Angeklagten aussah[24], und aus denen sich das Gesamtbild über die seelisch-geistige Verfassung des Täters mosaiksteinartig zusammensetzt. Die bloße Beschreibung eines solchen Zustandes genügt jedoch nicht. Notwendig ist vielmehr, die Einzelumstände im Wege zusammenfassender tatsächlicher Wertung auf das Feststellungsziel, nämlich die Diagnose hin zu bündeln. Auch bei der Feststellung des Vorsatzes geht es nicht nur darum festzustellen, wie es im Innern des Täters aussah. Vielmehr muß aus den Einzelumständen die Willens*richtung* erschlossen und festgestellt werden. Ebenso geht es im Rahmen der Schuldfähigkeitsprüfung um die an dem Gesetzesbegriff „krankhafte seelische Störung" ausgerichtete medizinische Diagnose. Sie ist das Feststellungsziel und damit die entscheidungserhebliche Tatsache.

---

20 E 1962, S. 139; *Lenckner* in *Schönke/Schröder*, StGB 23. Aufl. § 20 Rn 10; Lange in LK 10. Aufl. § 20 Anm. 14.

21 *Witter* in: Forensich-psychiatrische Gegenwartsprobleme, hg. von *Gross/Harre* 1975, S. 42/43.

22 *Foerster* NJW 1983, 2049, 2052.

23 Festschrift zum 25jährigen Bestehen des Bundes gegen Alkohol im Straßenverkehr e.V. – Landesaktion Berlin, S. 171, 177ff.

24 BGH GA 1962, 116; *Sarstedt* NJW 1968, 177, 181.

Bei alkoholischer Beeinflussung bereitet die Diagnose in der Regel keine Schwierigkeiten. Jede Trunkenheit führt zu einer Störung des Bewußtseins. Da diese – wie alle toxisch bedingten psychischen Störungen – auf eine körperliche Ursache zurückgeführt werden kann, zählt man sie nach der herrschenden Meinung als Intoxikationspsychose zu den krankhaften seelischen Störungen[25], nicht dagegen zu den „tiefgreifenden Bewußtseinsstörungen“, mit denen die rein seelisch bedingten Ausnahmezustände erfaßt werden.

Freilich spricht man von einer krankhaften seelischen Störung nicht schon bei jeder alkoholischen Beeinflussung. Obwohl psychische Veränderungen schon bei ganz geringfügigen BAK-Werten auftreten und ab 0,5‰ bereits organische Störungen beobachtet werden und eine Enthemmung einzusetzen beginnt[26], gilt der leichte Rausch, der „Gesellschaftsschwips“ um 1‰ noch nicht als Störung in diesem Sinne[27]. Doch schon der mittelschwere Rausch, der im Bereich von 1,5‰ beginnt[28], dürfte als krankhafte seelische Störung anzusehen sein, ohne daß damit im Normalfall allerdings schon eine erhebliche Verminderung der Schuldfähigkeit verbunden wäre[29].

## IV.

Mit der Bejahung der krankhaften seelischen Störung ist freilich noch nicht viel gewonnen, denn die eigentlichen Schwierigkeiten beginnen erst bei der Frage, ob die alkoholische Beeinflussung auch zu einer Beeinträchtigung des Hemmungsvermögens geführt hat. Will man in dieser zweiten Stufe der Schuldvoraussetzungen die beweisfähige und unmittelbar entscheidungserhebliche Tatsache ermitteln, muß man

25 E 1962, S. 138; *Lange*, LK §§ 20, 21 Rn 12, 20; *Lackner*, StGB 18. Aufl. § 20 Anm. 2a aa); *Dreher/Tröndle*, StGB 44. Aufl. § 20 Rn 8, 9; w.N. bei *Lenckner* in *Schönke/Schröder*, StGB § 20 Rn 13; *Jescheck*, Lehrbuch des Strafrechts, Allgem. Teil 4. Aufl. S. 396; *Forster/Joachim* in: Praxis der Rechtsmedizin S. 470.

26 *Arbab-Zadek/Prokop/Reimann*, Rechtsmedizin (1977), S. 328.

27 *Ponsold*, Lehrbuch der Gerichtlichen Medizin 3. Aufl. S. 254.

28 Vgl. die Übersicht bei *Arbab-Zadek/Prokop/Reimann* a.a.O. S. 327; vgl. auch *Langelüddeke/Bresser*, Gerichtliche Psychiatrie 4. Aufl. S. 150f.

29 Vgl. *Ponsold* a.a.O. S. 255; bedenklich dagegen BGHR StGB § 21 seelische Abartigkeit 10: die seelische Abartigkeit indiziere in der Regel eine erhebliche Beeinträchtigung des Hemmungsvermögens.

sich zunächst über den theoretischen Stellenwert dieser Schuldfähigkeitskomponente klar werden.

Das Gesetz geht davon aus, daß das Vorliegen einer biologischen Abnormität i. S. des § 20 StGB nicht ohne weiteres Ex- oder Dekulpation zur Folge hat, sondern nur dann, wenn sie zum Ausschluß oder zur erheblichen Verminderung des Einsichts- oder Steuerungsvermögens führt[30]. Die Frage, die sich daran anschließt, ist die, ob es sich bei der so beschriebenen Unfähigkeit zum Andershandeln um empirisch erfaßbare Auswirkungen handelt oder nicht. Auf den ersten Blick spricht einiges dafür, daß der Gesetzgeber damit die tatsächlichen Folgen für die Steuerungsfähigkeit gemeint hat, es sich also um eine empirisch zu behandelnde Frage handelt. Indessen sind die Meinungen dazu geteilt.[31] Die Rechtsprechung selbst ist unklar, wenn nicht widersprüchlich. Einerseits betont der BGH immer wieder, daß es sich um eine Rechtsfrage handele, bei der der Sachverständige nicht mitzuwirken habe[32]. In empirische Richtung weisen dagegen ständig wiederkehrende Formulierungen wie: eine erhebliche Verminderung der Steuerungsfähigkeit sei nicht ausgeschlossen[33], oder: das Hemmungsvermögen sei bei einer bestimmten Blutalkoholkonzentration möglicherweise schon erheblich beeinträchtigt[34].

Indessen besteht heute weitgehend Einigkeit darin, daß eine wissenschaftlich nachprüfbare Aussage darüber, ob ein bestimmter Mensch in einer bestimmten Lage fähig war, eine bestimmte Handlung zu vermeiden, unmöglich ist[35]. Eine solche Aussage ist schon deshalb nicht möglich, weil die Widerstandskräfte und Hemmungsreserven, die einen Menschen gewöhnlich von der Begehung strafbarer Handlungen abhalten, individuell verschieden sind und sich derartige

30 Vgl. E 1962, S. 140.

31 Für eine prinzipiell empirische Frage halten dies z. B. *Roxin*, Festschrift für *Spann* S. 457, 467; *Ventzlaff* ZStW 88, 57; für eine normative s. Fn. 39.

32 BGHSt 2, 14; 7, 238; 8, 113, 124; BGH GA 1962, 116; BGHR StGB § 20 Affekt 1.

33 BGHSt 34, 29, 31; BGHR StGB § 20 Blutalkoholkonzentration 5; § 21 Blutalkoholkonzentration 13; BGH NStZ 1982, 376.

34 BGH NStZ 1984, 506; BGHR StGB § 21 Blutalkoholkonzentration 4, 6, 8, 11.

35 *Lackner*, StGB § 20 Anm. 3b; derselbe in Festschrift für *Kleinknecht* S. 256; *Jescheck*, Lehrbuch des Strafrechts, Allgem. Teil S. 385; *Blei*, Strafrecht Allgem. Teil 18. Aufl. S. 178, 190; *Lenckner* in *Schönke/Schröder*, StGB § 20 Rn 26; *Rudolphi* in SK § 20 StGB Rn 23.

individuelle Ausprägungen der Persönlichkeit einer Feststellung entziehen. Das gilt auch bei Straftaten, die unter Alkoholeinfluß begangen werden. Wenn auch der Alkohol nach allgemeiner Erfahrung die Hemmungskräfte reduziert, so läßt sich doch nicht leugnen, daß ein haltloser, zu strafbaren Handlungen neigender Mensch bei erheblichen Alkoholisierungsgraden kriminellen Anreizen eher nachgeben wird als jemand, der mit größerer Standhaftigkeit und Rechtstreue ausgestattet ist. Derartige individuelle Ausprägungen haben außer Betracht zu bleiben. Bei der Beurteilung des Hemmungsvermögens ist – wie auch sonst beim Schuldurteil – ein objektiver Maßstab anzulegen, der sich an dem Durchschnittsmenschen zu orientieren hat[36].

In Betracht kommt allenfalls eine vergleichende Aussage darüber, wie sich seelische Störungen der festgestellten Art nach den Erfahrungen und Erkenntnissen der Medizin im allgemeinen auf Menschen auszuwirken pflegen. Aus einem allgemeinen Erfahrungswissen wird alsdann im Wege des Vergleichs eine Aussage in bezug auf den konkret zu beurteilenden Täter abgeleitet. Die Frage, die sich danach stellt, geht also dahin, ob der Durchschnittsmensch in der äußeren und inneren Lage des Angeklagten in der Lage gewesen wäre, die inkriminierte Handlung zu vermeiden[37]. Die Antwort darauf kann nur hypothetisch ausfallen[38]. Das hängt damit zusammen, daß es sich bei dem sogenannten Durchschnittsmenschen um eine gedachte Figur handelt, deren Konturen höchst unbestimmt sind. Eine Aussage darüber, ob der „Normalmensch" sich in einer vergleichbaren Situation normgemäß verhalten hätte, hängt weitgehend davon ab, welche Maßstäbe in bezug auf das „Normalverhalten" man in ihn hineinprojiziert.

Aus diesen Überlegungen wird deutlich, daß die Frage nach der Fähigkeit zum Andershandeln letztlich nicht empirisch, sondern nur normativ beantwortet werden kann. Darüber besteht heute – unabhängig von dem Streit zwischen Gnostikern und Agnostikern – weit-

---

36 *Jescheck* a.a.O. S. 385; *Blei* a.a.O. S. 178; *Lenckner* in: *Göppinger/Witter*, Handbuch der forensischen Psychiatrie Bd. I S. 98f.; *Rudolphi* a.a.O. Rn 25; *Jakobs*, Strafrecht Allgem. Teil S. 389, 391, 397f.; *Lackner*, Festschrift für *Kleinknecht* S. 256.

37 *Jescheck* a.a.O. S. 385, 389f.; *Blei* a.a.O. S. 178; *Rudolphi* SK § 20 Rn 25.

38 *Langelüddeke/Bresser*, Gerichtliche Psychiatrie S. 269.

gehend Einigkeit[39]. Die Basis des Schuldvorwurfs besteht nach heutigem Verständnis in der Motivierbarkeit durch Normen, d. h. in der Fähigkeit des Menschen, die auf ihn eindringenden Antriebe zu kontrollieren und sich bei der Entschlußfassung von den geltenden rechtlichen und ethischen Normen bestimmen zu lassen[40]. Ob der Täter die so bestimmte Fähigkeit zu normgemäßem Verhalten hat, richtet sich letztlich nach den Anforderungen, die das Normensystem an die Fähigkeit des Rechtsunterworfenen, die auf ihn eindringenden kriminellen Antriebe zu beherrschen und ihnen zu widerstehen, stellt[41]. In diesem Sinne formuliert der BGH durchaus zutreffend, bei schwersten Angriffen auf Leib und Leben müßten besonders hohe Anforderungen an das Hemmungsvermögen des Täters gestellt werden[42].

Auf normativer Ebene wird auch bei der Festsetzung des Grenzwertes für die absolute Fahruntüchtigkeit des Grenzwertes für die absolute Fahruntüchtigkeit in § 316 StGB argumentiert. Ob der Kraftfahrer in der Lage ist, sein Fahrzeug sicher zu führen, bemißt sich zwar zunächst nach empirischen Gegebenheiten. Die aus ihnen abgeleitete Folge in bezug auf die Fahrtüchtigkeit richtet sich aber nach den Anforderungen, die der heutige Straßenverkehr an den Verkehrsteilnehmer stellt[43]. Die Bestimmung dieser Anforderungen ist ein normativer Vorgang, so daß die Fahrtüchtigkeit in § 316 StGB kein empirischer, sondern ein normativer Begriff ist.

---

39 *Blau, Jura* 1982, 393; *Blei* a.a.O. S. 189 f.; *Lenckner* in: Handbuch der forensischen Psychiatrie (Fn. 36), S. 98; *Krümpelmann* ZStW 99, 191; *Lackner*, StGB § 20 Anm. 3b; *Rudolphi* SK § 20 Rn 23; *Schünemann* GA 1986, 291, 298; *Witter*, Festschrift für *Leferenz* S. 441, 445 f.

40 *A. Kaufmann*, Festschrift für *Eb. Schmidt* S. 320; *Krümpelmann* ZStW 99, 192; *Lackner*, Festschrift für *Kleinknecht* S. 249, 256; ders. StGB III 4a vor § 13 u. § 20 Anm. 3a; BGH, Beschl. v. 23. 3. 1990 – 2 StR 61/90: „Fähigkeit, sich von der Rechtspflicht zu gebotenem Handeln motivieren zu lassen."

41 *Lenckner*, Handbuch der forensischen Psychiatrie (Fn. 36) Bd. I S. 98 f. und 125; *Blei* a.a.O. S. 178, 190.

42 BGHR StGB § 21 Blutalkoholkonzentration 16; BGH NStZ 1981, 299; BGH, Urt. v. 28. 6. 1968 – 4 StR 226/68; Urt. v. 3. 8. 1978 – 2 StR 475/78; Urt. v. 22. 11. 1979 – 4 StR 513/79 –.

43 Das wird vor allen an den Ausführungen von *Salger* deutlich, der für eine Herabsetzung des Grenzwertes von 1,3‰ auf 1,1‰ eintritt (Blutalkohol 1990, 1); ebenfalls in normative Richtung weisen die bisherigen Entscheidungen des BGH zum Grenzwert: BGHSt 21, 157, 160; 22, 352, 358; 34, 251, 254; so jetzt auch BGH, Urt. v. 28. 6. 1990 – 4 StR 297/90 – zum Abdruck in BGHSt Bd. 37 bestimmt.

Ebensowenig ist die Fähigkeit zu normgemäßem Verhalten in § 20 StGB eine Eigenschaft, die der Täter hat und die daher empirisch festgestellt werden könnte, sondern, wie die Schuld selbst, eine Zuschreibung, die sich in einem Wertungsakt vollzieht[44]. Selbstverständlich dürfen sich die normativen Anforderungen nicht von der Wirklichkeit lösen und unrealistische Formen annehmen. Sie müssen sich vielmehr an den tatsächlichen Gegebenheiten ausrichten. Normappelle an einen geisteskranken oder schwer bewußtseinsgestörten Menschen gehen ins Leere und sind daher sinnlos. Solche Personen scheiden als taugliche Normadressaten von vornherein aus.

Besonders deutlich tritt der Wertungscharakter des Schuldurteils im Bereich des § 21 StGB hervor. Es liegt auf der Hand, daß die Frage, ob eine Beeinträchtigung des Steuerungsvermögens „erheblich" ist, unmöglich allein auf der Basis empirischen Erkennens beantwortet werden kann. Welcher Grad erreicht sein muß, um als erheblich i. S. des § 21 StGB anerkannt zu werden, ist vielmehr eine Rechtsfrage[45]. Es ist daher Sache des Richters, an die empirischen Gegebenheiten die normative Meßlatte anzulegen und zu fragen, ob von dem Täter in der gegebenen Situation nach dem Wertungssystem der Rechtsordnung hätte verlangt werden müssen, den kriminellen Antrieben zu widerstehen. Es liegt auf der Hand, daß gerade bei Affekt- und Triebtaten die Antwort auf die Frage nach der Schuldfähigkeit verschieden ausfällt, je nach den Anforderungen, die man an den Täter stellt, die auf ihn eindringenden kriminellen Impulse zu beherrschen. Das gleiche gilt aber auch für unter Alkoholeinfluß begangene Straftaten; hier liegen die Dinge zwar insofern etwas anders, als der BAK-Wert eine objektiv feststellbare Größe darstellt, die einen wesentlich präziseren Aussagewert hat als das diffuse Bild bei Affekt- und Triebtaten. Das ändert aber nichts daran, daß letzten Endes die wertende Betrachtung auf der Grundlage des geltenden Normengefüges darüber entscheidet, ob der Täter den kriminellen Antrieben unter Alkoholeinfluß hätte nachgeben dürfen oder nicht.

44 *Jakobs*, Strafrecht Allgemeiner Teil S. 439; *Witter*, Grundriß der gerichtlichen Psychologie und Psychiatrie, 1970 S. 181; ders. in Festschrift für *Leferenz* S. 449; *Bresser* NJW 1978, 1188; ebenso BGH, Urt. v. 4. 7. 1961 – 5 StR 254/61 –.

45 So zutreffend BGHSt 8, 113, 124; *Lenckner* in: Handbuch der forensischen Psychiatrie Bd. I S. 124 ff.; *Schewe* JR 1987, 179, 184.

Das Ergebnis dieser Wertung wird verschieden sein je nach dem betroffenen Rechtsgut[46]. Bei Angriffen auf Leib und Leben müssen besonders strenge Anforderungen an das Hemmungsvermögen gestellt werden, wenn erheblich verminderte Schuldfähigkeit angenommen werden soll[47]. In der Entscheidung BGHSt 35, 308, in der es um die Vernichtung eines Menschenlebens aus nichtigem Anlaß ging, hat der BGH daher trotz einer maximalen BAK von 2,54‰ völlig mit Recht die Annahme voller Schuldfähigkeit gebilligt, denn die Rechtsordnung verlangt von dem Durchschnittsmenschen, daß er Tötungsantrieben auch bei derartigen Alkoholisierungsgraden nicht nachgibt[48]. Der Durchschnittsmensch käme – wohlgemerkt! – auch in erheblich alkoholisiertem Zustand gar nicht auf die Idee, einen Menschen ohne ersichtlichen Grund einfach zu erschießen. Anders mag es sein, wenn Affektzustände hinzutreten, denn affektiv ausgelöste Impulse können auch vom „Normalmenschen" unter Alkoholeinfluß wesentlich weniger beherrscht werden als in nüchternem Zustand, so daß auch der Durchschnittsmensch unter Alkoholeinfluß einem höheren Versagensrisiko ausgesetzt ist als sonst.

Ist danach die Frage nach der Steuerungsfähigkeit letztlich normativer Art, dann fragt man sich, was in der normativ-psychologischen Stufe des § 20 StGB überhaupt dem Beweise und damit dem Zweifelssatz zugänglich sein kann. Erst recht wird die Berechtigung zu empirischen Erhebungen zweifelhaft, wenn eine wissenschaftlich nachprüfbare Aussage über die individuellen Fähigkeiten zum Andershandeln in der konkreten Tätersituation gar nicht gemacht werden kann. Auf der anderen Seite dürfte aber auch klar sein, worüber heute weitgehend Einigkeit besteht, daß der Hinweis auf den Agnostizismus nicht dazu führen darf, auf jede wissenschaftliche Analyse der psychischen Situation zu verzichten. Vielmehr muß dem zu fällenden Wert-

46 Darauf weisen zu Recht hin *Rengier/Forster*, Blutalkohol 1987, 161 f.; *Schewe* JR 1987, 179, 181 f.; *Lackner*, StGB § 20 Anm. 5b; BGHSt 14, 114, 116; BGH bei *Spiegel* DAR 1979, 176 zu Nr. 5, dagegen *Salger*, Festschrift für *Pfeiffer* S. 389; vgl. auch *Haddenbrock*, MschrKrim 1988, 402, 407.

47 Das wird von der Rechtsprechung immer betont, um einer zu leichtfertigen Dekulpation entgegenzuwirken (BGHR StGB § 21 Blutalkoholkonzentration 9, 16; BGH, Urt. v. 4. 7. 1961 – 5 StR 254/61; v. 28. 6. 1968 – 4 StR 226/68; v. 22. 11. 1979 – 4 StR 513/79); ebenso *Lenckner* in *Schönke/Schröder*, StGB § 20 Rn 16.

48 Zustimmend *Lackner*, StGB § 21 Anm. 2b.

urteil durch Beschreibung des psychischen Defektes und seiner Folgen soweit wie möglich vorgearbeitet werden[49]. Diesen Bereich auszufüllen, bleibt Aufgabe der Beweisaufnahme.

Danach geht es im Rahmen einer Beweisaufnahme darum, die tatsächlichen Grundlagen für die normativ zu treffende Entscheidung des Richters zu ermitteln. Zur tatsächlichen Grundlage gehört im wesentlichen das Ausmaß der krankhaften seelischen Störung bzw. der Bewußtseinsstörung. Daran entscheidet sich nämlich, ob und in welchem Umfang der Beschuldigte überhaupt „tauglicher Normadressat" (*Roxin*)[50] war oder nicht. An diese empirischen Gegebenheiten schließt der Richter mit der normativen Prüfung an.

Das Ergebnis der empirischen Prüfung kann sein, daß der Beschuldigte aufgrund seiner allgemeinen geistigen Konstitution oder in der konkreten Tatsituation von vornherein ein für Normappelle untaugliches Objekt war, für eine eigentliche Normentscheidung des Richters also kein Raum mehr bleibt. Dennoch entscheidet in solchen scheinbar eindeutigen Fällen über die Schuldfähigkeit letztlich nicht der Naturwissenschaftler, sondern der Jurist, denn am Ende hat immer noch der Richter zu prüfen, ob der ihm von der Naturwissenschaft gelieferte Befund unter den wertenden Gesichtspunkten der Rechtsordnung zu der Erkenntnis zwingt, daß Normappelle an den Beschuldigten schlechterdings nicht mehr zu stellen sind. In noch stärkerem Maße liegt die Entscheidungskompetenz beim Richter, wenn der psychische Defekt nicht zur völligen normativen Unansprechbarkeit geführt hat, wie dies im Bereich des § 21 StGB, zum Teil aber auch im Rahmen des § 20 StGB der Fall ist. Hier hat die Feststellung über das Ausmaß der psychischen Störung niemals automatisch die Annahme verminderter Schuldfähigkeit zur Folge. Vielmehr ist in jedem Fall das normative Urteil des Richters erforderlich, der darüber entscheidet, ob der Defekt des Täters so erheblich ist, daß eine Reduzierung der Normanforderungen von der Rechtsordnung anerkannt werden kann.

Bei der Feststellung des Ausmaßes der psychischen Beeinträchtigung kommt der Ermittlung des BAK-Wertes besondere Bedeutung

49 *Schünemann* GA 1986, 293, 298; *Albrecht* GA 1983, 193, 214; *Ventzlaff* ZStW 88, 57, 64f.

50 Festschrift für *Spann*, S. 457, 467.

zu, denn er bildet ein wichtiges Indiz für die Beurteilung der Schuldfähigkeit. Freilich ist der BAK-Wert nicht allein maßgebend. Um die Stärke der psychischen Beeinträchtigung zu ermitteln, müssen auch die sonstigen Umstände festgestellt werden, die Aufschluß über die psychische Situation des Täters geben können. Erst die Zusammenschau aller Faktoren entscheidet darüber, welches Ausmaß die psychische Beeinträchtigung tatsächlich erreicht hat.

Im Rahmen der psychologisch-normativen Komponente der Schuldfähigkeit ist damit das Ausmaß bzw. die Stärke des psychischen Defekts die unmittelbar entscheidungserhebliche Tatsache, denn aus ihr wird im Wege rechtlicher Wertung die Entscheidung über den Ausschluß oder die erhebliche Verminderung des Hemmungsvermögens unmittelbar abgeleitet. Keineswegs ist etwa die BAK selbst die unmittelbar entscheidungserhebliche Tatsache. Mag ihr im Einzelfall auch ein großes oder gar ausschlaggebendes Gewicht zukommen, so ist doch vom dogmatischen Ansatz her nicht sie allein, sondern die Gesamtheit aller Faktoren maßgebend.

## V.

1. Bei der Frage, wie in die vielschichtige und schwierige Materie der Schuldfähigkeit in ihrer gesetzlichen Ausprägung der Grundsatz in dubio pro reo eingebettet werden kann, stößt man förmlich auf eine wissenschaftliche terra incognita. Die Schwierigkeiten, die sich aus der Entschlüsselung des § 20 StGB und seiner praktischen Anwendung ergeben, steigern sich nämlich geradezu, wie *Schünemann* zu Recht bemerkt[51], zur Quadratur des Kreises, wenn es um die Anwendung des Zweifelssatzes geht. Die Probleme sind einmal dogmatischer Art: es geht darum, den Ansatzpunkt für den Zweifelssatz herauszufinden, was bei der fast untrennbaren Verschränkung von Tat- und Rechtsfrage innerhalb der §§ 20, 21 StGB zu kaum lösbaren Schwierigkeiten führt. Der zweite Problemkreis ergibt sich aus der Antinomie zwischen dem mit dem Zweifelssatz eng verkoppelten Schuldprinzip einerseits, nach dem strafrechtliche Haftung nur bei vollem Nachweis der Strafbarkeitsvoraussetzungen eintritt, und der

51 GA 1986, 193, 297.

vom Gesetzgeber grundsätzlich angenommenen vollen Schuldfähigkeit des Menschen andererseits,[52] derzufolge an die Exkulpation strenge Anforderungen zu stellen sind. Die in der täglichen Gerichtspraxis zu beobachtende Großzügigkeit bei der Ex- oder Dekulpation mit Hilfe des Zweifelssatzes läuft jedenfalls dem präventiven, auf möglichst umfassenden Rechtsgüterschutz bedachten Anliegen des Gesetzgebers direkt zuwider.

Diese Großzügigkeit hat ihren Grund in erster Linie in der Unmöglichkeit, über psychische Vorgänge und ihre Auswirkung auf das Hemmungsvermögen methodisch nachprüfbare Aussagen zu machen. Daraus ergibt sich für den Richter und für den Sachverständigen eine „breite Grauzone hoher Unbestimmtheit", die *Lackner* aus Gründen der General- und Spezialprävention dafür eintreten läßt, „grundsätzlich alle Bürger als verantwortliche Mitglieder der Rechtsgemeinschaft zu behandeln, solange das Gegenteil nicht einwandfrei nachweisbar ist"[53]. In der Tat liegt es nicht fern, aus der vom Gesetzgeber für jeden Menschen grundsätzlich postulierten Schuldfähigkeit eine gesetzliche, im Einzelfall freilich widerlegbare Schuldfähigkeitsvermutung abzuleiten, derzufolge bei Zweifeln „in dubio contra reum" Schuldfähigkeit anzunehmen ist[54]. Jedenfalls ist *Lackner* darin zuzustimmen, daß die Anwendung des Zweifelssatzes im Bereich der Schuldfähigkeit grundsätzlich neu überdacht werden muß[55].

Im Bereich der Alkoholdelinquenz führt die Anwendung des Zweifelssatzes nach der bisherigen weitherzigen Rechtsprechung ebenfalls zu Ergebnissen, die unter Präventionsgesichtspunkten kaum hinnehmbar sind. Geradezu groteske Folgen ergeben sich aus der mehrfachen Anwendung des Zweifelssatzes[56]. Nach der Rechtsprechung muß man mit Rücksicht auf den Zweifelssatz eine Blutalkoholkonzentration unterstellen, die der Angeklagte mit hoher Wahrscheinlichkeit nicht gehabt hat. Die weitere Frage, ob der Maximalwert zu einem Verlust oder zu einer Verminderung der Steuerungsfä-

52 E 1962, S. 137.
53 Festschrift für *Kleinknecht* S. 257, 265.
54 Ebenso *Schwalm* JZ 1970, 487, 492; dagegen *Schünemann* GA 1986, 298.
55 Festschrift für *Kleinknecht* S. 266.
56 Nach allgemeinen Beweisregeln darf dagegen der Zweifelssatz innerhalb desselben Geschehnisses nur einmal angewendet werden (vgl. Fn. 64).

higkeit geführt hat, soll dann nochmals nach dem Zweifelssatz beantwortet werden[57]. Bei der Berechnung der BAK aufgrund von Trinkmengenangaben kann der Zweifelssatz sogar dreimal zur Anwendung kommen: um eine Grundlage für die Berechnung zu haben, muß der Richter nämlich die Art, Menge und Zeit der Alkoholaufnahme feststellen[58]. Unwiderlegbare Angaben des Angeklagten müssen dabei zugrunde gelegt werden. Diese Mehrfachanwendung des Zweifelssatzes führt zu einer Potenzierung der die Schuldfähigkeit einschränkenden Umstände. Es liegt auf der Hand, daß damit der präventive Zweck des Strafrechts gerade im Bereich des vom Gesetzgeber mißbilligten (§ 323a StGB!) übermäßigen Alkoholkonsums weitgehend verfehlt wird. Man fragt sich, warum Straftaten unter Alkoholeinfluß in dieser Weise prämiiert werden, wo doch jedermann weiß, daß Alkohol ein kriminalitätsförderndes Grundübel darstellt.

2. Die kriminalpolitischen Bedenken, die mit dem Grundsatz „in dubio pro reo" im Schuldbereich verbunden sind, mögen hier auf sich beruhen. Gegen die Anwendung des Zweifelssatzes in dem bisher von der Rechtsprechung für richtig gehaltenen Umfang ergeben sich jedenfalls schon aus dogmatischer Sicht gewichtige Einwände.

Trotz aller Verschränkungen von Tat- und Rechtsfragen ist zunächst von dem Grundsatz auszugehen, daß der Zweifelssatz auch im Rahmen der §§ 20, 21 StGB nur bei der Feststellung von Tatsachen Anwendung finden kann. Diese Selbstverständlichkeit wird von der Rechtsprechung, obwohl im Prinzip anerkannt, immer wieder verwischt, wenn ohne Rücksicht auf die Unterscheidung von Tatsächlichem und Rechtlichem ganz pauschal gesagt wird, die §§ 20, 21 StGB seien schon anzuwenden, wenn die Voraussetzungen dieser Vorschriften auch nur möglicherweise gegeben seien[59]. Auch hier dient es der Klarheit, wenn die tatbestandliche Zweistufigkeit des § 20 StGB beachtet wird.

a) Bei den *biologischen* Voraussetzungen der Schuldfähigkeit kann der Zweifelssatz nur bei der Feststellung derjenigen Tatsachen zum Zuge kommen, die in rechtlicher Wertung eine krankhafte seelische Störung usw. ergeben. Hat der Täter im Affekt gehandelt, kann aber

57 BGHR StGB § 21 Blutalkoholkonzentration 2.
58 Z. B. BGH GA 1962, 116.
59 RG St 21, 131; 70, 127; BGHSt 3, 173; BGH MDR 1955, 369; BGH StV 1984, 69.

die Stärke des affektiven Zustandes nicht festgestellt werden, muß diejenige Intensität zugrunde gelegt werden, die eine tiefgreifende Bewußtseinsstörung ergibt[60]. Grundsätzlich muß das Gleiche bei der Feststellung des Trunkenheitsausmaßes gelten. Da die krankhafte seelische Störung in medizinischer Parallelwertung die unmittelbar entscheidungserhebliche Tatsache ist, muß im Rahmen einer Gesamtwürdigung aller Indizien geprüft werden, ob sie eine solche Diagnose rechtfertigen. Bleiben Zweifel, ist sie nach dem Grundsatz in dubio pro reo zugrunde zu legen. Der BAK-Höchstwert ist bei dieser Prüfung ein wichtiges, aber nicht notwendig ausschlaggebendes Indiz. Der Vergleich mit anderen Beweisanzeichen kann ergeben, daß die Schwelle zur krankhaften seelischen Störung noch nicht erreicht war.

b) Wesentlich problematischer ist dagegen die Anwendung des Zweifelssatzes bei der *psychologisch-normativen* Stufe der Schuldfähigkeit. Hier drängt sich die Frage auf, ob im Hinblick auf den letztlich normativen Charakter dieser zweiten Komponente für den Zweifelssatz überhaupt Raum ist.

Die Rechtsprechung bejaht die Frage uneingeschränkt. Obwohl sie den Rechtscharakter der Schuldfähigkeitsfrage zugesteht, bedient sie sich bei § 21 StGB in Anwendung des Zweifelssatzes stets der Formel, bei einer bestimmten Blutalkoholkonzentration könne eine erhebliche Verminderung der Steuerungsfähigkeit nicht ausgeschlossen werden oder sei das Hemmungsvermögen möglicherweise schon erheblich beeinträchtigt[61]. Das ist in dieser Weise nicht korrekt. Auch hier beantwortet sich die Frage nach der Anwendbarkeit des Zweifelssatzes danach, was Gegenstand der Beweisaufnahme ist. Wie bereits dargelegt, wird im Bereich der psychologischen Komponente lediglich über das Ausmaß der Bewußtseinsstörung Beweis erhoben, um eine tatsächliche Grundlage für die normativ zu treffende Entscheidung zu gewinnen. Damit ist die Anwendung des Zweifelssatzes vorgezeichnet. Er kommt in der Weise zur Anwendung, daß bei Zweifeln über die Stärke der Beeinträchtigung das stärkere Ausmaß zugrunde zu legen ist[62].

Soweit es dagegen um die Auswirkungen der Bewußtseinsstörun-

60 BGHSt 8, 113, 124; BGH bei *Holtz* MDR 1983, 619.

61 Vgl. Fn. 33 und 34.

62 BGH wie Fn. 60.

gen auf das Hemmungsvermögen geht, ist für die Anwendung des Zweifelssatzes kein Raum, denn darüber kann im engeren Sinne kein Beweis erhoben werden[63]. Der Richter kann sich mit Hilfe des Sachverständigen nur ein generelles Bild darüber verschaffen, wie sich bestimmte Alkoholisierungsgrade im allgemeinen auf das Hemmungsvermögen von Menschen auswirken. Aus der generellen medizinischen Erfahrung kann in bezug auf die individuellen Folgen der Bewußtseinsstörung beim jeweiligen Täter nur ein Wahrscheinlichkeitsurteil abgeleitet werden. Möglich ist also nur eine Aussage darüber, wie sich die Alkoholbeeinflussung unter Zugrundelegung allgemeiner Erfahrungen wahrscheinlich auf die Steuerungsfähigkeit des Angeklagten ausgewirkt hat. Bei Wahrscheinlichkeitsurteilen ist aber für den Zweifelssatz kein Platz. Es geht für den Richter in diesem Bereich auch nicht darum, die Überzeugung von dem Vorhandensein einer bestimmten Tatsache zu gewinnen. Die Wahrscheinlichkeitsprüfung soll ihm nur einen Anhalt für die normativ zu treffende Entscheidung geben. Diese hängt davon ab, welche Anforderungen die Rechtsordnung nach seiner Auffassung an die Motivierbarkeit des Täters zum normgemäßen Verhalten in concreto stellt. Dabei hilft dem Richter der Zweifelssatz wenig. Zweifel im wertenden Bereich hat er – wie überall bei der Entscheidung von Rechtsfragen – zu überwinden; er muß sich zu der Auffassung in der einen oder anderen Richtung bekennen. Der zuweilen hilflos anmutende Rückzug auf den Zweifelssatz, den der Richter so häufig antritt, ist nur ein Zeichen dafür, daß er sich vor diesem Bekenntnis scheut.

3. Für die praktische Anwendung des Zweifelssatzes im Bereich der Alkoholdelinquenz bedeuten die vorstehenden Ausführungen folgendes:

a) In einer empirischen Stufe ist zunächst das Ausmaß der psychischen Beeinträchtigung durch Alkoholeinwirkung zu ermitteln, da sich danach das Vorhandensein einer krankhaften seelischen Störung richtet. Der so festgestellte psychische Befund bildet die tatsächliche Grundlage für das weitere Urteil, ob die Alkoholintoxikation zu einer relevanten Einschränkung des Hemmungsvermögens geführt hat. Im Rahmen dieser empirischen Stufe kommt der Zweifelssatz voll zur

---

63 Ebenso *Lenckner* in *Schönke/Schröder* StGB § 20 Rn 43; *Lackner*, StGB § 20 Anm. 6c.

Geltung mit der Maßgabe, daß im Zweifel die stärkere Bewußtseinsstörung anzunehmen ist.

Nach der Rechtsprechung soll schon die Tatzeit-BAK, die für das Ausmaß der Trunkenheit eine maßgebliche Rolle spielt, mit Hilfe des Zweifelssatzes errechnet werden. Das ist freilich nicht selbstverständlich, denn die BAK ist im Rahmen der §§ 20, 21 StGB nicht die unmittelbar beweiserhebliche Tatsache. Unmittelbar relevant ist vielmehr das Ausmaß der Trunkenheit (psychische Befindlichkeit), und dieses wird nicht allein vom BAK-Wert, sondern auch von anderen Faktoren bestimmt. Nach allgemeinen Beweisgrundsätzen darf der Zweifelssatz nicht isoliert auf das einzelne entlastende Indiz, zu dem auch die BAK zählt, angewendet werden, „sondern nur auf die aus ihr abgeleitete unmittelbar relevante Tatsache" (BGH St 35, 308, 316). Berücksichtigt man den Zweifelssatz schon bei der Ermittlung des Indizes BAK und sodann nochmals bei der Gesamtwürdigung der für die Schuldfähigkeit maßgebenden Umstände, so widerspräche das dem Grundsatz, daß der Zweifelssatz innerhalb desselben Geschehens nur einmal zur Anwendung kommen darf[64].

Wenn die Rechtsprechung trotzdem bei der Feststellung des BAK-Wertes nach dem Zweifelssatz verfährt, so dürfte das wesentlich auf die Behandlung des BAK-Wertes bei Trunkenheitsdelikten im Straßenverkehr zurückzuführen sein. Bei § 24a StVG ist der BAK-Wert von 0,8‰ Tatbestandsmerkmal, also die unmittelbar relevante Tatsache. Sie ist schon nach allgemeinen Beweisregeln mit Hilfe des Zweifelssatzes zu ermitteln. Ähnlich liegen die Dinge bei § 316 StGB. Dort ist Tatbestandsmerkmal zwar die Fahruntüchtigkeit, bei der es sich um einen Rechtsbegriff handelt. Da jedoch der die absolute Fahruntüchtigkeit begründende BAK-Grenzwert auf 1,3‰ festgelegt worden ist[65], ist er die unmittelbar relevante Tatsache, die infolgedessen mit Hilfe des Zweifelssatzes zu ermitteln ist.

Dieses Anwendungsschema hat man ersichtlich auf den BAK-Wert im Rahmen der Schuldfähigkeitsprüfung übertragen, dabei aber nicht beachtet, daß es einen Grenzwert für die Annahme verminderter Schuldfähigkeit, der einen brauchbaren Ersatz für die psychodiagno-

64 *Peters*, Strafprozeß 4. Aufl. S. 288; *Gollwitzer* in *Löwe-Rosenberg*, StPO 24. Aufl. § 261 Rn 121.

65 BGH 21, 157; jetzt auf 1,1‰: BGH, Urt. v. 28. 6. 1990 (vgl. Fn. 43).

stische Beurteilung der alkoholbedingten Defekte bieten könnte, nicht gibt[66]. Im Gegensatz zur absoluten Fahruntüchtigkeit bei § 316 StGB wird der „Beweis" für die Verminderung oder Aufhebung der Schuldfähigkeit nicht ausschließlich mit Hilfe des BAK-Wertes geführt. Von daher gesehen ist die Anwendung des Zweifelssatzes bei der Ermittlung des BAK-Wertes nur gerechtfertigt, wenn außer dem BAK-Wert keine weiteren Indizien vorhanden sind, die über das Ausmaß der psychischen Beeinträchtigung Aufschluß geben könnten. In diesem Fall muß unterstellt werden, daß der Täter tatsächlich eine BAK in der errechneten Höhe mit der sich daraus ergebenden Indizwirkung hatte[67]. In allen anderen Fällen kann die Ermittlung der BAK mit Hilfe des Zweifelssatzes nur damit gerechtfertigt werden, daß – gewissermaßen im Gegenzuge – die Beweiskraft des errechneten Wertes bei langen Rückrechnungszeiten realativiert wird und damit über das Ausmaß der psychischen Beeinträchtigung erst die Gesamtheit aller Indizien unter Beachtung des Zweifelssatzes entscheidet.

b) Bei der anschließenden Frage, ob die Fähigkeit zum Andershandeln erheblich beeinträchtigt oder gar aufgehoben war, hat der Zweifelssatz dagegen außer Betracht zu bleiben. Zu fragen ist vielmehr lediglich, ob eine erhebliche Einschränkung der Motivierbarkeit zu normgemäßem Verhalten im Einzelfall von der Rechtsordnung anerkannt werden kann. Es handelt sich dabei um eine Rechtsfrage, die revisionsgerichtlich überprüfbar ist. Die Prüfung wird dahin zu gehen haben, ob der Tatrichter auf dem Hintergrund der allgemeinen medizinischen Erkenntnisse und Erfahrungen die richtigen Maßstäbe angelegt hat, ob er etwa an die Motivierbarkeit des Täters zu hohe oder zu niedrige Anforderungen gestellt hat[68].

Insofern wird sich an der bisherigen Rechtsprechung zur Indizwirkung des BAK-Wertes kaum etwas ändern. Bei BAK-Werten von 2‰ an aufwärts wird weiterhin verminderte Schuldfähigkeit und ab 3‰ Schuldunfähigkeit in Betracht zu ziehen sein.

In Betracht ziehen heißt jedoch nicht ohne weiteres, daß Ex- oder Dekulpation angenommen werden *muß*. Dem Richter verbleibt viel-

66 Vgl. *Schewe* JR 1987, 182.
67 BGHSt 36, 286.
68 Vgl. ebenso *Schünemann*, GA 1986, 298.

mehr ein Entscheidungsspielraum, der je nach den Umständen des Einzelfalles verschieden groß ist. Die Verantwortung für diese Entscheidung kann er nicht einfach, wie es weithin geschieht, mit der Frage auf den Sachverständigen abwälzen, ob er Verminderung bzw. Aufhebung der Steuerungsfähigkeit ausschließen könne. Der Richter muß sich vielmehr selbst zu einem Urteil darüber durchringen, wie er die ihm vom Sachverständigen – unter Beachtung des Zweifelssatzes – gelieferten tatsächlichen Befunde bewertet. Der Rückzug auf den Zweifelssatz ist ihm dabei verwehrt.

Das Bewußtsein, insoweit nicht dem Sachverständigen ausgeliefert, sondern zu einer eigenen Entscheidung aufgerufen zu sein, wird voraussichtlich dazu beitragen, daß Ex- oder Dekulpation nicht mehr ganz so großzügig angenommen werden wird, wie es derzeit häufig geschieht. Vor allem bei Angriffen auf Leib oder Leben wird sorgfältig zu prüfen sein, ob von der Rechtsordnung her ein Nachgeben in den Anforderungen an die Motivierbarkeit des Täters zu normgemäßem Verhalten verantwortet werden kann. Ein vorschnelles Nachgeben führt gerade im Bereich der Alkoholdelinquenz zu einer bedenklichen Preisgabe des Rechtsgüterschutzes.

*Burkhard Jähnke*

# Rechtsgutvernichtung nach ärztlichem Ermessen?

## Zur Frage der „ärztlichen Erkenntnis" beim Schwangerschaftsabbruch

### I.

Als das Reichsgericht im Jahre 1927 die medizinische Indikation zum Schwangerschaftsabbruch (interruptio, Unterbrechung sagte man damals) aus der Ebene bloßer Entschuldigung zum Rechtfertigungsgrund erhob und damit den übergesetzlichen rechtfertigenden Notstand schuf[1], sah es sich gehalten, alsbald Grenzen zu setzen. Rechtfertigung sollte nur eintreten, wenn der abbrechende Arzt die Voraussetzungen für seinen Eingriff pflichtgemäß geprüft hatte[2]. Ziel dieser Rechtsprechung war es, dem Leichtfertigen die Berufung darauf zu versagen, er habe auf das Vorliegen des Abbruchgrundes vertraut[3]; der Arzt blieb strafrechtlich verantwortlich, wenn er die Voraussetzungen für sein Tun fahrlässig falsch eingeschätzt hatte.

Im Jahre 1985 hat der Bundesgerichtshof für die sog. Notlagenindikation entschieden, daß nur nachzuprüfen sei, ob die Indikationsstellung nach ärztlicher Erkenntnis vertretbar war oder nicht[4]. Grundlage dieser Prüfung soll zudem nicht lediglich die objektive Sachlage sein. Selbst wenn objektiv eine Notlage fehlte, kann hiernach die Entscheidung für den Schwangerschaftsabbruch vertretbar und damit hinnehmbar sein, sofern die Schwangere ihre Situation subjektiv als

1 RGSt 61, 242; zur Rechtslage davor RGSt 36, 334, 337.

2 RGSt 62, 137, 138; ebenso Gössel BT 1 § 16 Rdn. 25; Maurach/Schroeder/Maiwald BT 1, 7. Aufl. (1988) § 6 III Rdn. 25.

3 Wachinger, Frank-Festgabe I S. 469, 516.

4 BGHZ 95, 199, 206; anders für rein medizinische Fragen wie die Bestimmung des Schwangerschaftsalters BGH NJW 1989, 1536.

Notlage – was immer das auch sein mag – empfunden hat[5]. Ausgesprochen hat dies ein Zivilsenat in einem Rechtsstreit, in dem es bezeichnenderweise um Schadensersatz wegen mißglückter Abtreibung ging.

Die Kluft scheint außerordentlich. Bezieht man in die Betrachtung die Rechtsprechung des Bundesverfassungsgerichts ein, nach der das werdende Leben ein verfassungsrechtlich geschütztes Gut ist, das wie jedes andere Rechtsgut nicht ohne rechtfertigenden Grund vernichtet werden darf[6], so könnte der Eindruck entstehen, das Reichsgericht habe dem Grundgesetz näher gestanden als der Bundesgerichtshof. So einfach liegen die Dinge indessen nicht, und die Frage stellt sich, wie die „ärztliche Erkenntnis" beschaffen sein muß, welche über das Schicksal werdenden Lebens zu entscheiden vermag.

## II.

Das Gesetz hat bekanntlich in § 218a StGB vier verschiedene Indikationen für den Schwangerschaftsabbruch anerkannt: die medizinische Indikation, die kindliche, die kriminologische und die allgemeine Notlagenindikation; auf terminologische Fragen brauche ich in diesem Zusammenhang nicht einzugehen. Nun formuliert das Gesetz aber, daß die Voraussetzungen der medizinischen Indikation als erfüllt gelten, wenn nach ärztlicher Erkenntnis eine der drei anderen Indikationen vorliegt (§ 218a Abs. 2 StGB). Im Wege der Fiktion oder, wie der Sonderausschuß des Deutschen Bundestages für die Strafrechtsreform meinte, der unwiderlegbaren Vermutung[7] wird also unterstellt, daß die drei anderen Indikationen Unterfälle der medizinischen Indikation seien. Von diesem Ausgangspunkt aus ist es konsequent, bei der Feststellung der Voraussetzungen des Schwangerschaftsabbruchs stets die „ärztliche Erkenntnis" als maßgebend zu erachten und allein dem Arzt die Verantwortung für die Rechtmäßigkeit des Tötungsakts aufzuerlegen. Ebenso folgerichtig ist es, daß der Bundesgerichtshof in dem erwähnten Urteil die Zuziehung eines me-

5 BGH JZ 1986, 140, 143 f.; insoweit in BGHZ 95, 199 nicht abgedruckt.
6 BVerfGE 39, 1, 58 f.
7 Bericht des Ausschusses zum 15. StrÄndG, BTDrucks. 7/4696 S. 7.

dizinischen Sachverständigen im Rechtsstreit verlangt hat, weil der Richter das für die Feststellung der Notlagenindikation erforderliche Fachwissen nicht habe. Denn für medizinische Fragen ist der Arzt zuständig und niemand sonst.

Aufgaben, die der Arzt nach dem Maßstab ärztlicher Erkenntnis zu bewältigen hat, finden sich in dieser oder ähnlicher Formulierung vielfach in der Rechtsordnung (vgl. etwa § 1 KastrG; § 13 Abs. 1 BtMG). Der Maßstab besagt, daß der Arzt den Sachverhalt mit den Methoden seines Fachs und entsprechend dem Stande seiner Wissenschaft zu ermitteln und zu beurteilen hat. Medizinisches Fachwissen und Können ist verlangt und muß eingesetzt werden.

## III.

Betrachten wir nun aber, was der Arzt bei der Notlagenindikation – ich beschränke mich hier auf sie, weil sie in der Praxis die weitaus dominierende Rolle spielt – zu ermitteln und zu bedenken hat; es genügt, den Gesetzeswortlaut vorzutragen: Der Abbruch der Schwangerschaft ist hier zulässig, wenn er sonst angezeigt ist, um von der Schwangeren die Gefahr einer Notlage abzuwenden, die so schwer wiegt, daß von der Schwangeren die Fortsetzung der Schwangerschaft nicht verlangt werden kann, und die nicht auf andere für die Schwangere zumutbare Weise abgewendet werden kann. Wie das Wort „sonst" andeutet, erfaßt die Notlagenindikation Fälle, welche sich nicht einer der anderen Indikationen, insbesondere also auch nicht der medizinischen, zuordnen lassen. Empirische Berichte weisen aus, daß in erster Linie wirtschaftliche Fragen, Familien- und Partnerprobleme sowie Berufsprobleme eine Rolle spielen[8].

Die solchen Problemen zugrundeliegenden Sachverhalte sind ärztlicher Erkenntnis nicht zugänglich. Ob der Ehemann der Frau ein arbeitsscheuer Trunkenbold ist, ob sie bettlägerige Verwandte zu pflegen hat – das gesamte familiäre, berufliche und soziale Umfeld der Frau ist zu prüfen, aber es wird sich zuverlässig wohl nur vor Ort feststellen lassen. Die Erfahrung eines geschulten Sozialarbeiters oder

8 Nachweise LK 10. Aufl. § 218a Rdn. 68; Köhler GA 1988, 435, 440; Häußler/Holzhauer ZStW 100 (1988) 817, 818.

Familienberaters wird entsprechenden Nachforschungen eher zu Erfolgsaussichten verhelfen als medizinisches Fachwissen. Vor allem ist der Arzt aber zu derartigen Nachforschungen gar nicht verpflichtet[9]; er kann sich auf die Befragung der Schwangeren beschränken. Diese ist nicht gerade verläßlich. Wie nirgends sonst führt im Bereich des § 218a StGB die herkömmliche Haltung des Arztes, seinem Patienten Glauben zu schenken, in die Irre. Damit steht dem Arzt bei seiner Entscheidung nichts zu Gebote, auf das er sich stützen kann: medizinische Kenntnisse nützen nichts, Mittel der Sachverhaltsfeststellung außerhalb seiner Praxis hat er nicht, und die Schilderungen der Schwangeren sind interessen- und oft auch fremdbestimmt. Zu beurteilen bleiben für ihn folglich nicht Gründe, sondern in ihrer Stichhaltigkeit nur zu oft anzweifelbare Begründungen[10].

Es zeigt sich an diesem Beispiel, daß der Gesetzgeber bei der Schaffung von Fiktionen an die Grenzen seiner Macht stoßen kann. Die Fiktion einer allumfassenden medizinischen Indikation in § 218a StGB erleichtert den Gesetzesvollzug nicht, sie blockiert ihn.

## IV.

Nun verlangt das Gesetz von dem Arzt nicht nur, daß er kraft ärztlichen Fachwissens den entscheidungserheblichen Sachverhalt ermittelt. Er soll ihn auch prognostisch ausdeuten und nach rechtlichen Maßstäben würdigen. Doch auch hier hat ihn der Gesetzgeber allein gelassen, und niemand tritt ihm zur Seite. Denn die Rechtsordnung stellt ihm keine zuverlässigen rechtlichen Orientierungshilfen zur Verfügung, an denen er sich ausrichten könnte.

Der Vorwurf trifft alle mit der Materie Befaßten, auch die Rechtswissenschaft, und beleuchtet ein ganz eigenartiges Phänomen.

Die Gesetzesfassung mit ihren Begriffen der schweren Notlage und der Zumutbarkeit ist für sich genommen wenig präzise, ja nichtssagend. Daran ist nichts zu ändern, und auch verfassungsrechtliche Argumente, die das Bestimmtheitsgebot des Art. 103 Abs. 2 GG ins

---

9 Eser in Schönke/Schröder 23. Aufl. § 218a Rdn. 51; LK § 218a Rdn. 77.

10 Bericht der Kommission zur Auswertung der Erfahrungen mit dem reformierten § 218 StGB, BTDrucks. 8/3630 S. 77; Geiger Jura 1987, 60, 63.

Spiel bringen, werden kaum weiterhelfen. Denn es geht hier nicht um Fragen des gesetzlichen Tatbestandes. Darüber hinaus sind die Formulierungen der mit Gesetzeskraft versehenen einstweiligen Anordnung entlehnt, die das Bundesverfassungsgericht zugleich mit seinem Urteil zur Fristenregelung erlassen hat. Darin hieß es – kurz gefaßt –, daß das Gericht unter den Voraussetzungen der Notlagenindikation von Strafe absehen könne. Wenngleich darin lediglich eine Regelung der Rechtsfolgenseite lag, so hat das Bundesverfassungsgericht diese ersichtlich doch als hinreichend bestimmt und zum Vollzug geeignet betrachtet.

Wenn man aber das Gesetz so hinnehmen muß, wie es ist, so sollte man meinen, daß sich die besten Geister der Wissenschaft darum bemühen, es durch Auslegung praktikabel und verständlich zu machen. Es geht schließlich um Leben, der Gegenstand der Vorschrift ist daher des äußersten Bemühens wert. Ich glaube auch, den Nachweis geführt zu haben, daß § 218a StGB nicht nur konkretisierungsbedürftig, sondern mit den herkömmlichen Methoden der Auslegung erschließbar und einer Eingrenzung zugänglich ist[11]. Immerhin hat ein Kommentator vom Range Lackners meinen Versuch aufgenommen[12]. Eine streitige Auseinandersetzung findet zu dem Thema aber kaum statt. Die Wissenschaft beschäftigt sich eingehend mit der Frage, ob die Notlagenindikation ein Rechtfertigungsgrund ist oder nicht. Die der dogmatischen Einordnung vorgelagerte Frage, wann eine solche Indikation vorliegt, um welche Fälle es überhaupt geht, stellt sie dagegen prinzipiell nicht. In der Regel wird gesagt, daß auf die Umstände des Einzelfalles abzustellen, daß eine Gesamtwürdigung vorzunehmen sei. Das ist sicher richtig, ohne ordnendes Leitprinzip aber eine Leerformel. Notwendige allgemeine Maßstäbe dafür, wann die Umstände das Austragen der Schwangerschaft unzumutbar machen, werden nicht vermittelt, teilweise ausdrücklich abgelehnt[13]. Der Arzt ist bei der Abwägung im wesentlichen auf sein subjektives Gefühl ange-

---

11 LK 10. Aufl. § 218a Rdn. 65 ff.

12 StGB 18. Aufl. (1989) § 21a Anm. 6b; kritisch Koch in Eser/Koch Schwangerschaftsabbruch im internationalen Vergleich Bd. I (1988) S. 18, 139 ff.; abl. Köhler GA 1988, 435, 442.

13 Eser in Schönke/Schröder 23. Aufl. § 218a Rdn. 51a; Rudolphi SK § 218a Rdn. 43, Wilkitzki/Lauritzen, Schwangerschaftsabbruch in der Bundesrepublik Deutschland (1981) S. 61 f.; mit vermeintlich rechtssystematischer Ableitung Köhler GA 1988,

wiesen. Die Gründe für diese Zurückhaltung kann man nur ahnen. Ich möchte aber nicht ausschließen, daß über der Auseinandersetzung mit dogmatischen Prinzipien die mühevolle Kleinarbeit am Tatbestand des Gesetzes weniger interessant erscheint, zumal eine solche Arbeit noch gegen den Zeitgeist ankämpfen muß.

## V.

Halten wir hier einmal inne. Nach dem Gesetz hat die Entscheidung für einen Schwangerschaftsabbruch nach der Notlagenindikation allein der abbrechende Arzt zu verantworten. Er muß seine Entscheidung auf Grund eines für ihn prinzipiell nicht verifizierbaren Sachverhalts treffen. Diesen möglicherweise fiktiven, regelmäßig aber lükkenhaften Sachverhalt soll er an einem Maßstab der Zumutbarkeit messen, für den es eine objektive Richtschnur nicht gibt.

Kehren wir nun zu dem Urteil des Bundesgerichtshofes zurück, das dem Richter aufgegeben hat, die Entscheidung des Arztes nur auf ihre Vertretbarkeit hin zu untersuchen. Ich kann das Urteil nicht billigen. Aber angesichts der Lage, in welcher der abbrechende Arzt sich befindet, muß ich es als menschlich bezeichnen. Das Urteil operiert nicht mit strafrechtlichen Irrtumsregeln, die den Arzt mit dem Makel des Gesetzesverstoßes bei bloß subjektiver Exkulpation belasten. Es verschafft ihm vielmehr von vornherein einen Freiraum, der innerhalb eines eingegrenzten Bereichs eine richterliche Richtigkeitskontrolle ausschließt. Die Dinge werden beim Namen genannt.

Das Verständnis für die Rechtsprechung schließt Kritik nicht aus.

Der Gegenbegriff zur richterlichen Vertretbarkeitsprüfung ist ärztliches Ermessen. Wenn dem Arzt ein Entscheidungsrahmen zugestanden wird, in dem eine Nachprüfung nicht stattfindet, dann wird die Entscheidung des Arztes, solange sie diesen Rahmen nicht verläßt, seinem Ermessen anheimgegeben. Das Urteil des Bundesgerichtshofes entfernt sich damit vom Wortlaut des Gesetzes. Mit Hilfe der Verfahrensregel über den Umfang der gerichtlichen Prüfungsbefugnis ersetzt es die „ärztliche Erkenntnis" durch das „ärztliche Ermessen".

---

435; s. ferner – wohl zur medizinischen Indikation – OLG Düsseldorf NJW 1987, 2306. Eindrucksvoll Häußler/Holzhauer ZStW 100 (1988) 817, 833.

Für einen Strafrechtler problematisch, zumindest ungewohnt, erscheint die Vorstellung, daß die Rechtmäßigkeit oder die Strafbarkeit einer Tat davon abhängen soll, ob der Täter dabei sein Ermessen fehlerfrei ausübt. Wie mir scheint, treten hier Fragen auf, die vertiefter Erörterung im Rahmen der allgemeinen Unrechtslehre bedürfen.

Und schließlich sei auf den in der Literatur[14] hervorgehobenen Gesichtspunkt verwiesen, wonach es mit dem Rang des auf dem Spiele stehenden Rechtsguts unvereinbar ist, seine Vernichtung einer Entscheidung zu überlassen, die möglicherweise nicht richtig, sondern „gerade noch vertretbar" ist. Nach der Rechtsprechung des Bundesverfassungsgerichts muß die Indikation wie jede Rechtfertigung für den Eingriff in ein Rechtsgut feststehen.

Nach diesen grundsätzlichen Bedenken scheint es von eher minderer Bedeutung, daß der dem Urteil zugrundeliegende konkrete Fall nach meiner Auffassung auch unrichtig entschieden ist, und daß sich darüber hinaus die Rechtsprechung vorhalten lassen muß, eine Gelegenheit zur rechtsfortbildenden Auslegung des § 218a StGB versäumt zu haben.

In dem entschiedenen Fall war die Schwangere 21 Jahre alt, ledig, berufstätig und wohnte in einem kleinen Zimmer bei ihrer Mutter und dem Stiefvater. Eine Eheschließung stand nicht in Aussicht, mit familiärer Zuwendung war möglicherweise nicht zu rechnen. Das war alles. Der wegen mißlungenen Abbruchs zivilrechtlich in Anspruch genommene Arzt ließ vortragen, daß der versuchte Schwangerschaftsabbruch mangels Vorliegens einer Notlagenindikation rechtswidrig gewesen sei und Schadensersatz daher nicht in Betracht komme. Diesen Einwand hat der Bundesgerichtshof nicht gelten lassen. Er hat jedoch nicht darauf abgestellt, daß der Beklagte sich zu seinem früheren Tun in Widerspruch setzte und auch unerlaubtes Tun kein Freibrief für die Zufügung von Schaden sein kann. Eine solche Begründung hätte, wenn man die Ersatzfähigkeit eines Schadens wegen mißlungener Abtreibung überhaupt anerkennt, sicher Gewicht gehabt. Der Bundesgerichtshof hat vielmehr eingeräumt,

14 Geiger Jura 1987, 60, 63 f.; Lackner 18. Aufl. (1989) § 218a Anm. 2c, bb; Rudolphi SK § 218a Rdn. 25a; Tröndle MedR 1986, 31, 33; zurückhaltend Eser ZStW 97 (1985) 1, 40, in Schönke/Schröder 23. Aufl. § 218a Rdn. 16.

daß eine Notlagenindikation objektiv wohl nicht gegeben gewesen sei; doch komme der objektiven Sachlage allein keine ausschlaggebende Bedeutung zu. Entscheidend sei, wie die Schwangere ihre Lage empfunden hat. Diese Ansicht sieht sich heftigster Kritik ausgesetzt[15]. Wenn objektiv weder eine medizinische noch eine Notlagenindikation vorliege, so könne auch Psychologisieren eine solche nicht schaffen[16]; die Subjektivierung sei völlig verfehlt, so heißt es. Man wird dem mit dem Vorbehalt zustimmen müssen, daß krankhaft übersteigerte Ablehnungsreaktionen der Schwangeren eine andere Beurteilung rechtfertigen können, doch kommt in einem solchen Fall die medizinische Indikation zum Tragen. Mir scheint vor allem, daß hier die Frage der Abwendbarkeit der Bedrängnis aus dem Blickfeld geraten ist. Wenn die innere Not der Schwangeren in Fehlvorstellungen über ihre wirkliche Lage begründet war, so lag nichts näher als der Versuch, die Fehlvorstellungen durch ein Gespräch auszuräumen. Nicht einmal das ist verlangt worden.

## VI.

Ziehen wir hier ein Fazit: Es sieht nicht gut aus um den Lebensschutz. Der Arzt muß in tatsächlicher und in rechtlicher Hinsicht seinem Gefühl vertrauen, nicht seiner Erkenntnis. Seinem Ermessen obliegt es, inwieweit er wohl nie zu unterdrückenden Zweifeln nachgeht oder ob er sie beiseite schiebt. Die Gewißheit, richtig zu handeln, wird sich bei ihm kaum einstellen können. Wenn man mit dem Bundesverfassungsgericht ein Handeln ohne einsichtigen, nachvollziehbaren Grund als objektive Willkür bezeichnet, dann begünstigt der gegenwärtige Zustand tendenziell Willkür, und das in einem doppelten Sinne. Der gewissenhafte Arzt kann nur dem Zufall vertrauen, nicht seiner ärztlichen Erkenntnis, ob sein Handeln gesetzmäßig ist. Gegen den großzügigen, leichtfertigen oder gar böswilligen Arzt gibt es bei einiger Geschicklichkeit der Beteiligten praktisch kein Mittel. Das liegt teils am unzulänglichen Verfahren, teils an unzulänglichen,

15 Stürner JZ 1986, 122; Jura 1987, 75; Tröndle MedR 1986, 31.
16 Stürner JZ 1986, 122, 124; Jura 1987, 75, Tröndle MedR 1986, 31, 33.

von Wissenschaft und Praxis nicht bewältigten materiellen Regeln. Vielen gilt diese Lage als verkappte Fristenlösung[17].

Nun kann man für eine Fristenlösung gewiß Gründe von Gewicht anführen, und gerade der verehrte Jubilar hat in verdienstvoller Weise die Problematik aufbereitet[18]. Aber nicht nur die Entscheidung des Bundesverfassungsgerichts zur Fristenlösung verbietet es, diesen Weg erneut zu beschreiten, sondern auch das doch wohl von einem breiten rechtspolitischen Konsens getragene Gesetzesprojekt zur Gentechnologie. Dieses Vorhaben will kleinsten Keimlingen strafrechtlichen Schutz gewähren. Man kann ihn Embryonen in der 12. Woche dann nicht gänzlich versagen. Es muß deshalb darum gehen, die Scheinheiligkeit der Praxis, die für jede Rechtskultur tödlich wirken muß[19] zu beseitigen. Dazu ist es erforderlich, die gegenwärtige Handhabung der Indikationslösung, in der vielfach nur so getan wird, als gebe es Indikationen, in eine verfassungsrechtlich und praktisch hinnehmbare Balance zu bringen. Dabei sollten wir Juristen unsere eigene Mitschuld an der Misere keineswegs als gering bewerten. Aber wir können sie, soweit es uns angeht, selbst beheben. Ich meine damit, daß endlich ein Bemühen um eine wirkliche Erfassung und Auslegung der Indikationen des § 218a StGB einsetzen muß. Daß der Gesetzgeber nicht eben vorbildlich gearbeitet hat, ist kein Grund zur Resignation.

## VII.

Das Verfahren freilich kann nur der Gesetzgeber ändern. Doch ist dabei Augenmaß erforderlich; dringend zu warnen ist vor radikalen Lösungen.

Einer der in meinen Augen radikalen Lösungsvorschläge besteht darin, die sog. Abtreibung auf Krankenschein zu beseitigen. Es wird

17 v. Hippel JZ 1986, 53, 55; Roxin JA 1981, 226, 231; Stürner FamRZ 1985, 753, 756; befürwortend, aber in den Konsequenzen unklar Ramm JZ 1989, 861, 868f.

18 Insbes. als Mitverfasser des AE; s. ferner in Baumann (Hrsg.), Das Abtreibungsverbot des § 218 StGB, 2. Aufl. (1972) S. 209; in Gründel (Hrsg.), Abtreibung pro und contra (1971) S. 27.

19 S. zuletzt Albrecht, 2. Deutsch-Poln. Kollogium über Strafrecht u. Kriminologie (1986) S. 195, 222; Keller in Günther/Keller, Fortpflanzungsmedizin und Humangenetik (1987) S. 111, 126f.

geltend gemacht, die Notlagenindikation wirke nur entschuldigend, berühre also nicht die Rechtswidrigkeit des Schwangerschaftsabbruchs; rechtswidrige Taten aber dürften nicht mit Sozialleistungen finanziert werden. Damit würde die Notlagenindikation wohl praktisch obsolet.

An dem Streit um die dogmatische Einordnung der Notlagenindikation[20] habe ich mich bisher nicht weiter beteiligt; ich gedenke das auch in Zukunft so zu halten. Daher nur drei kurze Hinweise:

1. Der Streit wäre wesentlich entschärft, wenn man – wie ich es zu tun versuche – die Notlagenindikation einer engen begrifflichen Abgrenzung zuführt. Ich bezweifle also die Richtigkeit der Methode, über die Rechtsnatur der Indikation ohne Rücksicht auf ihren Anwendungsbereich zu reden. Die Struktur der nach meiner Ansicht in Betracht kommenden Fälle läßt eine Rechtfertigung zumindest als nicht fernliegend erscheinen.

2. Für die Wirksamkeit des Arztvertrages ist die dogmatische Einordnung nach der Rechtsprechung des Bundesgerichtshofes gleichgültig[21]. Entscheidend ist für den Bundesgerichtshof, daß der Schwangerschaftsabbruch straffrei ist und damit nicht gegen ein gesetzliches Verbot oder gegen die guten Sitten verstößt. Daß dieses Argument im Sozialrecht von vornherein ausscheide, scheint mir nicht ausgemacht.

3. Die Schweiz, in der das materielle Strafrecht durch Bundesgesetz einheitlich geregelt ist, kennt nach dem Wortlaut ihres Art. 120 StGB nur eine einzige Indikation, nämlich die enge medizinische. Die Praxis sieht anders aus. In ländlichen oder konfessionell geprägten Kantonen findet die Frau keinen abbruchwilligen Arzt. In städtischen Kantonen wird die Fristenregelung praktiziert, weil man sich hinsichtlich des Gesundheitsbegriffs an der Definition der Weltgesundheitsorganisation orientiert. Danach ist Gesundheit das physische, psychische und soziale Wohlbefinden, und seine Beeinträchtigung verschafft die Befugnis zum Schwangerschaftsabbruch[22]. Es sei daran

20 Zusammenfassend dazu Gropp GA 1988, 1; Harrer MedR 1989, 178, Fn. 15; Koch in Eser/Koch, Schwangerschaftsabbruch im internationalen Vergleich Bd. I (1988) S. 18, 116ff.; engagiert für bloße Entschuldigung Tröndle Jura 1987, 66.

21 BGH JZ 1985, 331, 332.

22 Locher in Eser/Koch, Schwangerschaftsabbruch im internationalen Vergleich Bd. I

erinnert, daß die medizinische Indikation nach § 218a Abs. 1 Nr. 2 des deutschen StGB die Berücksichtigung der „gegenwärtigen und zukünftigen Lebensverhältnisse der Schwangeren" vorsieht. Darin stecken weite Interpretationsmöglichkeiten, und es darf vermutet werden, daß eine Streichung oder faktische Einschränkung der Notlagenindikation zu einer entsprechenden Abwanderung in die medizinische Indikation führen wird. Diese in eine „weite" und eine „enge" Indikation mit unterschiedlichen Rechtsfolgen aufzuspalten[23], erscheint nicht praktikabel.

Vielfach wird stattdessen vorgeschlagen, die Feststellungskompetenz einem Gutachtergremium zu übertragen[24]. Auch dagegen bestehen Bedenken, weil dem Gremium zur Sachverhaltserforschung keine weiteren Ermittlungsmöglichkeiten als dem einzelnen Arzt bleiben würden. Zudem wäre die Entscheidung eines solchen Ausschusses wohl Ausübung öffentlicher Gewalt mit der Folge, daß sein Spruch gerichtlicher Nachprüfung unterläge. Die Vorstellung aber, daß ein Verwaltungsgericht über ein Ungeborenes zu Gericht sitzt und entscheidet, ob es leben darf, weckt ungute Gefühle.

Mir würde eine kleine Änderung genügen, diese halte ich aber für unumgänglich, um der „ärztlichen Erkenntnis" beim Schwangerschaftsabbruch eine Grundlage zu geben. Sie könnte darin liegen, daß dem von der Schwangeren aufgesuchten Arzt die Befugnis gegeben wird, das Jugendamt um eine Überprüfung der Angaben der Frau zu ersuchen und es zu einer Äußerung darüber zu veranlassen, inwieweit anderweitige Hilfen in Betracht kommen. Daß dies für die Frau eine Bloßstellung sei, wird mit Grund nicht behauptet werden können. Jeder Antrag auf Zubilligung von Sozialleistungen unterliegt der Nachprüfung, je nach den Umständen auch mittels Hausbesuchs. Hier beansprucht die Schwangere, daß der Staat seine Schutzpflicht gegenüber dem Ungeborenen zurücknehme. Das Gewicht einer solchen Entscheidung rechtfertigt ein Eindringen in die häusliche Sphäre sehr viel nachhaltiger als etwa der Antrag auf Gewährung von Pflegegeld.

---

(1988) S. 1483, 1526; Udvari in Jung/Müller-Dietz, § 218-Dimensionen einer Reform (1983) S. 115, 121 ff.

23 Dreher/Tröndle 44. Aufl. vor § 218 Rdn. 9; a.A. Kluth GA 1988, 547.

24 Geiger Tröndle-Festschrift S. 647, 662; v. Hippel JZ 1986, 53, 58.

Eine Behörde wie das Jugendamt dürfte nach seiner Aufgabenstellung und seiner personellen Ausstattung auch geeignet sein, dem Arzt verläßliche Grundlagen zur Beurteilung der von der Schwangeren behaupteten Notlage zu liefern. Schon die Möglichkeit der Nachprüfung würde im übrigen präventiv wirken. An finanziellen Problemen dürfte dieses Modell kaum scheitern. Da es das törichte Beratungssystem des geltenden Rechts ersetzen könnte, wären die dafür heute aufzuwendenden Mittel für eine bessere Ausstattung der Jugendämter frei.

Ohne eine Änderung des Gesetzes in diesem Sinne sehe ich keine Möglichkeit, in der Sache von der Vertretbarkeitslösung des Bundesgerichtshofes abzugehen, mag sie strafrechtlich auch im Gewande des Vorsatzausschlusses in Erscheinung treten. Der Gesetzgeber muß einsehen, daß die Fiktion der umfassenden medizinischen Indikation eine Fehlentscheidung war, welche das Gesetz in letzter Konsequenz aus den Angeln hebt.

Für mehr zu plädieren, wäre aber waghalsig. Das Strafgesetz war zu keiner Zeit ein taugliches Mittel zur Eindämmung der Abtreibungsseuche[25].

25 Zu den Gründen der Wiedereinführung der Beseelungslehre im Jahre 1591 anschaulich Jerouschek, Lebensschutz und Lebensbeginn (1988) S. 202f.

*Alexander Böhm*

# Zur „Freiwilligkeit" in Strafvollstreckung und Strafvollzug

## I.

Der Leiter einer Vollzugsanstalt verhängte gegen einen Insassen eine Disziplinarmaßnahme (Beschränkung des Einkaufs vom Hausgeld und der Teilnahme an Freizeitveranstaltungen: § 103 Abs. 1 Nr. 2 und 4 StVollzG), die damit begründet war, daß der Gefangene sich geweigert hatte, sich einer vom Anstaltsleiter angeordneten „freiwilligen" Urinkontrolle zu unterziehen. Es hatte Gründe für den Verdacht gegeben, daß einige Insassen, zu denen auch der Gemaßregelte gehörte, Haschisch geraucht hatten. Der Gefangene wandte sich gem. § 109 StVollzG gegen diese Disziplinarmaßnahme erfolgreich an die Strafvollstreckungskammer, die die Auffassung vertrat, die Verhängung einer Disziplinarmaßnahme sei rechtswidrig gewesen. Auf die gegen diese Entscheidung eingelegte Rechtsbeschwerde der Vollzugsbehörde entschied das OLG Koblenz, die Disziplinarmaßnahme gegen den Gefangenen bestehe zu recht.[1] Es führt hierzu folgendes aus: „Der Anstaltsleiter hat die Anordnung erlassen, die des Betäubungsmittelkonsums verdächtigen Teilnehmer des Hauptschulkurses zur freiwilligen Abgabe einer Urinprobe aufzufordern. Da der Betroffene zu dieser Gruppe gehörte, wurde die Aufforderung auch an ihn gerichtet. Daß von ihm die ‚freiwillige' Abgabe einer Urinprobe verlangt wurde, steht dem Anordnungscharakter der Forderung nicht entgegen. Trotz des scheinbaren Widerspruchs, der sich aus der Verknüpfung der Begriffe ‚Anordnung' und ‚Freiwilligkeit' ergibt, ist nicht daran zu zweifeln, daß es sich bei der an den Betroffenen gerich-

1 NStZ 1989, 550 = ZfStrVo 1990, 51. Der nachfolgend im Text aufgeführte Teil der Beschlußbegründung ist nur in der ZfStrVo abgedruckt.

teten Aufforderung zur Urinprobenabgabe um eine Anordnung im Sinne des § 82 Abs. 2 Satz 1 StVollzG gehandelt hat. Dies hat auch der Betroffene nicht verkannt; denn er hat sich gerade gegen die mit der Anordnung verbundene Androhung von Disziplinarmaßnahmen gewandt, die er als Ausübung unzulässigen Zwangs angesehen hat. Deshalb ist davon auszugehen, daß ihm auch in der konkreten Situation klar war, daß mit dem Verlangen einer ‚freiwilligen' Urinprobenabgabe diese nicht in sein Belieben gestellt oder seiner freien Entscheidung überlassen werden sollte, sondern von ihm im Sinne einer zu befolgenden Anordnung gefordert wurde. Aus dem Beschwerdevorbringen der Justizvollzugsanstalt ergibt sich insoweit, daß die ‚freiwillige' Urinprobenabgabe aus Gründen der Verhältnismäßigkeit als das den Betroffenen am wenigsten stark belastende Mittel gefordert worden ist. Da die Wahl des Mittels den Eingriff als solchen unberührt läßt, löst sich der vorgenannte scheinbare Widerspruch auf". „Freiwillig" hatte hier also nur die Bedeutung, daß die Urinprobe nicht durch einen zwangsweisen ärztlichen Eingriff genommen werden sollte.[2] Der „scheinbare Widerspruch" ließe sich auch anders erklären. Im Zusammenhang mit, wie ich glaube, undurchdachten politischen und gesellschaftlichen Forderungen und Vorstellungen mit emanzipatorischem, scheinbar liberalem Hintergrund traut man sich nicht mehr, deutlich zu sagen, daß es Gesetze und Regeln gibt, die zu befolgen sind und deren Befolgung mit Zwang durchgesetzt wird. Es ist aber nicht so, daß die erwähnte Grundstimmung dazu geführt hätte, daß Gesetze abgeschafft, das Gewaltmonopol beseitigt und Zwangsmaßnahmen nicht mehr durchgeführt würden. Hier herrscht vielmehr nach wie vor die „alte Ordnung". Geändert hat sich nur das deutliche Bekenntnis zu dieser Ordnung. Es verschwimmt hinter verschleiernden Vokabeln.[3] Wird dem Gefangenen

2 Die Entscheidung wirft weitere interessante Rechtsfragen auf, die hier nicht vertieft werden sollen: Läßt sich die Anordnung des Anstaltsleiters auf § 56 StVollzG oder auf § 101 StVollzG stützen? Dient die Untersuchung dem Gesundheitsschutz oder nicht vielmehr der Ordnung der Anstalt? Wäre dann nicht § 4 Abs. 2 Satz 2 StVollzG einschlägig (so LG Freiburg NStZ 1988, 151 und LG Kleve NStZ 1989, 48)? Darf man den Gefangenen dazu zwingen, zu seiner Überführung wegen eines Vergehens nach dem BtMG beizutragen? Vgl. auch Böhm in: Schwind/Böhm, StVollzG, 2. Aufl. 1990, § 4 Rdnr. 24.

3 So ist etwa im StVollzG der wahre Grund dafür, daß Freiheitsstrafe vollzogen wird,

eröffnet, er habe eine Urinprobe unter Umständen abzuliefern, die eine Manipulation nicht erlauben, und müsse im Verweigerungsfall mit einer Freizeitsperre rechnen, und wird ihm vielleicht sogar noch erklärt, warum diese Anordnung getroffen ist, dann wird er dies eher akzeptieren, als wenn man ihm vorträgt, er müsse „freiwillig“ eine Urinprobe abgeben.[4] Daß der Bürger ihm im Rahmen der Strafrechtsordnung auferlegte, seine Rechte beschneidende Maßnahmen akzeptiert, ist für deren Wirksamkeit möglicherweise von Bedeutung. Eine solche Akzeptanz hat aber mit Zustimmung und Freiwilligkeit nichts zu tun. Ein in einem fairen Verfahren, in dem auch seine Sicht des Vorganges zur Sprache gekommen und ernsthaft erörtert worden ist, zu einer Geldstrafe Verurteilter wird häufig seine Verurteilung als gerecht und korrekt akzeptieren, kein Rechtsmittel einlegen und seine Strafe ohne Groll zahlen. Es ist richtig, daß die Prozeßbeteiligten sich darum bemühen, daß dieser Erfolg eintritt.[5] Ob allerdings der Verurteilte seine Geldstrafe „freiwillig“ zahlt, seiner Verurteilung im Rechtssinne zustimmt, ist damit nicht gesagt, es ist das etwas völlig anderes. Würde es von seiner Zustimmung abhängen, ob er überhaupt verurteilt werden kann, so würde er sich in vielen Fällen wohl auch einer „an sich“ als gerecht angesehenen, ihn aber stark belastenden Maßnahme entziehen. Eine solche Zustimmung zu fordern, ist offensichtlich unsinnig.

---

nicht genannt. Dazu führt das OLG Stuttgart, ZfStrVo 1984, 252, 253 zutreffend aus: „Trotz des in § 2 StVollzG umschriebenen Vollzugszieles kommt man nicht umhin, anzuerkennen, daß, weil die verhängte Strafe ihren Grund in der begangenen Straftat hat, dieser Bezug dem Vollzug der Strafe insgesamt ... die innere Berechtigung gibt. Dies wird deutlich in Fällen, in denen der Verurteilte, etwa als Konflikttäter ... nur in geringem Maße oder – im Extremfall – überhaupt nicht resozialisiert zu werden braucht.“

4 In dem in Anm. 3 erwähnten Beschluß des OLG Stuttgart heißt es weiter: „In diesen Fällen wird der ... Strafvollzug zwar auch noch vom Vollzugsziel des § 2 StVollzG getragen, überwiegend jedoch von den Gesichtspunkten der Vergeltung für schuldhaft begangenes Unrecht, der Sühne und der Erhaltung der Rechtsordnung bestimmt und vom Gefangenen im Grunde auch nur so akzeptiert.“

5 Vgl. etwa Neuland, Gesprächsführung mit Jugendlichen im Gerichtsverfahren, in: Wassermann (Hrsg.), Menschen vor Gericht, 1979, 141 ff.

## II.

Auf der Grundlage dieser allgemeinen Überlegungen sollen zwei gesetzliche Regelungen behandelt werden, die die Zustimmung oder Einwilligung des Betroffenen vorsehen: Nach §§ 57 Abs. 1 Nr. 3, 57 a Abs. 1 Nr. 3 StGB ist die Entlassung eines Strafgefangenen aus zeitiger oder lebenslanger Freiheitsstrafe zur Bewährung davon abhängig, daß „der Verurteilte einwilligt". Die Unterbringung eines zur Freiheitsstrafe verurteilten Gefangenen in einer Anstalt oder Abteilung des offenen Vollzuges ist von seiner Zustimmung abhängig (§ 10 Abs. 1 StVollzG). Was die erste der beiden genannten Regelungen angeht, so gibt es unterdessen einige empirische Untersuchungen[6], die Aufschluß über die Auswirkung der Bestimmung in der Praxis geben.

Die im folgenden zu erörternden Fragen stehen nicht im Mittelpunkt der wissenschaftlichen Arbeit des Jubilars. Gleichwohl bestehen Beziehungen zu seinem Werk. So hat er auf dem Gebiet des Sanktionenrechts – vor allem im Bereich der Maßregeln der Besserung und Sicherung – wichtige Veröffentlichungen vorgelegt[7] und rechtstheoretische Überlegungen mit Rechtstatsachenforschung[8] verbunden.

## III.

1. Zur Einwilligung des Verurteilten in seine vorzeitige Entlassung nach §§ 57, 57 a StGB.

Während die Entlassung eines Strafgefangenen aus zeitiger oder

---

6 Eisenberg/Ohder, Aussetzung des Strafrests zur Bewährung. Eine empirische Untersuchung der Praxis am Beispiel von Berlin (West), 1987; Böhm/Erhard, Die Praxis der bedingten Strafrestaussetzung – Eine Untersuchung zur Anwendung des § 57 in Hessen, MschrKrim 1984, 365 ff.; Böhm/Erhard, Strafrestaussetzung und Legalbewährung, 1988; Laubenthal, Lebenslange Freiheitsstrafe. Vollzug und Aussetzung des Strafrestes zur Bewährung, 1987; Laubenthal, Die Einwilligung des Verurteilten in die Strafrestaussetzung zur Bewährung, JZ 1988, 951 ff.

7 Vor allem die Kommentierung der §§ 61 bis 67 im Leipziger Kommentar, 10. Aufl. 1985.

8 Zum Verfahrensausgang nach erfolgreicher Revision. Bericht über eine rechtstatsächliche Untersuchung, in: Jescheck/Vogler (Hrsg.), Festschrift für Herbert Tröndle zum 70. Geburtstag, 1989, 495 ff.

lebenslanger Freiheitsstrafe zur Bewährung von seiner Einwilligung abhängt, entscheidet das Gericht darüber, ob eine Freiheitsstrafe ganz zur Bewährung ausgesetzt wird (§ 56 StGB), unabhängig von einem entsprechenden Antrag oder der Einwilligung des Verurteilten. Auch die Entlassung aus einer freiheitsentziehenden Maßregel der Besserung und Sicherung zur Bewährung setzt weder einen Antrag noch eine Einwilligung des Verurteilten voraus.[9] Wer schließlich unter Anwendung des Jugendstrafrechts zu einer Jugenstrafe verurteilt worden ist, wird nicht befragt, ob er seiner Entlassung zur Bewährung aus dem Jugendstrafvollzug zustimmt oder nicht.[10] Schon diese Gesetzeslage ist verwunderlich. Es ist schwer einzusehen, wieso der zu einer Freiheitsstrafe Verurteilte ein Recht darauf haben soll, diese Strafe voll zu verbüßen, während der zu einer Jugendstrafe Verurteilte ein solches Recht nicht hat. Auch die anderen Fallgestaltungen, bei denen eine Einwilligung des Verurteilten nach der Gesetzeslage nicht erforderlich ist, scheinen sich nicht so stark von den Fällen der §§ 57, 57 a StGB zu unterscheiden. Im einzelnen sind bei dieser in der Literatur bisher kaum problematisierten[11], überwiegend für sachdienlich gehaltenen[12] Regelung unterschiedliche Gesichtspunkte zu erörtern.

a) Es heißt, der Verurteilte habe ein „Recht“ darauf, seine angefan-

---

9 § 67 d Abs. 2 StGB. Vgl. auch LK-Horstkotte, Rdnr. 81 zu § 67 d. Im Fall des § 67 Abs. 5 StGB kann es allerdings geschehen, daß zwar der Maßregelzweck erreicht ist, eine Aussetzung der Maßregel deshalb zwingend wäre, die Aussetzung der Freiheitsstrafe zur Bewährung aber nicht erfolgen kann, weil der Verurteilte nicht einwilligt (LK-Hanack, Rdnr. 18 zu § 67; LK-Horstkotte, Rdnr. 81 zu § 67 d). Dann müßte der Vollzug der Maßregel fortgesetzt werden. Von dieser Regel sollte aber doch wohl in solchen Fällen abgesehen und nach § 67 Abs. 5 S. 2, Halbs. 2 der Vollzug der Freiheitsstrafe angeordnet werden.

10 §§ 88 Abs. 1, 89 Abs. 1 JGG. Die Kommentare (Dallinger/Lackner, 2. Aufl. 1965; Brunner, 8. Aufl. 1986; Eisenberg, 3. Aufl. 1988; Ostendorf, 1987) und Lehrbücher (Albrecht, 1987; Böhm, 2. Aufl. 1985; Schaffstein/Beulke, 9. Aufl. 1986) gehen auf diesen Unterschied zum allgemeinen Strafrecht nicht ein.

11 Ausnahme: Baumann/Weber, Strafrecht Allgemeiner Teil, 9. Aufl. 1985, 701; vor allem aber Laubenthal, Die Einwilligung des Verurteilten in die Strafrestaussetzung zur Bewährung, JZ 1988, 951 ff.

12 Dreher/Tröndle, StGB, 44. Aufl., 1988, § 57 Rdnr. 7; Lackner, StGB, 18. Aufl., 1989, § 57 2 c; LK-Ruß, 10. Aufl., § 57 Rdnr. 14; Maurach/Gössel/Zipf, Strafrecht. Allgemeiner Teil. Teilband 2, 7. Aufl., 1989, § 65 Rdnr. 70; Schönke/Schröder-Stree, StGB, 23. Aufl., 1988, § 57 Rdnr. 18; SK-Horn, StGB, Allgemeiner Teil, 5. Aufl. 1988, § 57 Rdnr. 8.

gene Strafe voll zu verbüßen.[13] Hierfür können unterschiedliche Begründungen angeführt werden.

aa) Laubenthal hat die Überlegung ins Gespräch gebracht, ob denn nicht der Sinn der Freiheitsstrafe dazu zwinge, dem Gefangenen ein Recht auf volle Verbüßung seiner Strafe einzuräumen.[14] Wenn es nämlich (auch) Grund der Strafe wäre, dem Verurteilten durch Annahme und Verbüßung der Strafe die Möglichkeit zu verschaffen, die Schuld auf sich zu nehmen, sie zu verarbeiten, Sühne zu leisten und dadurch seinen Frieden mit sich und der Gemeinschaft wieder herzustellen, erschiene es folgerichtig, dem Verurteilten die Entscheidung darüber zu belassen, ob er die Strafe voll verbüßen will. Ob es aber Sinn der Strafe sein kann, dem Verurteilten diese Art der Sühneleistung zu garantieren, ist umstritten.[15] In seiner Entscheidung über die Verfassungsmäßigkeit der lebenslänglichen Freiheitsstrafe hat das Bundesverfassungsgericht am Rande Bemerkungen gemacht, die jedenfalls dahin ausgelegt werden können, als ob eine solche Begründung der Strafe verfassungsmäßig wäre.[16] Die höchstrichterliche Rechtsprechung hat derartige Gedankengänge in zwei Bereichen aufgenommen und vertieft.

So hat der Bundesgerichtshof bei der Frage, ob die Jugendstrafe wegen Schwere der Schuld nach § 17 Abs. 2, Zweite Alternative JGG ein auf einem Kompromiß beruhender Fremdkörper im Bereich des Jugendstrafrechts[17] oder aber ein ebenfalls unter dem Vorrang des Erziehungsgedankens stehender Eingriff sei, ausgeführt, die „Schuldstrafe“ soll „dem Grundgedanken des Gesetzes entsprechend, in erster Linie dem Jugendlichen dienen. Sie soll ihm das von ihm began-

---

13 LK-Ruß, § 57 Rdnr. 14.

14 JZ 1988, 952.

15 Baumann/Weber (Anm. 11), 24, 25; Preiser, Das Recht zu strafen, in: Festschrift für Edmund Mezger, 1954, 71 ff. einerseits Schmidhäuser, Strafrecht Allgemeiner Teil, 1970, 3/18; Noll, Strafe ohne Metaphysik, in: Baumann (Hrsg.), Mißlingt die Strafrechtsreform? 1969, 48 ff.; Jacobs, Strafrecht Allgemeiner Teil, 1983, 1. Abschnitt, Rdnr. 25, 26 (S. 13) andererseits.

16 BVerfGE 45, 187 ff., 258, 259.

17 Maurach/Gössel/Zipf (Anm. 12), § 73 Rdnr. 5, 6; Schaffstein, Schädliche Neigungen und Schwere der Schuld als Voraussetzungen der Jugendstrafe, in: Festschrift für Ernst Heinitz zum 70. Geburtstag, 1972, 471 ff.; Schaffstein/Beulke (Anm. 10), 105; Brunner (Anm. 10), § 17 Rdnr. 14 ff.; Ostendorf (Anm. 10), § 17 Rdnr. 4 ff. – alle mit weiteren Hinweisen.

gene Unrecht vor allem deshalb vor Augen führen, um seine eigene Sühnebereitschaft zu wecken".[18] Lege man der objektiven Schwere des Rechtsverstoßes weniger Gewicht bei und stelle man vielmehr auf die innere Haltung des Täters zu seiner Tat und den Grad seiner Verantwortlichkeit ab, so lasse sich Schuldausgleich und Erziehungsstrafe in Übereinstimmung bringen.[19] Dient die Strafe aber (auch) dem Wohl des Jugendlichen, dann sollte ihm diese Wohltat nicht ohne seine Zustimmung teilweise entzogen werden dürfen. Gerade im Jugendstrafrecht ist aber die Entlassung zur Bewährung nicht von der Einwilligung des Verurteilten abhängig.

Als zu prüfen war, ob bei der Gewährung von Vollzugslockerungen oder überhaupt im Bereich der Vollzugsgestaltung über die in § 2 StVollzG normierten Aufgaben des Vollzuges (Erreichen des Vollzugsziels, Schutz der Allgemeinheit vor weiteren Straftaten) hinaus andere Strafzwecke Berücksichtigung finden dürften[20], ist z. B. entschieden worden, bei einer Mordtat sei eine Schuldverarbeitung nur möglich, wenn der Täter lange im nicht durch Lockerungen erleichterten geschlossenen Vollzug einsitze.[21] Es sei zur Schuldverarbeitung nötig, Genehmigungen zu versagen.[22] Nach dieser Auffassung ist jedenfalls mitunter die Verschärfung oder Bestätigung des Strafübels Voraussetzung für die innere Läuterung des Insassen. Wenn aber ein solches Strafleiden zur Entsühnung dienlich ist, dann macht es Sinn, dem Verurteilten auch ein Recht darauf einzuräumen, die volle

18 BGHSt 15, 224, 225.

19 BGH NStZ 1982, 332. Auch wenn der BGH (BGHSt 36, 37ff., 44) bei der Verurteilung zu Jugendstrafe von zehn Jahren wegen eines Mordes, „der in seiner Furchtbarkeit kaum seinesgleichen findet", von der Einbeziehung einer früheren Verurteilung nach § 31 Abs. 3 Satz 1 JGG absieht, weil es aus erzieherischen Gründen geboten sei, dem Angeklagten zu zeigen, „daß er allein wegen der Mordtat die Höchststrafe erhält", wird sich das nur aus dem Sühneverständnis des Gerichts begründen lassen (insoweit wohl mißverstanden – der BGH halte Tatvergeltung für Erziehung – Walter/Pieplow NStZ 1989, 576, 577, deren Kritik am BGH freilich im Ergebnis zuzustimmen ist).

20 Zur Problematik: Calliess/Müller-Dietz, StVollzG, 4. Aufl. 1986, § 2 Rdnr. 6–11; Böhm in: Schwind/Böhm, StVollzG, 2. Aufl. 1990, § 2 Rdnr. 5, 6 – jeweils mit weiteren Hinweisen.

21 OLG Nürnberg ZfStrVo 1980, 122; OLG Bamberg ZfStrVo 1979, 122.

22 OLG München ZfStrVo 1979, Sonderheft 67; OLG Koblenz ZfStrVo 1986, 117, 119 = NStZ 1986, 143.

Schwere des Rechtseingriffes auszukosten. Zunächst läßt sich nicht bestreiten, daß Verurteilte mitunter ihr Strafleiden auch unter dem Gesichtspunkt akzeptieren, es sei verdient. Ob das Erdulden des Strafleidens indessen Voraussetzung für Einsicht in Schuld sein kann, ob der Vollzug der Freiheitsstrafe generell ein vernünftiges Mittel ist, solche Einsicht zu wecken und ob gar besonders strenge Rechtseinbußen das Erwecken einer Schuldeinsicht begünstigen, ist zweifelhaft.[23] Die Beobachtungen im Strafvollzug sprechen eher gegen eine solche Annahme.[24] Schließlich besteht bei der Verwendung der Begriffe „Schuldausgleich", „Sühne" und „Schuldverarbeitung" durch die Gerichte der Verdacht, daß es sich eher um eine Verschleierung des wirklich Gewollten handelt. Die Richter suchen eine Strafe – oder eine Ausgestaltung des Strafübels (keine Lockerungen!) –, die nach ihren Vorstellungen im konkreten Fall tat- und schuldadäquat, gerechte Vergeltung ist. Ihre dem Schuldprinzip – und dem Gesetz – entsprechenden Überlegungen formulieren sie in eine den Seelenfrieden und die Eingliederungsfähigkeit des Verurteilten stärkende Hilfeleistung um.[25] Dies dürfte die Sühneidee diskreditieren und liegt auf der Ebene der oben erwähnten mißbräuchlichen Verwendung des Wortes „freiwillig".[26] Man wird deshalb – ungeachtet des ethischen

23 Laubenthal, JZ 1988, 952; zusammenfassend: Müller-Dietz, Schuld und Strafvollzug, in: Schuh (Hrsg.), Aktuelle Probleme des Straf- und Maßnahmenvollzugs, 1987, 265 ff.

24 Fankhauser, Zur Bedeutung von Reue und Angst bei der Resozialisierung Straffälliger, in: Schuh (Anm. 23), 249 ff., stellt aufgrund seiner Erfahrungen als Psychotherapeut in einer Rückfälligenanstalt fest, „daß Schuldbewußtsein und Reue heute selten sind und ein religiöses Weltbild zur Voraussetzung haben". Er meint, sie dürften demnächst „ihren stillen Platz im religionsgeschichtlichen Museum neben der Erbsünde und dem Fegefeuer aufsuchen", 260, 261. Vgl. auch Wulf, Opferbezogene Vollzugsgestaltung, ZfStrVo 1985, 67 ff., 72.

25 Böhm in: Schwind/Böhm (Anm. 20), § 2 Rdnr. 14; Schüler-Springorum, Tatschuld im Strafvollzug, in: Philipps/Scholler (Hrsg.), Jenseits des Funktionalismus. Arthur Kaufmann zum 65. Geburtstag, 1986, 63 ff., 72: „Wir funktionalisieren für alle möglichen innervollzuglichen Zwecke einen Begriff, der so, wie er innervollzuglich nur verstanden werden kann, sich dem Funktionalisieren schlechthin entzieht. Wir gebrauchen das falsche Wort."

26 Schüler-Springorum (Anm. 25), 72: „Die Gefahr ... ist die der falschen Sprache gegenüber den Betroffenen ... Wo sie ein Defizit an Vergeltung vielleicht noch mitvollziehen ... könnten, stellt das Schuldargument sie ins moralische Dauerabseits".

Gewichts einer Strafbegründung zur Ermöglichung von Sühne[27] – solche Überlegungen nicht zur Begründung strafrechtlicher Maßnahmen machen dürfen.[28]

Der Beurteilung des Gefangenen darf man es dann aber auch nicht überlassen, ob er durch weitere Strafverbüßung noch sühnen soll oder kann.[29]

bb) Das Recht, eine „angefangene“ Strafe voll zu verbüßen, ließe sich auch damit begründen, daß die Modalitäten der Strafaussetzung zur Bewährung, die zu einer Verlängerung der staatlichen Aufsicht führen, ein alternativer staatlicher Eingriff sind, der durch die Verurteilung selbst nicht legitimiert und deshalb unerlaubt ist.[30] Die Modalität wäre dann zu verstehen als ein Angebot an den Verurteilten, das er anstelle voller Verbüßung wählen kann, ähnlich wie eine Therapie mit üblicherweise sehr belastenden Anforderungen und die Persönlichkeit zentral berührenden „Zumutungen“.[31] Das ist nicht ganz fernliegend; denn der Gefangene erkauft sich die Chance des Erlasses eines Teils der verwirkten Strafe nicht nur mit einer zeitlich längeren „Bewährung in Freiheit“ sondern darüber hinaus mit dem Risiko, die Chance zu vertun, also die Freiheitsstrafe doch voll verbüßen zu müssen und zusätzlich eine Zeit lang unter Beschränkungen verschiedenster Art „Bewährung in Freiheit“ erlebt haben zu müssen. So könnte es sinnvoll erscheinen, ihm dieses Risiko nur zu überbürden, wenn er sich darauf einlassen will. Wenn man aber die „Bewährung in Freiheit“ so einschätzen müßte, dann würde dies gleichermaßen für die volle Aussetzung einer Strafe zur Bewährung gelten, weil auch hier an die Stelle einer in der Regel kürzeren Freiheitsstrafe eine längerfristige Verhaltenskontrolle, die durch Weisungen und Auflagen strukturiert sein kann, tritt und das Risiko besteht, daß der Ver-

27 Noll (Anm. 15), 57; Preiser (Anm. 15), Jescheck, Lehrbuch des Strafrechts. Allgemeiner Teil. 4. Aufl. 1988, 59.

28 Auch schon deshalb, weil sich der Beobachtung entzieht, ob denn jemand „sühnt“ oder „bereut“: Müller-Dietz (Anm. 23), 274; Schüler-Springorum (Anm. 25), 70.

29 Es kann ein neurotisch zu interpretierendes Strafbedürfnis (Verbrecher aus Schuldgefühl: Kaufmann, Kriminologie I, 1971, 192ff.) vorliegen. Vgl. auch Noll (Anm. 15), 58 und Müller-Dietz (Anm. 23), 275.

30 LK-Ruß, § 57 Rdnr. 14; SK-Horn, § 57 Rdnr. 8.

31 Diesem Gedanken trägt § 56c Abs. 3 StGB Rechnung, vgl. LK-Ruß, § 56c Rdnr. 18.

urteilte bei Nichtbewährung zusätzlich noch die ausgesetzte Freiheitsstrafe in einer Justizvollzugsanstalt verbüßen muß. Dabei kann es bei beiden Vorschriften (§ 56 und § 57) zu nahezu identischen Situationen kommen: Wenn sich nämlich der Angeklagte in Untersuchungshaft befindet und in der Hauptverhandlung gegen ihn eine Freiheitsstrafe ausgesprochen wird, die ganz zur Bewährung ausgesetzt ist, wobei die bisher verbüßte Untersuchungshaftzeit auf die Dauer der Freiheitsstrafe angerechnet wird, steht dem Angeklagten kein Wahlrecht zwischen Vollverbüßung und Aussetzung zur Bewährung zu. Dies auch dann, wenn der im Ergebnis nicht mehr zu verbüßende Strafrest kurz und die Bewährungszeit lang, Weisungen und Auflagen einschneidend sind.[32]

Den Gesichtspunkt einer zusätzlichen Belastung hat der BGH nur für den Fall gelten lassen, daß die Strafe durch Anrechnung der Untersuchungshaft voll verbüßt ist. Dann sei eine Strafaussetzung zur Bewährung auch deshalb nicht zulässig, weil der Verurteilte durch die Bewährungszeit und die staatlichen Überwachungsmaßnahmen beschwert sein könne.[33] Daraus ist zu schließen, daß der Gesetzgeber die Bewährung in Freiheit ungeachtet ihrer Modalitäten, ihrer Dauer und ihres „Restrisikos" für den Verurteilten stets als die gegenüber der Verbüßung einer Freiheitsstrafe mildere Maßnahme ansieht, als einen geringeren Rechtseingriff, für den ein Zustimmungsbedürfnis aus Rechtsgründen nicht besteht. Tat- und schuldangemessen, so muß man sich das vorstellen, ist die für den Verurteilten ungünstigste von seinem Verhalten ja keineswegs voll beeinflußbare vollstrekkungs- und vollzugsrechtliche Ausgestaltung der Maßnahme. Die aus spezialpräventiven Gründen vorgenommenen Modalitäten, wie sie die gesetzlichen Bestimmungen vorsehen, sind allemal durch das gerichtliche Urteil gedeckt.[34] Nur eine solche Vorstellung und Ausle-

32 LK-Ruß, § 56 Rdnr. 6; Schönke/Schröder-Stree, § 56 Rdnr. 13.

33 NStZ 1982, 326f. Hierzu zu Recht kritisch: Stree NStZ 1982, 327, 328.

34 Da weder die „gute Prognose" noch eine fehlende „Gefährlichkeit" auf dem Verdienst oder einer Anstrengung des Verurteilten beruhen müssen (gelegentlich kann dies freilich auch einmal der Fall sein), kann für eine vergleichbare Straftat bei vergleichbarer Schuld der eine Täter zu zwei Jahren Freiheitsstrafe zur Bewährung, der zweite zu zwei Jahren Freiheitsstrafe, von der er ein Jahr im durch von Urlauben gelockerten offenen Vollzug verbringt und danach zur Bewährung entlassen wird, der dritte zu 2 Jahren Freiheitsstrafe verurteilt werden, die der letztere ohne

gung vermeidet die Widersprüche, die sonst zwischen dem Jugendstrafrecht, dem Maßnahmenrecht, dem § 56 und dem § 57 auftreten können.[35]

cc) Daß der Verurteilte deshalb ein Recht auf volle Verbüßung haben soll, weil er sich so dem Vorwurf entziehen kann, Bewährungsversager zu sein[36], leuchtet nicht ein. Wenn nämlich seine Einwilligung zur Entlassung zur Bewährung nicht erforderlich wäre, könnte ihm auch kein Vorwurf gemacht werden, er habe die Entlassung in Mißbrauchsabsicht herbeigeführt. Fraglich ist aber zudem, ob ein Versagen in der Bewährungzeit – etwa durch erneutes Straffälligwerden – einen besonders schulderhöhenden Umstand darstellt.[37] Man wird diesen Umstand richtigerweise nur spezialpräventiv zu werten haben (also nur innerhalb des „Schuldrahmens“), wobei die Richtung der Bewertung durchaus unterschiedlich ausfallen kann.[38]

b) Es werden aber auch spezialpräventive Überlegungen dafür vorgetragen, daß ein Strafrest nicht gegen oder ohne den Willen des Verurteilten zur Bewährung ausgesetzt werden sollte. Er werde nämlich, wenn er eine Aussetzung nicht wolle, sich auch nicht bewähren.[39] Man geht davon aus, daß Strafgefangene ihre Zukunft sehr verantwortungsbewußt und überlegt planen, Chancen und Risiken vernünftig einschätzen und sich von ihren Vorstellungen von keiner-

---

Lockerungen im geschlossenen Vollzug verbringt und nach deren voller Verbüßung er unter Führungsaufsicht nach § 68f Abs. 1 StGB steht. Diese Gesetzeslage ist freilich nicht sehr „gerecht“; vgl. Böhm, Strafzwecke und Vollzugsziele, in: Busch/Krämer (Hrsg.), Strafvollzug und Schuldproblematik, 1988, 129ff.

35 Vgl. hierzu auch das weitere Argument von Laubenthal (kein Recht auf Rückkehr in den Strafvollzug), JZ 1988, 952, 953.

36 LK-Ruß, § 57 Rdnr. 14.

37 Ähnlich ist es mit dem „Rückfall“, der schon nach dem 1986 aufgehobenen § 48 StGB keineswegs immer zu einem gesteigerten Vorwurf geführt hat. Nach Streichung dieser Vorschrift scheint es geboten, dem Rückfall eine schulderhöhende Wirkung grundsätzlich abzusprechen: Näheres bei Erhard, Strafzumessung bei Vorbestraften unter dem Gesichtspunkt der Strafzumessungsschuld, Mainzer Dissertation 1990.

38 Vgl. schon BGH NJW 1969, 244. Zu der unterschiedlichen Berücksichtigung der Entlassung aus Sozialtherapie bei der Verurteilung wegen neuer Straftaten: Dünkel, Abbruch krimineller Karrieren durch sozialtherapeutische Maßnahmen? ZfStrVo 1980 Sonderheft 70ff., 76.

39 Maurach/Gössel/Zipf (Anm. 12), § 65 Rdnr. 70; Schönke/Schröder-Stree, § 57 Rdnr. 18; Lackner, § 57 2c.

lei Erfahrungen und Entwicklungen abbringen lassen. Ein merkwürdiges Menschenbild, das sich auch außerhalb des Kreises Verurteilter kaum bestätigen dürfte und im Widerspruch zu den gesetzlichen Vorschriften steht, die gerade voraussetzen, daß (auch) Verurteilte lern- und veränderungsfähig sind.[40] Die empirischen Untersuchungen sprechen ebenfalls nicht für die Annahme, daß derjenige, der ohne oder gegen seinen Willen vorzeitig entlassen wird, sich auch nicht bewähren werde.

aa) Zunächst bewähren sich auch zahlreiche mit ihrer Zustimmung, ja auf ihren dringenden Wunsch zur Bewährung entlassene Gefangene nicht. Betrachtet man die Rückfälligkeit von „Zustimmungsverweigerern", so ist sie der Rückfälligkeit derer vergleichbar, bei denen eine vorzeitige Entlassung zur Bewährung durch gerichtliche Entscheidung abgelehnt worden ist.[41] Die „Vollverbüßer" verhalten sich also unabhängig vom Grund der Vollverbüßung ähnlich. Indessen haben sich die Zustimmungsverweigerer, die in der JVA Kassel im Jahr 1982 besonders zahlreich waren, nach ihrer Entlassung noch besser bewährt als die Gefangenen, die im gleichen Jahr aus der Justizvollzugsanstalt Butzbach mit ihrer Zustimmung, ja auf ihren Wunsch vorzeitig zur Bewährung entlassen worden sind.[42] Dieses Ergebnis gewinnt weitere Bedeutung, weil zu vermuten ist, die polizeiliche und gerichtliche Kontrolle über die in das Rhein-Main-Gebiet entlassenen Personen sei wesentlich schlechter als hinsichtlich derer, die in Gebieten Nord-, Ost- und Mittelhessens ihren Lebensmittelpunkt haben, was für die aus der JVA Kassel entlassenen Gefangenen der Fall ist. Es ist kaum zu vermuten, daß die aus der JVA Kassel nach Vollverbüßung ihrer Strafe Entlassenen rückfällig geworden wären, wenn sie nach Verbüßung von zwei Dritteln der Strafe ohne oder gegen ihren Willen zur Bewährung entlassen worden wären. Daß diese Situation sie in größere Schwierigkeiten gebracht oder eine besonders starke Ablehnung der staatlichen Ordnung in ihnen provoziert hätte, ist unwahrscheinlich. Dies insbesondere dann, wenn, so wie es zunehmend geschieht, die Strafaussetzung zur Be-

40 Vgl. Böhm in: Schwind/Böhm, § 2 Rdnr. 11.
41 Böhm/Erhard, Strafrestaussetzung und Legalbewährung, 1988, Anhang Tabelle 31.
42 Die in Butzbach bedingt Entlassenen hatten eine Wiederinhaftierungsquote von 45,2%, die Zustimmungsverweigerer in Kassel eine solche von 43,7% (s. Anm. 41).

währung nicht mit sehr belastenden Auflagen und Weisungen verbunden wird, sondern die Hilfe des Bewährungshelfers stärker einen Angebotscharakter hat. Dafür, daß diese Überlegungen richtig sind, spricht der Umstand, daß die nach Jugendstrafrecht oder nach § 56 StGB – in diesen Fällen ist eine Zustimmung zur „Bewährung in Freiheit“ nicht vorgesehen – entlassenen Personen ausweislich der Bewährungshilfestatistik in der Regel nicht deshalb scheitern, weil sie den Weisungen und Auflagen nicht nachkommen. Ein Widerruf der Bewährung erfolgt vielmehr in diesen Fällen ebenso wie bei den nach Teilverbüßung einer Freiheitsstrafe – und damit mit ihrer Zustimmung – vorzeitig Entlassenen meist wegen der Begehung neuer erheblicher Straftaten.[43] Umgekehrt trifft es auch nicht zu, daß die

43 1988 endeten von:
13 845 Unterstellungen unter einen Bewährungshelfer nach § 56 StGB
8749 erfolgreich durch Erlaß der Strafe (63%)
5096 durch Widerruf. Der Widerruf erfolgte
4295 mal (auch) wegen einer neuen Straftat (84%)
801 mal aus anderen Gründen (16%).
11 242 Unterstellungen unter einen Bewährungshelfer nach §§ 57, 57a StGB
7596 erfolgreich durch Erlaß der Strafe (67,5%)
3646 durch Widerruf (32,5%). Der Widerruf erfolgte
3415 mal (auch) wegen einer neuen Straftat (93%)
231 mal aus anderen Gründen (7%).
14 771 Unterstellungen unter einen Bewährungshelfer nach Jugendstrafrecht
9820 erfolgreich durch Erlaß der Strafe (73%)
3951 mal durch Widerruf (27%). Der Widerruf erfolgte
3502 mal (auch) wegen einer neuen Straftat (89%)
449 mal aus anderen Gründen (11%).
Bei den „Erfolgsquoten“ ist zu beachten, daß die nach § 56 StGB zu Freiheitsstrafen, die zur Bewährung ausgesetzt wurden, Verurteilten in den meisten Fällen nicht einem Bewährungshelfer unterstellt werden. Die in der Bewährungshilfestatistik berücksichtigten Fälle dürften daher eher die prognostisch ungünstigeren sein, weil nur bei ihnen Bewährungshilfe angeordnet wird.
Die nach §§ 57, 57a StGB nach Teilverbüßung aus Strafhaft Entlassenen erhalten dagegen meistens, die nach Jugendstrafe Verurteilten immer einen Bewährungshelfer. Da bei den letzteren in der Statistik die (zahlreichen!) Fälle nicht erkennbar auftauchen, in denen die Bewährung gescheitert ist und die zur Bewährung ausgesetzte Strafe nach § 31 JGG infolge einer erneuten Verurteilung „in Wegfall“ kommt, ist die Erfolgsquote (viel) zu hoch (vgl. Böhm, Einführung in das Jugendstrafrecht, 2. Aufl. 1985, S. 195 Anm. 84a).
Daß bei den §§ 57, 57a StGB-Fällen der Prozentsatz der aus anderen Gründen als neuer Straftat erfolgenden Widerrufe besonders niedrig ist, liegt nicht an der höhe-

Zustimmung zur Entlassung zur Bewährung mit der (freudigen) Bereitschaft, Auflagen und Weisungen zu befolgen, einhergeht. Die meisten Insassen von Vollzugsanstalten „wollen raus“, an die Beschwernisse einer organisierten Bewährung in Freiheit denken sie nicht.

bb) Bei Erörterungen der hessischen Untersuchung[44] mit Richtern und Staatsanwälten wurde auch die Überlegung diskutiert, die erheblichen Unterschiede, die in den einzelnen Anstalten bei der Prozentzahl der Zustimmungsverweigerer zu beobachten waren[45], könnten auf dem Umstand beruhen, daß die in den jeweiligen Bezirken zuständigen Bewährungshelfer einmal mehr kontrollieren (und in den Augen der Gefangenen schikanieren) oder aber liberaler und mehr in der Beratungsrolle tätig werden würden. Eine solche Überlegung ist zunächst nicht von der Hand zu weisen, weil tatsächlich Bewährungshelfer sehr unterschiedliche Handlungsstile zeigen. Gegen einen merklichen Einfluß des von den Bewährungshelfern erwarteten Verhaltens spricht aber folgendes: Für die Entlassung zur Bewährung aus der Justizvollzugsanstalt Butzbach waren zwei Vollstreckungskammern am Landgericht Gießen zuständig, wobei für die Zuweisung zu der jeweiligen Kammer der Anfangsbuchstabe des Nachnamens des Verurteilten maßgeblich war. Die Zustimmungsverweigerung war bei den Gefangenen, die vor die Kammer kamen, die die Zuständigkeit

---

ren Bereitschaft der in die Bewährung Einwilligenden, sondern daran, daß bei den nach Teilverbüßung Entlassenen seltener Auflagen angeordnet werden und stärkere Zurückhaltung bei der Anordnung von Widerruf zu beobachten ist. Das zeigt sich bei einem Vergleich mit den nach Teilverbüßung einer Jugendstrafe (hier ist keine Einwilligung des Verurteilten zur Entlassung zur Bewährung erforderlich!) nach §§ 88, 89 JGG zur Bewährung Entlassenen: in 1474 Fällen erfolgte ein Widerruf
1356 mal (auch) wegen neuer Straftaten (92%),
118 mal (8%) aus anderen Gründen:
nahezu dasselbe Ergebnis wie in den Fällen der §§ 57, 57a StGB.
Zahlen aus: Statistisches Bundesamt, Rechtspflege. Fachserie 10. Reihe 5. Bewährungshilfe, 1988, S. 12, 13.

44 Die beiden Gutachten, Anm. 41, und Böhm, Gutachten zur Praxis der bedingten Entlassung in Hessen (1984), konnten anläßlich einer mehrtätigen Tagung in Schnitten im Sommer 1989 von Herrn Erhard und mir, sowie bei Tagungen der Richterakademie in Trier 1987, 1988 und 1989 sowie im „Gießener Praktikerseminar“ von mir mit Richtern, Staatsanwälten und Vollzugsbeamten ausführlich erörtert werden.

45 Zwischen 2,5% und 35%: Böhm/Erhard, MschrKrim 1984, 376.

für die Buchstaben A bis K hatte, extrem selten, bei der Kammer mit den Buchstaben L bis Z 2 1/2mal so hoch.[46] Die Gefangenen wurden von beiden Vollstreckungskammern in die gleichen Gebiete zur Bewährung entlassen. Dort sind die Bewährungshelfer nie nach den Anfangsbuchstaben des Alphabets sondern nach regionalen Kriterien zuständig. Demnach kann jedenfalls der hier beobachtete Unterschied nicht mit dem Handlungsstil der Bewährungshelfer erklärt werden, und es spricht deshalb auch nichts dafür, daß die anderen erheblichen Unterschiede, die hinsichtlich der Quote der Zustimmungsverweigerungen zwischen Anstalten und Vollstreckungskammern beobachtet worden sind, entscheidend auf diesem Umstand beruhen. Sicher ist indessen, daß einige Insassen eine Entlassung zur Bewährung als Chance ansehen, als eine wichtige Hilfe für ihre Integration, ohne die sie es, wie sie meinen, „nicht schaffen“. Von diesen werden manche von der Praxis enttäuscht, ebenso wie andere, denen die Bewährungshilfe als ein sehr ungern in Kauf genommenes Übel erscheint, sich später angenehm überrascht zeigen und gern von den Angeboten Gebrauch machen. Es liegt nahe anzunehmen, daß diese Entwicklungen ganz ähnlich bei solchen Insassen verlaufen würden, die jetzt ihre Zustimmung zur vorzeitigen Entlassung verweigern.

c) Bei der erwähnten Erörterung der hessischen Untersuchung im Kreis von Richtern und Staatsanwälten wurde auch vorgetragen, es gebe Zustimmungsverweigerer, die mit dieser Erklärung verhindern wollten, daß nachgeprüft werde, ob in anderen Gerichtsbezirken weitere Verurteilungen gegen sie ergangen sind, etwa solche, in denen die ganze Strafe zur Bewährung ausgesetzt worden ist. Der Widerruf einer solchen Strafaussetzung unterbleibt, solange die zuständigen Vollstreckungsbehörden von der gegenwärtigen Inhaftierung und der ihr zu Grunde liegenden Tat nicht unterrichtet worden sind. Wie auch von den mit der Einholung von Auskünften befaßten Aufnahmeabteilungen in den Strafanstalten berichtet wird, kommen solche „Pannen“ immer häufiger vor. Indem der Gefangene seine Zustimmung zur vorzeitigen Entlassung verweigert, erhöht er seine Chance, daß der Informationsmangel bestehen bleibt. Das kann dazu führen, daß ein anderenfalls höchst wahrscheinlicher Bewährungswiderruf hinsichtlich der voll zur Bewährung ausgesetzten Strafe nicht erfolgt.

46 Böhm/Erhard (Anm. 41), S. 66: 4,5% zu 11%.

Die Ausnützung bedenklicher Schlamperei der Behörden durch das Einwilligungserfordernis in § 57 Abs. 1 StGB rechtlich zu sichern, erscheint indessen nicht sinnvoll, zudem auf lange Sicht auch nicht erfolgversprechend, weil, spräche sich die Sache herum, die Behörden gerade bei Zustimmungsverweigerern, mißtrauisch geworden, Nachforschungen über etwa bestehende weitere Verurteilungen anstellen würden.

d) Es kann für den Verurteilten gute Gründe geben, entgegen der generellen Wertung des Gesetzgebers im Einzelfall, die Milderung durch Strafaussetzung zur Bewährung für nachteilig zu halten. So kann beispielsweise ein zu lebenslanger Strafe Verurteilter, nach jahrzehntelanger Haft alt geworden, der keine Angehörigen hat, nicht über Vermögen verfügt und – weil als Strafgefangener nicht in das Netz der sozialen Sicherungen eingebunden[47] – auch keine Rente erhalten wird, sich sagen, daß das Leben in einem Altersheim auf Kosten der Sozialhilfe für ihn möglicherweise die schlechtere Alternative darstellt als das Verbleiben in einer Vollzugsanstalt, in der er sich eine gewisse Stellung errungen hat, eine Vielzahl von Lockerungen genießt und Bescheid weiß. Daß solche Situationen eintreten können, spricht indessen eher dafür, die Lebensverhältnisse solcher Personen außerhalb der Anstalt zu verbessern, als für die Beibehaltung des Einwilligungserfordernisses. Obendrein können sich vergleichbare Konstellationen – Vollverbüßung einer 10jährigen Sicherungsverwahrung anschließend an eine lange Freiheitsstrafe oder auch in den Fällen des § 67 I, III u. IV – bei Verurteilten ergeben, ohne daß diese in den Anstalten verbleiben dürften.

e) Einige Gefangene verweigern ihre Zustimmung zur vorzeitigen Entlassung auch dann, wenn sie ihrer Resozialisierung dienende Angebote im Vollzug als für sie nützlich oder hilfreich empfinden. So kann man zwangslos den hohen Anteil der Zustimmungsverweigerer in der sozial-therapeutischen Anstalt in Kassel erklären.[48] Ähnliche Situationen mögen bei Teilnehmern an schulischen und beruflichen Förderungsmaßnahmen auftreten, ja sie sind mir im Jugendstrafvollzug sogar im Zusammenhang mit Freizeit und Festen in Erinnerung: Das alljährliche Anstaltssportfest wollten denn doch manche Spitzen-

47 Vgl. Calliess/Müller-Dietz, StVollzG, 4. Aufl. 1986, §§ 190–193 Rdnr. 1 und 3.
48 Böhm (Anm. 44), S. 68 (35%, freilich kleine Grundgesamtheit).

sportler noch „mitnehmen“, auch wenn sie schon ein paar Wochen vorher hätten vorzeitig entlassen werden können. Der beste Handballspieler des B-Hauses konnte es ja schon seinen Kameraden nicht antun, infolge „unzeitgemäßer“ vorzeitiger Entlassung die Siegchance im Turnier aufzugeben.

Hier wird man unterscheiden müssen: Mitunter führt erst der erfolgreiche Abschluß einer therapeutischen oder berufsbildenden Maßnahme zu der für die Entlassung zur Bewährung erforderlichen günstigen Prognose. Der Gefangene erkennt dies (mehr oder weniger) selbst. Mit der Zustimmungsverweigerung erspart er sich und anderen eine zum selben Ergebnis führende Entscheidung. In einigen Fällen mag die Prognose schon jetzt positiv sein; es ist ja schon ein günstiges Zeichen, daß der Gefangene sich einer resozialisierenden Maßnahme stellt und ihre Durchführung unterstützt. Die Beendigung der Maßnahme macht die Prognose aber noch günstiger. Hier ist die Zustimmungsverweigerung bedenklich. Denn nach dem Willen des Gesetzgebers ist zu entlassen, wenn verantwortet werden kann zu erproben, ob der Verurteilte außerhalb des Strafvollzugs keine Straftaten mehr begehen wird (§ 57 Abs. 1 Nr. 2 StGB). Eine weitere Differenzierung ist nicht vorgesehen. Die Zustimmungsverweigerung ist zwar das probateste und billigste Mittel, die Resozialisierungsmaßnahme fortzusetzen, aber beileibe nicht die einzige: Könnte der Insasse in der Nähe der Justizvollzugsanstalt Wohnung nehmen und zur Fortführung der Maßnahme (werk-)täglich stundenweise die Anstalt aufsuchen und wäre diese Lebensführung auch materiell abgesichert, so müßte nicht unbedingt der Strafvollzug fortgesetzt werden. Therapie und Berufsausbildungen gibt es für unterschiedliche Personengruppen auch in Freiheit. Könnte der Insasse, für den entsprechende Hilfen wichtig sind, sie in Freiheit nützen, wäre weiterer Strafvollzug entbehrlich. Natürlich bemühen sich die Anstalten, Insassen, deren Angehörige und Bewährungshelfer schon heute um solche Regelungen. Die hohe Zustimmungsverweigerungsrate zeigt aber nicht bloß an, daß solche Bemühungen oft der unbequemere Weg sind. Auch bürokratische Hürden, insbesondere Finanzierungsprobleme, stehen der Weiterführung dieser Maßnahmen in Freiheit oft entgegen. So wird sich ein stark in Anspruch genommener Gefangenenfürsorgeverein überlegen, ob er für einen Gefangenen nahe der Anstalt ein Zimmer mietet und zu den Lebenshaltungskosten beiträgt, damit dieser nach mühsam erkämpfter Zustimmung durch die Aufsichtsbehörde in der Anstalt als „freier Außenstehender“ seine Ausbildung beendet oder seine Therapie fortsetzt, wenn dasselbe Ergebnis ohne einen Pfennig Aufwand durch Zustimmungsverweigerung zur vorzeitigen Entlassung zu erreichen und dem Insassen auch zuzumuten ist, weil er in einer Abteilung des offenen Vollzugs untergebracht ist und vielfältige Vollzugslockerungen genießt.[49] Man kann sich aber auch fragen, ob ein System, das die nötigen Hilfen nur für Vollzugsangehörige ermöglicht, vernünftig ist. Ähnlich steht es im übrigen mit der „Krisenintervention“, die nicht nur im Rahmen der Unterbringung in einer sozial-therapeutischen Anstalt[50] für nötig gehalten wird.[51] Gäbe es kostenlose Unterkunft in der Nähe der Anstalt, könnte der „Krisenrückkehrer“ an der Anstaltsverpflegung kostenlos teilnehmen und würde die Beratungs- und Therapiearbeit an solchen „Externen“ im Rahmen der Arbeitsplatzbeschreibung der Bediensteten berücksichtigt, so könnte man sich wohl die „Wiederaufnahme in die Anstalt auf freiwilliger Basis“ als Vollzugsmaßnahme schenken. Die Vollzugsbehörden lösen durch Ausweitung des Vollzugs der Freiheitsstrafe Probleme, deren Bewältigung (und Kosten!) man den allgemeinen Verwaltungen nicht zumuten will oder kann: eine aparte – aber keineswegs neue – Variante von Justiz- und Kriminalpolitik.

f) Die empirischen Untersuchungen zeigen, daß die Mehrheit der Verurteilten die Einschätzung des Gesetzgebers, daß Bewährung in Freiheit eine grundsätzlich vorzuziehende und weniger belastende Maßnahme ist als der Freiheitsentzug, teilt. Die Zustimmungsverweigerer sind eine Minderheit. Der Anteil der Zustimmungsverweigerer ist bei kurzen Freiheitsstrafen – und demnach kurzen Strafresten – höher als bei langen. Daraus könnte man den Schluß ziehen, daß eine Reihe von Zustimmungsverweigerern die Verbüßung einer kurzen Reststrafe einer wesentlich längeren „Bewährung in Freiheit“ vorzie-

49 In dem von mir seit 1975 geleiteten Fliedner-Verein Rockenberg haben wir einige derartige Fälle beraten und (meist) in der im Text geschilderten Weise entschieden.

50 § 125 StVollzG.

51 Calliess/Müller-Dietz, StVollzG, § 125 Rdnr. 2. Schlußbericht der Jugendstrafvollzugskommission, 1980, 49.

hen und darin das kleinere Übel sehen.[52] Ob sie darüber hinaus realisieren, daß bei Vollverbüßung von Freiheitsstrafe von zwei Jahren oder mehr ohnehin Führungsaufsicht eintreten könnte, weswegen sie bei Strafen von solchen Längen sehr selten ihre Zustimmung zur vorzeitigen Entlassung verweigern, erscheint mir fraglich.[53] Man müßte dann einen Unterschied zwischen Freiheitsstrafen, die wegen einer vorsätzlichen Tat verhängt worden sind, und zwischen Gesamtstrafen aus mehreren Taten, von denen keine Einzelstrafe zwei Jahre erreicht, und zusätzlich zwischen Oberlandesgerichtsbezirken, in denen diese Unterscheidung für die Anordnung von Führungsaufsicht maßgeblich ist[54], feststellen können. Wenn man bedenkt, wie dürftig die Kenntnisse hinsichtlich wesentlich häufiger zur Anwendung gelangender Vorschriften sogar bei mit diesen regelmäßig befaßten Juristen sind[55], spricht wenig dafür, daß bei Gefangenen derartige Überlegungen entscheidungserheblich sein können. So ist dann auch viel eindrucksvoller die Abhängigkeit der Zustimmungsverweigerung von der Praxis der Strafrestaussetzung in der jeweiligen Anstalt oder der jeweiligen Vollstreckungskammer belegt. Danach sieht es so aus, als ob die Insassen ihre Zustimmung zu der Strafaussetzung zur Bewährung vornehmlich dann verweigerten, wenn sie befürchten müssen, daß im Ergebnis negativ entschieden wird. Dafür spricht die hohe

---

52 Diese Einschätzung entspricht der herrschenden Lehre: LK-Ruß, § 57 Rdnr. 14; sie wird in Diskussionen von Richtern und Staatsanwälten häufig vertreten. Allerdings liegt der Anteil der Zustimmungsverweigerer auch bei extrem kurzen Strafen unter 30% und bei Strafen von 6 Monaten – hier beträgt die zur Bewährung ausgesetzte Reststrafe 2 Monate – nach der hessischen Untersuchung (Anm. 44) 19,3% (S. 65).

53 Ebenso Laubenthal, JZ 1988, 953, der auf diese Rechtslage im übrigen ausdrücklich hinweist.

54 Zur Rechtslage LK-Hanack, § 68f Rdnr. 14; Schönke/Schröder-Stree, § 68f Rdnr. 4 (hier ist auch die unterschiedliche Rechtsprechung der Obelandesgerichte dokumentiert).

55 Thomas Wolf, Die Nichtbeachtung des Zwei-Drittel-Zeitpunktes in der Vollstrekkung des strafgerichtlichen Freiheitsentzuges, 1988, Richter an einer Strafvollstrekkungskammer, berichtet S. 73 über das Ergebnis seiner Befragung von 16 Strafrichtern, 129 Staatsanwälten und 10 Anstaltsleitern. 31% der Richter, 52% der Staatsanwälte und 70% der Anstaltsleiter meinten, auch wenn die Tatbestandsvoraussetzungen des § 57 Abs. 1 StGB erfüllt seien, bleibe der Strafvollstreckungskammer noch ein Ermessen hinsichtlich der Rechtsfolge der Entlassung! Das Gegenteil ergibt sich aus dem Gesetzeswortlaut und ist unstreitig (Schönke/Schröder-Stree, § 57 Rdnr. 20; LK-Ruß, § 57 Rdnr. 16).

Übereinstimmung von Zustimmungsverweigerung mit Vorstrafenbelastung und Lockerungsmißbrauch.[56] Auch die häufigere Zustimmungsverweigerung bei kurzen Freiheitsstrafen kann darauf beruhen, da es sich eben bei den Insassen, die solche Strafen verbüßen, um eine gegenüber den anderen hochbelastete Klientel handelt.[57]

Wenn nun diese Überlegung die nach allen empirischen Untersuchungen[58] wichtigste verhaltenssteuernde Vorstellung bei den Gefangenen ist, so fragt sich, ob sie die Regelung des Zustimmungserfordernisses rechtfertigt. Aber auch hier erheben sich Bedenken. Es wird überwiegend für zulässig gehalten, daß Gefangene bereits in der Anstalt ihre Zustimmung verweigern mit der Folge, daß die Frage, ob sie nach Verbüßung von zwei Dritteln ihrer Strafe zur Bewährung entlassen werden oder ob ihre Entlassung aus lebenslanger Freiheitsstrafe nach 15 Jahren erfolgt, vom Gericht überhaupt nicht mehr geprüft wird.[59] Diese Praxis ermöglicht fragwürdige Manipulationen. Bei der hessischen Untersuchung zeigte sich etwa bei einer Anstalt, daß eine vergleichsweise hohe Prozentzahl von Zustimmungsverweigerungen einherging mit einer wiederum sehr hohen Prozentzahl von vorzeitigen Entlassungen durch die zuständige Vollstreckungskammer. Sie lehnte extrem selten Entlassungen zur Bewährung nach Verbüßung von zwei Dritteln der Strafe ab. Es bestand eine sehr hohe Übereinstimmung zwischen den Stellungnahmen der Anstalt und den Entscheidungen der Vollstreckungskammer.[60] Bei der Erörterung dieser Ergebnisse erklärte mir ein mir seit Jahrzehnten bekannter Sozialarbeiter glaubhaft, in der von ihm betreuten Gefangenengruppe habe noch kein Gefangener seine Zustimmung zur Prüfung der vor-

---

56 Böhm (Anm. 44), S. 65, 68.

57 Böhm (Anm. 44), S. 37, 38.

58 Böhm (Anm. 41), S. 66, 67; Eisenberg/Ohder (Anm. 6), S. 37, 39; Laubenthal, Lebenslange Freiheitsstrafe (Anm. 6), S. 239 und JZ 1988, 953, Zustimmungsverweigerungen nach § 57 a StGB betreffend.

59 Dreher/Tröndle, § 57 Rdnr. 13; Lackner, § 57 8 d und 2 c; Kleinknecht/Meyer, StPO, 39. Aufl. 1989, § 454 Rdnr. 6; Treptow, Nochmals: Die Strafvollstreckungskammern in der Praxis, NJW 1976, 222.

60 Böhm (Anm. 41). Der Anteil der Zustimmungsverweigerer lag bei 21%. Von den vor die Vollstreckungskammer gelangenden Fällen wurden 84% zur Bewährung entlassen, die Übereinstimmung zwischen den Beschlüssen der Kammer und den Vorschlägen der Anstalt lag bei 93%. Das sind in allen genannten Bereichen Spitzenwerte (vgl. S. 31, S. 62).

zeitigen Entlassung gegeben, dem er bedeutet habe, aus seiner Sicht habe dies „keinen Zweck". Das bedeutet, daß die Entscheidung, ob eine vorzeitige Entlassung beantragt wird oder nicht, hier letzten Endes von dem Bediensteten getroffen wurde, der die Stellungnahme der Anstalt vorformuliert und sich in seinen Augen unnütze Arbeit ersparen will. Ob die Gefangenen seiner Prognose zu Recht vertrauen, sei einmal dahingestellt. Sie wird vielleicht oft, sicher aber nicht immer stimmen.[61]

In anderen Anstalten zeigt sich eine unmittelbare Abhängigkeit der Höhe des Prozentsatzes des Zustimmungsverweigerer von der großzügigen oder restriktiven Entlassungspraxis der Kammer.[62] Hier ist anzunehmen, daß die Vollzugsbediensteten den Insassen mehr oder weniger korrekt die Kriterien vermitteln, nach denen die Vollstrekkungskammer entscheidet, oder aber daß es sich unter den Gefangenen herumspricht, wie diese Kriterien beschaffen sind. Auch hier erscheint es wenig sinnvoll, die mehr oder weniger gute Prognose der Gefangenen über ihre Aussichten zur Richtschnur dafür zu machen, ob eine vorzeitige Entlassung erfolgen soll oder nicht. Etwas weniger bedenklich ist es, wenn die Gefangenen nach Erörterung der Chancen einer vorzeitigen Entlassung vor der Kammer ihre Zustimmung verweigern. Eine Mindermeinung in der Literatur und Rechtsprechung hält auch allein diese Verfahrensweise für zulässig.[63] Hier weiß dann der Gefangene wenigstens aus erster Hand, wie seine Chancen stehen, und entscheidet nicht aufgrund fragwürdiger Einschätzungen und Vermutungen. Vorzuziehen wäre indessen nicht nur aus dogmatischen Gründen der Fortfall des Zustimmungserfordernisses, damit das zuständige Gericht genötigt ist, wenigstens knapp seine Entscheidung zu begründen, etwa auch die Bedingungen zu formulieren, die nach seiner Ansicht erforderlich sind, daß ein späterer Antrag des Gefangenen Erfolg hat. Gegebenenfalls wäre dem Gefangenen zu ver-

61 Bei anderer Gelegenheit, als ich noch Anstaltsleiter war, hatte eben dieser Bedienstete als Resumee seiner Erfahrungen von 20 Jahren Sozialarbeit im Strafvollzug mir gegenüber bemerkt, er habe sich bei der Beurteilung von Straftätern noch nie geirrt!

62 Böhm/Erhard (Anm. 44), S. 66, 67.

63 Peters (Urteilsanmerkung) JR 1973, 121; Schmidt, Die Strafvollstreckungskammern in der Praxis, NJW 1975, 1485 ff. und Replik, NJW 1976, 224; Laubenthal, JZ 1988, 955, 956; Böhm (Anm. 44), S. 99, 100.

deutlichen, warum gerade die volle Verbüßung der Strafe vielleicht seine Chancen, künftig ein Leben ohne Straftaten zu führen, nach Ansicht der Vollstreckungskammer verbessern wird. Daß sich jemand eine Enttäuschung ersparen will, ist gewiß verständlich. Aus Gründen der Spezialprävention ist es indessen besser, der Insasse erfährt verbindlich, wo er nach Auffassung der zuständigen Stellen (der Vollzugsanstalt und der Vollstreckungskammer) steht.[64]

g) Insgesamt ist nicht einzusehen, warum eine sinnvolle und für den Staat sparsame kriminalpolitische Maßnahme an der Zustimmung des Verurteilten scheitern sollte.[65] Dabei ist sogar das finanzielle Argument von geringerer Bedeutung, ja nur scheinbar einleuchtend. Zwar belastet ein Strafgefangener den Landeshaushalt heute täglich mit über 100,– DM; wird er zur Bewährung entlassen und steht er unter Bewährungshilfe, so sinken die täglichen Kosten der Landesjustizverwaltungen auf weniger als 10% dieser Summe.[66] In vielen Fällen findet nicht einmal eine Kostenverlagerung auf andere Träger statt, weil der Entlassene im Arbeitsprozeß steht, möglicherweise sogar Steuern zahlt. Bei dieser Berechnung muß allerdings beachtet werden, daß die Gefangenenkosten sich kaum verringern, wenn ein Gefangener entlassen wird, weil sie z. B. Bauunterhaltung und Bauabschreibung der Vollzugseinrichtungen, Personalkosten einschl. der Altersversorgung der Bediensteten der Anstalten und der Aufsichtsbehörde umfassen, Beträge, die unabhängig davon anfallen, ob eine Strafanstalt voll oder zu 80% oder zu 60% belegt ist. Die Folge der Entlassung eines Gefangenen zur Bewährung ist deswegen nicht die Einsparung von 100,– DM am Tag, sondern die Verlagerung dieser Einsparung auf die Durchschnittskosten der anderen Gefangenen, die sich um einen entsprechenden Betrag erhöhen. Eingespart wird zunächst nur die Verpflegung für diesen Gefangenen, die Abnützung der von ihm getragenen Anstaltskleidung und ein bißchen Energie (Licht, Heizung kann, weil auch der leere Haftraum nicht ganz kalt gelassen werden darf, kaum gespart werden). Diese Kosten werden aber oft ausgeglichen durch den Überschuß, den die Vollzugsbehörde

64 Peters, JR 1973, 121.
65 Zutreffend Baumann/Weber (Anm. 11), S. 701.
66 Übersicht bei Schwind, Kriminologie in der Praxis, 1986, S. 159 (unterdessen sind die Kosten gestiegen).

aus Verwertung oder Vergabe der Arbeitskraft des Gefangenen nach Abzug der ihm gutzuschreibenden Beträge an Haus- und Überbrükkungsgeld erzielt. Erst wenn sich die Entlastung so auswirkt, daß etwa eine Anstalt oder eine Abteilung geschlossen werden kann, wird Kostensenkung eintreten. Ganz anders steht es mit dem kriminalpolitischen Grundsatz: Wenn es denn stimmt, daß der Verzicht auf Freiheitsentzug Rückfälligkeit senkt[67], aber auch wenn die Rückfälligkeit, soweit eine Reststrafenaussetzung erfolgt, nicht ansteigt[68], ist es unsinnig, dieses kriminalpolitisch wünschenswerte Ergebnis von der Zustimmung eines Verurteilten abhängig zu machen.

Die Zustimmungsverweigerung erweist sich nur insoweit als nützlich, als Arbeitsaufwand bei Gerichten und Anstalten vermieden wird. Das ist auch der Grund dafür, weshalb mit der Beibehaltung dieser gesetzlichen Vorschrift gerechnet werden muß. Die Justizverwaltungen und der Gesetzgeber sehen einerseits die Ersparnis an Verwaltungsaufwand und schätzen andererseits die Ersparnis an Haftkosten bei Fortfall des Zustimmungserfordernisses realistisch als niedrig ein. Denn die Einschätzung der Zustimmungsverweigerer vom Erfolg einer etwaigen Zustimmung, was ja offensichtlich für ihre Entscheidung normalerweise maßgeblich ist, dürfte überwiegend zutreffend sein.[69] Das „Recht auf Vollverbüßung", das man vielleicht als Zugeständnis des Gesetzgebers an ein immer noch verbleibendes Selbstbestimmungsrecht des Insassen ansehen könnte, entpuppt sich letzten Endes als ein probates Mittel, Behörden und Gerichten Arbeit zu ersparen. Da man annehmen darf, daß den Gefangenen dies nicht völlig verborgen bleibt, dürfte auch hier der Widerspruch zwischen

67 Hierzu: Dünkel, Prognostische Kriterien zur Abschätzung des Erfolgs von Behandlungsmaßnahmen im Strafvollzug sowie für die Entscheidung über die bedingte Aussetzung, MschrKrim 1981, 279 ff.; Albrecht/Dünkel/Spieß, Empirische Sanktionsforschung und die Begründbarkeit von Kriminalpolitik, MschrKrim 1981, 310 ff.; Hermann, Inhaftierung und Rückfall, ZfStrVo 1990, 76.

68 Böhm/Erhard (Anm. 41), S. 232, 233; vgl. auch Böhm, Strafvollzug, 2. Aufl. 1986, S. 37 ff.

69 Zu entsprechenden Berechnungen: Böhm (Anm. 44), 101, 102. Die Ersparnis wäre wohl etwas größer als dort errechnet. Ich unterstellte (S. 102) einen Widerrufsanteil von 66,6%. Bei der Rückfalluntersuchung in Butzbach und Kassel ergab sich aber bei 93 Fällen eine Wiederinhaftierungsquote, die im wesentlichen mit der Widerrufsquote übereinstimmen dürfte, von weniger als 50% (42 von 93), Böhm/Erhard (Anm. 41), Anhang Tabelle 31.

emanzipatorischem Anspruch und tatsächlichem Geschehen die Akzeptanz des Rechtssystems insgesamt nicht erhöhen.

2. Zur Zustimmung zur Verlegung in den offenen Vollzug (§ 10 Abs. 1 StVollzG).

a) Das Zustimmungserfordernis soll dem Gefangenen ein gewisses Maß an Selbstbestimmung sichern.[70] Diese Selbstbestimmung wird noch durch die VV Nr. 3 Abs. 1 a zu § 10 erweitert. Danach muß der Gefangene in den geschlossenen Vollzug zurückverlegt werden, wenn er seine Zustimmung zur Unterbringung im offenen Vollzug zurücknimmt. Bei dieser Rechtslage kann es nicht darauf ankommen, welche Gründe der Gefangene dafür hat, seine Zustimmung zu verweigern oder zurückzunehmen. Er muß seine Gründe auch nicht offenbaren.

aa) Man vermutet, er wolle sich vielleicht nicht als Gefangener in der Öffentlichkeit zeigen.[71] Nur zeigt sich niemand in der Öffentlichkeit, wenn er sich im offenen Vollzug befindet. Eine Anstalt (oder Abteilung) des offenen Vollzugs sieht zwar „keine oder nur verminderte Vorkehrungen gegen Entweichungen" vor (§ 141 Abs. 2 StVollzG), sie ist aber für Außenstehende weder frei zugänglich noch einsehbar. Nach Nr. 2 der VV zu § 141 wird es im offenen Vollzug den Gefangenen ermöglicht, sich innerhalb der Anstalt frei zu bewegen. Die Wohnräume der Gefangenen können auch während der Ruhezeit geöffnet, die Außentüren der Unterkunftsgebäude zeitweise unverschlossen bleiben. Nr. 1 der VV zu § 141 erlaubt es der Vollzugsbehörde, im offenen Vollzug auf bauliche und technische Sicherheitsvorkehrungen (Umfassungsmauer, Fenstergitter, besonders gesicherte Haftraumtüren) zu verzichten. Innerhalb der Anstalt entfällt in der Regel die ständige und unmittelbare Aufsicht der Gefangenen. Die Vorschriften sind so vorsichtig formuliert („nur verminderte",

70 Calliess/Müller-Dietz, StVollzG, 4. Aufl. 1986, § 10 Rdnr. 5; Ittel, in: Schwind/Böhm, StVollzG, 2. Aufl. 1990, § 10 Rdnr. 5. Der Parlamentarische Staatssekretär im Bundesministerium der Justiz, Dr. Jahn, hat in seiner kritischen Stellungnahme vor dem Bundestag bei der Ersten Lesung des Gesetzentwurfes des Bundesrates zur Änderung des Strafvollzugsgesetzes, wonach das Zustimmungserfordernis gestrichen werden soll, ausgeführt: „In dieser Zustimmungsbedürftigkeit kommt – wie in nur wenigen Bestimmungen des Strafvollzugsgesetzes – das Selbstbestimmungsrecht des Gefangenen zum Ausdruck".

71 Das sei „anerkennenswert": Ittel (Anm. 70); vgl. auch Calliess/Müller-Dietz (Anm. 70).

„können“, „in der Regel“), daß es eine Vielzahl von Vollzugseinrichtungen gibt, die weder eindeutig „geschlossener“ noch eindeutig „offener“ Vollzug sind. Hier hängt es von der Bezeichnung durch die Aufsichtsbehörde ab, ob die jeweilige Anstalt „geschlossener“ oder „offener“ Vollzug ist.[72] Jedenfalls sind auch die offenen Anstalten für Außenstehende weder einsehbar, noch gar (frei) zugänglich.[73] Die Vollzugsbehörden dürfen nicht ohne gesetzliche Ermächtigung Außenstehenden Auskunft darüber erteilen, ob sich eine Person im (offenen oder geschlossenen) Strafvollzug befindet.[74] Da die Verlegung in den offenen Vollzug den Gefangenen nicht den „Blicken Außenstehender ausliefert“[75], kann dem Gefangenen auch aus diesem Grunde kaum ein Selbstbestimmungsrecht zustehen. Vielmehr kann so nur begründet werden, daß die Gewährung von Vollzugslockerungen (Außenbeschäftigung und Ausgang, § 11 Abs. 1 StVollzG) und Urlaub (§ 13 StVollzG) von der Zustimmung des Gefangenen abhängen. Diese Regelung ist deshalb auch richtig. Sie hat auch eine „Geschichte“. Als es nämlich noch Gefängnis und Zuchthaus gab, unterschied sich der Vollzug in beiden Einrichtungen unter anderem dadurch, daß der Gefängnisgefangene nur mit seiner Zustimmung, der Zuchthausgefangene aber ohne seine Zustimmung zur Außenarbeit eingesetzt werden konnte[76]. Dahinter stand die Vorstellung, daß es für einen Gefangenen beschämend sein kann, bei einer Außenarbeit von Bekannten und Freunden gesehen zu werden. Dieses Risiko besteht natürlich nicht, wenn der Gefangene sich in der Strafanstalt

---

72 Böhm, Strafvollzug, 2. Aufl. 1986, S. 97, 98; Schöch, in: Kaiser/Kerner/Schöch, Strafvollzug, 3. Aufl. 1982, § 6 Rdnr. 39.

73 Schilderungen der baulichen Konzeptionen z. B. bei Eiermann, Der offene Vollzug am Beispiel des Gustav-Radbruch-Hauses, in: Schwind/Blau (Hrsg.), Strafvollzug in der Praxis, 2. Aufl. 1988, 47 ff., 52; Diepolder, Die Problematik des offenen Vollzuges bei kurzen Freiheitsstrafen, dargestellt am Beispiel der Justizvollzugsanstalt Moers-Kapellen, ZfStrVo 1990, 22 ff.

74 OLG Celle, NStZ 1985, 44; OLG Hamm NStZ 1988, 381.

75 Ittel (Anm. 70).

76 Diese, ursprünglich nach §§ 15, 16 StGB geltende Regelung wurde – zum Nachteil des Gefängnisgefangenen – in der Nazizeit durch Einfügen eines Abs. 3 in § 16 StGB (24. 4. 1934) geändert, gleich nach dem Kriegsende durch Kontrollratsgesetz Nr. 11 vom 30. 1. 1946 wieder eingeführt (hierzu Schönke, StGB, 4. Aufl. 1949, § 16 III) und später durch die Neufassung des § 21 Abs. 2 StGB (schriftliche Erklärung des Gefängnisgefangenen erforderlich) verstärkt.

befindet. Der Inhaftierte hat dann die Chance, den Umstand seiner Strafverbüßung geheimzuhalten. Häufig verbreiten seine Angehörigen die Nachricht, er befinde sich im Ausland, „auf Montage" oder in einer Kur. Der Gefängnisgefangene sollte diese Chance durch Verweigerung seiner Zustimmung zur Außenarbeit wahrnehmen dürfen, während der Zuchthausgefangene dieses Recht nicht hatte. Vermutlich hing mit der Ehrminderung, die zur Zuchthausstrafe gehörte, zusammen, daß sich der Zuchthausgefangene gegebenenfalls den Blicken seiner Nachbarn in Gefangenenkleidung aussetzen mußte.[77] Im übrigen gibt es auch heute noch Situationen, in denen ein Gefangener gegen seinen Willen in der Öffentlichkeit mehr oder weniger deutlich als Gefangener erscheint. Er kann nämlich auch ohne seine Zustimmung ausgeführt werden, wenn dies aus besonderen Gründen notwendig ist, etwa zu einer fachärztlichen Untersuchung (§ 12 StVollzG) oder aufgrund eines Vorführungsbefehls zu einem Gerichtstermin (§ 36 Abs. 2 Satz 2 StVollzG). Durch die Art der Ausführung soll zwar eine Bloßstellung des Gefangenen vermieden werden. Das ist aber nur schwer möglich, wenn aus Sicherheitsgründen dem Gefangenen das Tragen von Zivilkleidung ausnahmsweise nicht gestattet werden kann (§ 20 Abs. 2 Satz 1 StVollzG) und gar Fesselung angeordnet ist (§ 88 Abs. 4 StVollzG).

bb) Ob die Zustimmung zur Verlegung in den offenen Vollzug deshalb nötig ist, weil der Gefangene sich dessen Belastungen nicht gewachsen fühlt[78] oder eine Erprobungssituation vermeiden will[79], ist zweifelhaft. Überzeugend sind diese Überlegungen nur hinsichtlich der Gewährung von Vollzugslockerungen. Diese können aber ohnehin nur mit seiner Zustimmung angeordnet werden (§ 11 Abs. 2 StVollzG). Daß der Gefangene aber den Grad der Sicherheit seiner „Verwahrung" bestimmen soll (mir sagte einmal ein 16jähriger Insasse – sehr ernsthaft – er fühle sich in seinem vergitterten Haftraum

77 Soweit ich sehe, wird diese Frage in der älteren Literatur kaum problematisiert, ansatzweise bei Berner, Deutsches Strafrecht, 11. Aufl. 1881, S. 236. Im Handbuch des Gefängniswesens, herausgegeben von v. Holtzendorff und v. Jagemann, 1. Band 1888, wird darauf hingewiesen, daß es in Deutschland – im Gegensatz zu der Praxis im Ausland – nicht üblich sei, Zuchthausgefangene in der (breiten) Öffentlichkeit (Hafenstädte, offene Straße) einzusetzen (S. 412, 413).

78 Böhm, Strafvollzug, 2. Aufl. 1986, 100.

79 Calliess/Müller-Dietz, § 10 Rdnr. 5.

auch deshalb so wohl, weil der Teufel nicht hereinkönne), ist nicht recht einsehbar. Jeder Praktiker weiß, daß es auch im geschlossenen Vollzug für Gefangene Situationen gibt (gemeinschaftliche Arbeit, gemeinschaftliche Freizeit, Freistunde im Anstaltshof, Arbeit im Freien nur noch durch die Anstaltsmauer von der Freiheit getrennt), die sie überfordern können. Hier wird man oft auf Wünsche des Gefangenen eingehen, und ihm die belastende Situation ersparen. Vielleicht ist es aber auch angebracht, ihn nach Besprechung und Beratung der von ihm gefürchteten Problematik auszusetzen. Ebenso empfiehlt es sich, bei der Verlegung in den offenen Vollzug zu verfahren.

cc) Zwar ist die gemeinschaftliche Unterbringung im offenen Vollzug von der Zustimmung des Gefangenen abhängig (§ 18 Abs. 2 Satz 1 StVollzG), so daß der Gefangene, der auf einen Einzelhaftraum nicht verzichten will, aus diesem Grunde nicht die Verlegung in den offenen Vollzug zu verweigern braucht. Allerdings ist nach der Übergangsvorschrift (§ 201 Nr. 3 StVollzG) in den Anstalten, mit deren Errichtung vor dem 1. 1. 1977 begonnen worden ist[80] – und das sind die meisten – eine gemeinschaftliche Unterbringung der Gefangenen auch ohne deren Zustimmung zulässig. Da im offenen Vollzug weniger Einzelhafträume zur Verfügung stehen, als im geschlossenen Vollzug[81], kann es zu Schwierigkeiten kommen. Freilich ist im geschlossenen Vollzug eine gemeinschaftliche Unterbringung von Gefangenen, die auch dort noch häufig vorkommt[82], viel belastender als

80 Zum Begriff „Errichtung“: Calliess/Müller-Dietz, § 201 Rdnr. 3; Böhm, in: Schwind/Böhm, § 201 Rdnr. 2.

81 Nach den monatlich erscheinenden Belegungsstatistiken befanden sich im Jahr 1989 im geschlossenen Vollzug (der freilich auch die Untersuchungshaft umfaßt, in der der Gefangene schon heute ein Recht auf Einzelunterbringung hat: § 119 Abs. 2 Satz 1 StPO) zwei Drittel der Insassen während der Ruhezeit in Einzelhafträumen und ein Drittel in Gemeinschaft, während im offenen Vollzug nur ein Drittel der Insassen Einzelhafträume zur Verfügung hat und sich zwei Drittel in Gemeinschaftshaft befinden. Die Verhältnisse sind auch insoweit in den Bundesländern extrem unterschiedlich.

82 Am 31. 10. 1989 waren im geschlossenen Vollzug in Berlin 10%, in Rheinland-Pfalz 25%, in Baden-Württemberg 40% und im Saarland sowie in Schleswig-Holstein jeweils die Hälfte der Gefangenen in der Ruhezeit gemeinschaftlich untergebracht.

im offenen Vollzug. Jedenfalls nach der eigentlich fälligen[83] Streichung der Übergangsvorschrift des § 201 StVollzG, wonach dann gem. § 18 Abs. 2 Satz 1 StVollzG die gemeinsame Unterbringung von Gefangenen während der Ruhezeit im offenen Vollzug nur noch mit ihrer Zustimmung möglich ist, wäre es nicht erforderlich, dieses Recht durch eine Vorschrift zu sichern, die die Verlegung des Gefangenen in den offenen Vollzug von seiner Zustimmung abhängig macht. Übrigens ist diese Argumentation, deren sich auch die Bundesregierung bedient[84] seltsam. Wenn denn schon billigenswert erscheint, daß Gefangene nicht in Gemeinschaftsunterkünfte wollen, so sollte man doch die Berücksichtigung dieses Wunsches durch Streichung des § 201 Nr. 3 StVollzG unmittelbar und nicht durch Beibehaltung des Zustimmungserfordernisses zur Verlegung in den offenen Vollzug – gewissermaßen durch eine Art „Hintertür" – sichern. Auch abgesehen von der gemeinschaftlichen Unterbringung während der Ruhezeit sind aber die Unterbringungs- und Lebensverhältnisse von Anstalt zu Anstalt verschieden. Dem Insassen ein Recht darauf einzuräumen, entgegen vollzuglichen oder der Behandlung des Gefangenen dienenden Gründen in der Haftanstalt zu bleiben, in der es ihm am besten gefällt, widerspricht allen Strafzwecken ebenso wie den Aufgaben des Vollzuges nach § 2 StVollzG.

dd) Nach Gründen ihrer Zustimmungsverweigerung befragt, äußern Gefangene mitunter, in der geschlossenen Anstalt könnten sie besser von ihren Angehörigen besucht werden, diese hätten weitere Wege zu der offenen Anstalt zurückzulegen.[85] Dieser Gesichtspunkt ist zweifellos von Bedeutung; freilich ebenso bei anderen Verlegungen, zu denen die Zustimmung des Gefangenen nicht verlangt wird (§§ 8 Abs. 1, 85 StVollzG). Bei allen Verlegungsentscheidungen hat die Vollzugsbehörde im Rahmen ihrer Ermessensausübung zu prüfen, inwieweit die Maßnahme die Kontaktmöglichkeiten des Gefangenen mit seinen Angehörigen beeinträchtigt.[86] Die Verlegung unter-

83 Zutreffend Dünkel, Stellungnahme zum Entwurf eines Gesetzes zur Änderung des Strafvollzugsgesetzes, ZfStrVo 1990, 105 ff, 108.

84 Bund der Strafvollzugsbediensteten Deutschlands e. V., Stellungnahme zu dem vom Bundesrat am 23. 9. 1988 beschlossenen Entwurf eines Gesetzes zur Änderung des Strafvollzugsgesetzes 1989, S. 11.

85 Dünkel (Anm. 83), 106; Stellungnahme der Bundesregierung (Anm. 84).

86 Rotthaus in Schwind/Böhm, § 8 Rdnr. 10.

liegt deshalb auch der gerichtlichen Kontrolle.[87] Diese Regelung, die natürlich auch bei der Verlegung in den offenen Vollzug gilt (vgl. § 10 Abs. 2 Satz 2 StVollzG), berücksichtigt die Sachlage angemessen. Sie erlaubt vor allem eine Abwägung zwischen den einzelnen für die Resozialisierung wichtigen Umständen (Bewährungssituation im offenen Vollzug, Kontakt zu den Angehörigen, Berufsausbildung, Therapie etc.), die nicht in jeder Anstalt gleich gut beachtet werden können. Es ist dann im Einzelfall die Entscheidung zu treffen, die der Erreichung des Vollzugszieles am ehesten dient.

b) Wenn die Verlegung in den offenen Vollzug erforderlich ist und sich unter Abwägung aller Gesichtspunkte als ermessensfehlerfrei erweist, so ist nicht einzusehen, warum es dem Gefangenen erlaubt sein sollte, ihr gleichwohl zu widersprechen. Das Strafvollzugsgesetz schreibt allgemein vor, daß die Mitwirkung des Gefangenen zu Vollzugsmaßnahmen erreicht werden soll (§ 4 Abs. 1 StVollzG).

Behandlungsmaßnahmen werden scheitern, wenn sich der Gefangene nicht für sie gewinnen läßt. Oft findet ein Gefangener aber an einer zunächst ohne seine Zustimmung begonnenen Maßnahme im Laufe der Zeit Gefallen und versteht, warum er sich auf sie einlassen sollte. Gerade weil solche Entwicklungen der Vollzugserfahrung entsprechen, geht das Gesetz nicht von Freiwilligkeit und Zustimmung aus, sondern von Beraten, Gewinnen und Motivieren.[88] Es besteht kein Anlaß, bei der Frage der Verlegung in den offenen Vollzug nach anderen Kriterien zu verfahren. Es ist unzweckmäßig und äußerst gefährlich, Behandlungsmaßnahmen ohne Not von der Zustimmung des Gefangenen abhängig zu machen. Eine solche Regelung kommt erfahrungsgemäß der Bequemlichkeit der Vollzugsbediensteten entgegen, die dann geneigt sein werden, diesen Teil des Behandlungsprozesses mit einem Aktenvermerk abzuschließen.

c) Es ist denkbar, daß der Gesetzgeber sich vorgestellt hat, eine Verlegung in den offenen Vollzug bedeute immer auch eine Belastung des Gefangenen mit Vollzugslockerungen.[89] Das ist aber nicht der

---

87 Rotthaus in Schwind/Böhm, § 8 Rdnr. 11.

88 Böhm in Schwind/Böhm, § 4 Rdnr. 5, 7; ähnlich Stellungnahme des Bundes der Strafvollzugsbediensteten (Anm. 84), S. 11.

89 Dünkel (Anm. 83), 106.

Fall. Auch im offenen Vollzug werden Gefangene benötigt, die innerhalb der Anstalt beschäftigt sind.[90]

Außerdem wird sich ein Gefangener, der im offenen Vollzug trotz aller Bemühungen der Bediensteten fortlaufend seine Zustimmung zu allen Vollzugslockerungen verweigert, vermutlich als für diese Vollzugsart ungeeignet erweisen und dann zurückverlegt werden können (VV Nr. 3 Abs. 1 b zu § 10 StVollzG). Dies ist aber eine Frage des Einzelfalles. Umgekehrt kann nach der gegenwärtigen Rechtslage ein Gefangener seine Verlegung in den offenen Vollzug ablehnen, jede Art von Lockerung und Urlaub aus dem geschlossenen Vollzug aber gleichzeitig freudig wahrnehmen, was auch zeigt, wie undurchdacht die geltende gesetzliche Regelung ist. Es ist schon eine etwas makabre Vorstellung, daß der Gesetzgeber im Ernst der Meinung gewesen sein soll, der zu Freiheitsstrafe Verurteilte habe nun auch ein Recht auf Gitter vor dem Fenster, hohe Mauer um das Haftgebäude und durch teure Schließvorrichtungen gesicherte Haftraumtüren. Freilich zeigt sich eine Parallele zum angeblichen Recht, die volle Strafe abzusitzen.[91] Wenn schon, denn schon auch richtig mit allen Schikanen! Vielleicht gelingt ja nur so die reinigende Schuldverarbeitung. Jedem Büßer seinen Hochsicherheitstrakt.

d) Nach einer im Gesetzgebungsverfahren befindlichen Novelle[92] soll das Zustimmungserfordernis in § 10 StVollzG gestrichen werden. Als die Landesjustizverwaltungen für diese Novelle die zu ändernden oder neu zu regelnden Sachverhalte sammelten, war es die Verwaltung eines SPD-regierten Bundeslandes (eines sogenannten A-Landes), die mit Zustimmungsverweigerungen aus, wie sie meinte, unsachlichen Gründen Probleme hatte. Es handelte sich um ein Bundesland, das im geschlossenen Vollzug stärker als andere Länder Liberalisierungsmaßnahmen durchgeführt und z. B. entgegen dem Wortlaut des § 69 StVollzG den dort befindlichen Gefangenen regelmäßig den Betrieb eines eigenen Fernsehgerätes im Haftraum gestat-

90 In der offenen Vollzugsanstalt Gustav-Radbruch-Haus in Frankfurt arbeiten von 570 Gefangenen 300 innerhalb der Anstalt, 80 erhalten keinerlei Vollzugslockerungen: Eiermann (Anm. 73), 53, 54; vgl. auch Diepolder (Anm. 73).

91 S. oben III 1 a.

92 Anm. 84 synoptisch mit der geltenden Fassung des Strafvollzugsgesetzes, der vom Bundesrat gegebenen Begründung, der Stellungnahme der Bundesregierung und dem Vorschlag des Bundes der Strafvollzugsbediensteten abgedruckt.

tet hatte[93], eine Erlaubnis, die auf die offenen Vollzugseinrichtungen dieses Landes aus technischen Gründen nicht übertragbar war. Was nun auch immer die Gründe für die dort als störend empfundenen Zustimmungsverweigerungen gewesen sein mögen: die anderen Bundesländer hatten diese Sorge nicht. Die Streichung des Zustimmungserfordernisses in § 10 StVollzG erschien auf der anderen Seite nicht problematisch, jedes Bundesland konnte ja nach wie vor im Rahmen des pflichtgemäßen Ermessens die Vorstellungen der zu verlegenden Gefangenen berücksichtigen, gegebenenfalls entsprechende Richtlinien erlassen. Der Wunsch des A-Landes wurde deshalb in die Novelle aufgenommen.[94] Nachdem das Gesetzgebungsvorhaben aus den Niederungen fachlicher Überlegungen auf das politische Gleis gehoben worden war, mehrten sich die Stimmen, die beanstandeten, man nehme den Gefangenen wichtige Rechte und handle dem liberalen Geist des Strafvollzugsgesetzes zuwider.[95] Die (CDU-regierten) B-Länder verteidigen die Novelle auch in dem sie ursprünglich nicht berührenden Punkt des Fortfalls des Zustimmungserfordernisses. Damit können sie, ein von jungen linksstehenden Kriminologen gern geübtes Spiel[96], als gefangenenfeindlich und illiberal vorgeführt werden, wobei zu befürchten ist, daß dies manchen der in den B-Ländern verantwortlichen Politikern auch noch willkommen sein mag.

e) Würde allen Vollzugsbediensteten, so wie es sein sollte, die Erreichung des Vollzugszieles am Herzen liegen, und würden die für den offenen Vollzug geeignet erscheinenden Gefangenen entsprechend motiviert, so gäbe es gewiß wenig Zustimmungsverweigerungen. In Bundesländern, in denen den Anstalten des geschlossenen Vollzugs offene Abteilungen angegliedert sind, eine Verlegung in eine ganz neue Umgebung nicht stattfindet und der Anstaltsleiter „sei-

93 Schwind, in Schwind/Böhm, § 69 Rdnr. 1, 6.

94 Vgl. Begründung des Bundesrates (Anm. 84), S. 10. Vgl. auch ZfStrVo 1989, 238.

95 Zustimmend aufgenommen von Dünkel (Anm. 83), 105; siehe auch die Stellungnahmen der ASJ ZfStrVo 1989, 239; BAG der Freien Wohlfahrtspflege, ZfStrVo 1989, 303.

96 Etwa: Nix, MschrKrim 1990, 133 in einer Buchbesprechung; Pieplow, Bericht über die öffentliche Anhörung vor dem Rechtsausschuß des deutschen Bundestages zur geplanten Reform des Jugendstrafrechts, in: Deutsche Vereinigung für Jugendgerichte und Jugendgerichtshilfen e. V. (Hrsg.), DVJJ-Rundbrief Nr. 130, März 1990, 12f, 14.

nen" Gefangenen behält, sind Zustimmungsverweigerungen seltener als dort, wo es überwiegend selbständige Anstalten gibt.[97] Eine geschlossene Anstalt ist z. B. darauf angewiesen, daß in ihren Werkbetrieben verläßliche und besonders fleißige Gefangene gewissermaßen als Stützen des Unternehmens mitwirken. Diese Gefangenen sind häufig identisch mit denen, die für eine berufliche Förderung oder für die Verlegung in den offenen Vollzug in Betracht kommen. Statt sie nun zu motivieren, die für ihre Entwicklung wichtigen Möglichkeiten zu ergreifen, werden die für den jeweiligen Betrieb zuständigen Vollzugsbediensteten darum kämpfen, daß diese Gefangenen an ihrem Platz im geschlossenen Vollzug bleiben. Dafür werden ihnen auch Vorteile versprochen und eingeräumt, Vollzugslockerungen können ihnen auch aus dem geschlossenen Vollzug großzügig gewährt werden. Die offene Anstalt und deren Bedienstete werden im vertraulichen Gespräch ein bißchen schlechtgemacht. Den beliebten Gefangenen schmeichelt das Werben um ihren Verbleib. Gäbe es das Zustimmungserfordernis nicht, könnte wenigstens die Aufsichtsbehörde erfolgreich beanstanden, daß geeignete Gefangene nicht in den offenen Vollzug verlegt werden. Erreicht es indessen der Vollzugsbedienstete, der den Insassen behalten möchte, daß dieser seine Zustimmung zur Verlegung in den offenen Vollzug verweigert, was bei solchen Konstellationen nicht selten geschieht[98], dann ist aber nach der gegenwärtigen Rechtslage „das Rennen gelaufen". Hinter diesen Interessengegensätzen und vollzuglichen Möglichkeiten verblaßt, was sich irgendjemand einmal als „Selbstbestimmungsrecht" des Gefangenen vorgestellt haben mag.

97 Hier fällt jedenfalls das Argument der Verschlechterung von Besuchsmöglichkeiten von Kontaktpersonen weg.

98 In der Begründung des Bundesrates (Anm. 84; S. 10) wird von „Gewöhnung an den geschlossenen Vollzug" gesprochen, worunter wohl auch solche Abläufe fallen werden. Dünkel (Anm. 83, S. 106), meint hinter dieser Gewöhnung „stehe eine Realität", die man auch „positiv mit dem Aufbau eines Vertrauensverhältnisses zwischen dem Gefangenen und Mitarbeitern des Vollzugs umschreiben" könne.

Bei Fragen zur Produktsicherheit wenden Sie sich bitte an:
If you have any questions regarding product safety, please contact:

Walter de Gruyter GmbH
Genthiner Straße 13
10785 Berlin
productsafety@degruyterbrill.com